고전의 시작

· 서양철학 ·

원문과 해제를 함께 읽는 내 인생 첫 고전 교과서

고전의 서양철학 시작

황광우 · 홍승기 지음

생각
학교

먼저 살아온 사람들이 남긴 삶의 뿌리가 고스란히 담겨 있는 고전. 그 뿌리에는 힘이 있다. 오늘의 세상을 바라보는 힘, 곧 세상을 바꾸는 힘이다. 《고전의 시작》은 고전을 공부하는 사람들에게 좋은 길잡이가 되어줄 책이다. 이 책을 통해 선생님과 아이들이 함께 그 뿌리를 캘 수 있기를 희망한다.

-조장희, 서울 신일중 국어교사

고등학교 선택 교과목에 '고전'이 신설되었다. 인문, 사회, 과학, 예술, 문학 등의 다양한 동서양 고전 읽기를 주요 학습 목표로 제시한다. 그런데 교육 현장에서 가르치고 배워야 하는 교사와 학생은 고전 읽기가 녹록지 않다. 마침 《고전의 시작》은 고전에 깊이 다가갈 수 있도록 주제별로 묶었다. 주제별 읽기를 통해 나와 타자, 더 나아가 세상에 대한 인식의 폭을 넓힐 수 있다.

-송영필, 대구 경북여고 국어교사

어둠 속에서 불빛을 보거나 동굴에서 태양 아래로 끌려나온 사람은 눈이 부셔서 이데아를 제대로 볼 수 없다고 플라톤은 말했다. 고전을 시작하는 학생과 안내자를 자처할 교사 역시 고전이 전해주는 지혜의 빛을 보기 위해서 준비가 필요하다. 매혹적인 서문과 차분한 해설로 우리가 맞이할 고전의 윤곽선을 보여준 이 책은 흥미로운 지적 여정에 눈뜨게 한다.

-왕지윤, 인천 경인여고 국어교사

학교 독서 프로그램에도 적합한 책이다. 간결하고 명쾌한 고전 설명은 학생과 교사에게 고전의 정수를 보여준다. 필요한 질문과 원문을 담은 '생각 플러스'는 동서양의 대비되는 작품들을 보여주면서 생각의 폭을 넓혀주고, 균형 있는 안목을 키워준다.

-오정훈, 제주여고 국어교사

학교에서 고전을 가르칠 때 고전(古典)은 그야말로 고전(苦戰)이다. 소크라테스의 산파술로 〈반지의 제왕〉을 이야기하고 싶지만, 아이들에게는 수면제처럼 느껴진다. 사실 교사는 전지전능하지 않다. 훌륭한 안내서에 목마른 것은 배우는 아이들만이 아니다. 그래서 《고전의 시작》은 가뭄의 단비와 같다. 이 책은 내게 삶을 두드리는 책, 고전(鼓典)이다.

– 안미진, 광주일고 국어교사

고전은 질문을 끊임없이 주고받는 열린 텍스트다. 교실에서 아이들과 고전 이야기를 나누다 보면, 생각을 더 깊은 곳으로 안내할 책의 필요성을 느낀다. 아이들과 《고전의 시작》을 읽으며, 우리의 앎과 마음을 파고드는 질문을 던져보려고 한다. 묻고 답하는 사이에 생각하는 힘이 쑥쑥 커지지 않을까.

– 류원정, 천안 오성고 국어교사

좋은 책이니 읽으라고 자신 있게 권하기 어려운 책이 '고전'이다. 동서양 사상가들의 주옥같은 말씀이 학생들에게 피가 되고 살이 될 것은 뻔한 일이나 좋은 약도 너무 쓰면 먹기 힘들다. 《고전의 시작》은 동서양 사상고전의 핵심을 두루 다루면서 풍부하고 쉽게 해설한 책이다. 청소년들이 교과서에서 이름만 들었던 고전을 만만하게 시작할 수 있다.

– 박혜경, 국립전통예술고 국어교사

지금은 스마트 시대. 세상과 세상 속 학교는 기계처럼 너무 깔끔하고 단순하게 돌아간다. 가끔은 이곳에서 사람과 삶의 공기를 맡고 싶다. 고전은 인류가 발견한 지혜의 나침반이다. 학생들과 함께 고전을 읽으며 사람의 냄새가 넘실대는, 물음과 깨달음이 가득한 교실을 꿈꾼다. 《고전의 시작》, 이 책으로 힘든 발걸음을 쉬이 떼본다.

– 양윤복, 부산 사직여고 국어교사

학교에서 고전을 가르치는 일은 가치 있지만 곤혹스럽기도 하다. 가르치는 교사가 고전을 제대로 배운 적 없고 배우는 학생들도 고전의 현실적 가치를 알기 어렵기 때문이다. 그래서 쉽게 고전 속으로 안내하는 《고전의 시작》은 교사와 학생의 필요에 걸맞은 책이다. 네 영역에 걸쳐 동서양 고전에 두루 다가갈 수 있도록 준비된 입문서다. 많은 분들이 이 책을 통해 고전의 세계로 들어가 불변하는 고귀한 가치를 찾을 수 있길 희망한다.

– 김남극, 강릉 제일고 국어교사

고전을 읽어야 하는 세 가지 이유

"내가 만들고 싶은 나라는 군사력이 센 나라도 아니요, 경제력이 강한 나라도 아니다. 내가 만들고 싶은 나라는 오직 문화적 수준이 한없이 높은 나라다"라고 백범 김구 선생은 말했다. 지금으로부터 60여 년 전의 일이다. 해방은 되었으나 나라가 어디로 갈지 갈피를 잡지 못하고 헤매던 그 시기에 선생은 민족의 나아갈 길을 이렇게 설파했다.

나와 같은 오십대가 캠퍼스의 낭만을 누리던 1980년대. 젊은 시절 우리는 김구 선생의 '내가 만들고 싶은 나라'에 눈길을 보내지 않았다. 1980년대는 군사 독재의 총칼 밑에서 국민의 기본권이 심하게 짓밟히던 시절이었기 때문이다. 우리 젊은이들에겐 독재 정권을 몰아내고 민주주의를 쟁취하는 것이 급박한 과제였다.

30년의 세월이 흐른 2010년대. 지금 한국의 1인당 GDP는 3만 달러를 향해 나아가고 있다. 한국의 경제력은 세계 10위권에 걸쳐 있다. 자살률이 세계 최고를 기록하고 있고 남녀 차별 지수가 세계 꼴찌 그룹에 속하는 등 부끄러운 모습도 많다. 한 가정이 자동차 두 대를 보유하는 나라가 되었음에도 청년 실업은 심각하고 대학생들의 눈빛은 불안하다.

다시 30년의 세월이 흐른 2040년대, 우리는 오늘의 십대들에게 모든 권리를 넘겨주고 인생을 정리하고 있을 것이다. 30년 후 오늘의 십대들은 기성세대로부터 대한민국을 건네받고 자신들의 세계를 만들어가고 있을 것이다. 어떤 세상을 만들어나가고 있을까? 청소년들이 고전을 읽어야 하는 이유는 자신들의 미래와 긴밀한 관계가 있기 때문이다. 나는 세 가지를 생각한다.

첫째, 한국, 중국, 일본 세 나라를 중심으로 하는 동아시아 경제권이 세계 경제를 이끌고 있을 것이다. 19세기에는 영국이 세계 경제를 이끌었고, 20세기에는 미국이 세계 경제를 이끌었다. 21세기 중반에는 동아시아가 세계 경제를 주도할 것이다.

이 예측은 굳이 경제 전문가의 권위를 빌려 말할 필요도 없다. 간단하다. 2013년 현재 미국의 GDP가 17조 달러이고 중국의 GDP가 9조 달러다. 지금 중국의 1인당 GDP가 7000달러인데, 이 수치가 1만 달러를 넘어서는 데는 많은 시간을 필요로 하지 않는다. 조만간 한국, 중국, 일본 세 나라의 경제가 세계 경제를 주도할 것이라는 예측은 큰 무리가 아니다.

영국과 미국은 과학기술의 힘으로 세계를 이끌었다. 영국과 미국은 인류에게 가난을 극복하는 과학기술과 질병을 치료하는 의료기술을 주었으나 세계를 전쟁의 도가니에 빠뜨렸고, 약소국가들을 수탈했다는 비판으로부터 자유롭지 못하다. 동아시아가 세계사를 주도하는 시기가 온다면 동아시아의 지도자들은 영국과 미국의 지도자들과 뭔가 달라야 할 것이다.

한국, 중국, 일본 세 나라에는 오랜 역사가 있고, 그 역사 속에 깃든 시와 사상이 있다. 우리는《논어》와《도덕경》을 알아야 한다. 두보의 시를 읽어야 하고《맹자》와《장자》를 알아야 한다. 그래야 서양인을 만나 동아시아의 특성과 가치를 말할 수 있을 것이다.

동시에 서양의 인문 정신을 알아야 한다. 호메로스의《일리아스》와 《오디세이아》를 논의할 줄 알아야 하고, 소크라테스와 플라톤의 철학에 대해 대화할 수 있어야 한다. 30년 후 동아시아 경제가 세계 경제를 주도하게 되어 있으니, 동아시아 청소년들이 미래에 대비해 세계인의 지성을 예비하는 것은 시대의 요청이다. 이것이 오늘의 청소년들이 고전을 공부해야 하는 첫째 이유다.

둘째, KTX가 시베리아를 횡단하여 달리고 있을 것이다. 동아시아 경제가 세계를 이끄는 것은 우리의 의지와 무관하나 KTX가 시베리아를 횡단하여 달리는 것은 남과 북의 정치적 지도력에 달려 있다. 아직은 남북의 통일이 요원한 과제이지만 우리 민족도 스스로의 힘으로 대승적 통합을 이루지 못하리란 법은 없다.

나는 남과 북이 통일되고 KTX가 시베리아를 횡단하는 그날을 어서 보고 싶다. 서울에서 KTX에 올라타 평양과 신의주를 지나고 만주의 지린을 거쳐 블라디보스토크로, 이르쿠츠크로 달리고 싶다. 끝없는 시베리아 숲을 헤치고 모스크바를 거쳐서 베를린을 지나 파리에 가고 싶다. 내친김에 런던까지 가자.

오늘의 청소년들은 지금부터 세계 시민의 교양을 쌓아야 한다. 베이징에 가면 중국인들과 두보의 시를 말할 수 있어야 하고, 모스크바에 가면 러시아인들과 톨스토이의 《전쟁과 평화》에 나오는 대화재(大火災)를 거론할 줄 알아야 하며, 파리에 가면 프랑스인들과 《레미제라블》의 하수도를 말할 수 있어야 한다. 런던에 가면 누굴 이야기할까? 그렇다. 뉴턴과 다윈을 말하고, 더하여 1850년대 영국의 현실을 담은 마르크스의 《자본론》을 말할 수 있다면 이 사람이야말로 세계 시민이 아니겠는가?

우리 청소년들이 차표 한 장을 손에 들고 시베리아로, 유럽으로 달려갈 수만 있다면, 유럽인들과 함께 철학과 문학을 논하면서 동아시아의 시와 사상을 전할 수 있다면, 나는 여한 없이 눈을 감겠다. 세계 시민의 교양을 쌓는 것, 이것이 청년들이 고전을 공부해야 하는 두 번째 이유다.

셋째, 한국 경제는 조만간 1인당 GDP 3만 달러를 돌파할 것이고 주 4일 노동제가 도입될 것이다. 필요로 하는 것이 가장 적은 사람이 가장 부유한 사람이라고 소크라테스는 말한 적이 있다. 소크라테스에게 보

서문
고전을 읽어야 하는 세 가지 이유

배는 한가로움이었다. 한국 사회가 주 4일 노동하는 사회로 진입할 경우 일하지 않는 주 3일을 어떻게 보낼 것인가?

한국이 선진국이 되려면 우리 모두가 성숙한 인간이 되어야 한다. 삶과 죽음에 관해 나름의 생각을 갖는 철학자가 되어야 한다. 유행하는 삶의 양식이나 주어진 쾌락에 머물지 않고, 자기 나름대로 행복의 원리를 찾아야 한다.

나는 인간의 행복한 삶은 인간 본성의 건강한 실현에서 나온다고 생각한다. 아리스토텔레스의 금언에 따르면 인간은 알고자 하는 본성을 지닌 존재다. 왜 공부하는가? 알고자 하는 본성 때문이다. 왜 책을 읽는가? 새로운 진리를 깨달을 때 인간은 최고의 순수한 기쁨을 누리기 때문이다. 독서는 삶의 방편이 아니라 삶의 목적, 즉 행복으로 가는 지름길이다.

지난날 공부는 생존하기 위한 삶의 방편이었다. 이제 이런 공부는 그만하자. 공부는 수단이 아니라 목적이다. 고전을 읽자. 고전의 지혜로 나의 영혼을 아름답게 가꾸자. 한국인 모두가 철학자가 되고 세계 시민의 교양을 갖추자. 한국이 선진국이 되는 길은 여기에 있다. 이것이 바로 우리가 고전을 읽어야 할 세 번째 이유다.

아이들에게 고전을 읽으라고 하기 전에 부모가 먼저 고전을 읽자. 학생에게 고전을 권유만 하지 말고 선생님이 먼저 고전을 읽자. 청소년에게 고전을 읽으라고 하기 전에 기성세대가 먼저 고전을 읽자.

"아는 것은 안다, 모르는 것은 모른다고 말하는 것, 이것이 아는 것"이라고 공자는 말했다. 21세기의 대한민국이 배워야 할 인물은 미국의 허친스 총장이다. 서른 살 젊은 나이에 시카고 대학교의 총장이 된 허친스는 자신은 법률에 관한 전문 지식은 갖고 있지만 교육에 관한 철학은 없다고 고백했다. 이후 대학 총장이 손수 대학생들과 함께 고전을 읽고 토론을 했다. '위대한 저서(great books) 읽기 운동'은 이렇게 허친스의 정직한 자기 고백에서 시작되었다.

고전 읽기의 필요성이 갖는 의미심장함에도 불구하고 한 권의 고전을 학생 혼자만의 힘으로 독파한다는 것은 쉬운 일이 아니다. 고전 그 자체가 난해한 까닭도 있으나 고전을 이해하기 위한 교양이 부족하기 때문이다. 따라서 학생이 고전을 공부하기 위해선 반드시 안내자가 필요하다. 그런데 고전을 안내해줄 선생님들도 채 준비되어 있지 않다는 척박한 현실이 우리를 안타깝게 한다.

서울대가 선정한 고전 100선을 해설한 《고전의 시작》은 이처럼 척박한 우리의 지적 현주소에서 나온 책이다. 누구나 고전 한두 권쯤은 읽었겠으나, 권위 있는 기관이 선정한 책 100권을 다 읽은 사람은 찾아보기 힘들다. 솔직히 고백하자면 홍승기와 나도 이번의 해설 작업을 하면서 처음 알게 된 책이 꽤 된다.

《고전의 시작》은 선생님들부터 읽어야 한다. 지난여름 밤을 새워가며 쓴 우리의 글을 읽다 보면 독자들은 인류의 지성이 쌓아올린 금자탑에 절로 고개를 숙이고, 문득 고전의 지혜로 무장하고 싶은 열정을 느낄 것이다. 이것이 바로 《고전의 시작》이 기대하는 바다.

"아침에 도를 들으면 저녁에 죽어도 좋으리."

2014년 11월
빛고을에서
황광우

목차

추천사 • 4

서문• 고전을 읽어야 하는 세 가지 이유 • 7

프롤로그• 서양철학 고전의 힘 • 16

| 1부 | 철학과 나

1 철인이 다스리면 무엇이 다를까 – 플라톤 《국가》   _28

2 우상을 파괴하라 – 베이컨 《신논리학》   _39

3 '생각하는 나'의 탄생 – 데카르트 《방법서설》   _51

4 이성으로 무엇을 할 수 있는가 – 칸트 《형이상학서설》   _62

5 우리는 일상생활을 한다 – 메를로퐁티 《지각의 현상학》   _73

| 2부 | 철학자의 인간 탐구

6 꿈꾸는 자만이 실패할 수 있다 – 아리스토텔레스 《정치학》   _88

7 진리는 인간의 내면에 깃들어 있다 – 아우구스티누스 《고백록》   _99

8 강력한 국가가 필요하다 – 마키아벨리 《군주론》   _110

9 국민은 왕에게 너무 많은 것을 위임했다 – 홉스 《리바이어던》   _121

10 누가 신을 죽였는가 – 니체 《차라투스트라는 이렇게 말했다》   _131

| 3부 | 세계를 읽는 눈

11 네가 아니라 세계정신이 너를 인도하리라 – 헤겔 《역사철학 강의》   _146

12 언어 놀이를 통해 철학이 사라졌다! – 비트겐슈타인 《철학적 탐구》 _ 157

13 양심의 소리에 귀 기울여라 – 하이데거 《존재와 시간》 _ 168

14 질문하라, 대화하라, 토론하라! – 가다머 《진리와 방법》 _ 179

15 '관심'에 관심을 갖자 – 하버마스 《인식과 관심》 _ 189

|4부| 국가의 탄생

16 찾아야 할 곳에 대한 영원한 손짓 – 모어 《유토피아》 _ 204

17 행복하기 위해 정부가 생겨났다 – 로크 《통치론》 _ 214

18 인간은 자유롭게 태어났다 – 루소 《사회계약론》 _ 226

19 자유의 범위와 한계를 논하다 – 밀 《자유론》 _ 237

20 정의란 공정성이다 – 롤스 《정의론》 _ 247

|5부| 인간 삶의 지혜

21 도덕의 실천은 의무다 – 키케로 《의무론》 _ 262

22 생명은 기계가 아니다 – 베르그송 《창조적 진화》 _ 274

23 돈키호테처럼 싸워라 – 우나무노 《생의 비극적 감정》 _ 286

24 속됨 속에 성스러움이 있다 – 엘리아데 《성(聖)과 속(俗)》 _ 297

25 미래를 전망하지 마라 – 요나스 《책임의 원리》 _ 308

부록 • 황광우가 추천하는 동서양고전 70선 • 319

서양철학 고전의 힘

소크라테스는 왜 독배를 들었을까
– 서양철학 고전을 읽는 이유

대전제 : 사람은 죽는다.

소전제 : 소크라테스는 사람이다.

결론 : 소크라테스는 죽는다.

이 사례는 삼단논법의 논리적 구조를 설명하고자 하는 것인데, 소크라테스의 죽음에 대해 정확하게 알려주는 사례는 아니다. 소크라테스는 인간으로서 수명이 다하여 죽은 것이 아니다. 소크라테스는 신을 모독하고 젊은이들의 정신을 타락시켰다는 죄로 고소당해 재판을 받고 사형 판결을 받았다. 그러나 소크라테스의 죄는 사형을 당할 만큼 중죄가 아니었다.

그래서 소크라테스 앞에는 세 가지 길이 있었다. 하나는 해외 망명을 조건으로 삶을 보장받는 것이었고, 다른 하나는 친구와 제자들의 도움을 받아 탈옥하는 것이었다. 그리고 마지막으로는 재판의 판결대로 독배를 받는 것이었다. 이 세 가지 가능성을 놓고 소크라테스와 그의 친구 및 제자들이 대논쟁을 벌인다.

소크라테스의 제자인 플라톤은 《소크라테스의 변명》과 《크리톤》에 재판의 과정과 대논쟁의 내용을 기록해놓았다. 소크라테스는 재판 과정과 친구 등과의 논쟁에서 자신의 입장을 직극 개진하며 인간 존재의 문제로 논의를 이끌어간다. 즉 소크라테스는 자신의 행동이 정의로운 것이기에 자신에게 내려진 판결을 당당하게 받아들여야 한다고 했다. 해외로 망명을 하거나 탈옥을 한다면 자신이 한 일을 스스로 부정하는 것이기에 정의롭지 못하다고 했던 것이다. 소크라테스는 인간이란 정의로운 삶을 사는 존재라고 말하고 싶었던 것이다.

인간은 누구나 살아가면서 존재에 대한 고민을 한다. '나는 누구인가?', '나의 삶은 어찌하여 이리도 평안하지 못한가?' 등등. 뿐만 아니라 인간은 누구나 죽음에 대한 두려움과 공포심을 갖는다. 죽음에 대한 두려움과 공포는 삶에 대한 애착에서 생겨난다. 그러므로 그것 역시 뒤집어보면 존재에 대한 고민이다. 소크라테스는 인간이 정의로운 삶을 산다면 죽음에 대한 두려움과 공포를 극복할 수 있다고 했다.

소크라테스뿐만 아니라 서양철학자들은 존재를 중요시한다. 자기 존재에 대한 인식을 통해 삶을 평온하게 할 수 있을 것이라 생각했기 때문이다. 자기 확신을 가지고 사는 사람과 그러지 못하는 사람의 차이를 생각해보면 쉽게 알 수 있다. 그러나 자기 존재에 대한 인식은 쉽지 않다. 몇 날 며칠을 두고 끙끙대고 고민해보아도 제자리를 뱅뱅 맴돌 뿐이다.

서양철학은 자기 존재 인식에 대한 실마리를 제공한다. 따라서 우리 삶의 안내자 역할을 한다. 우리가 여행을 한다고 생각해보자. 여행에 앞서 지도를 펴놓고 길을 확인한다. 승용차를 타고 간다면 길을 안내하는 네비게이션을 켠다. 만약 지도와 네비게이션이 없다면 우리는 여행의 목적지로 갈 수가 없다.

인생이란 길에서 지도와 네비게이션의 역할을 하는 것이 바로 철학이다. 철학이 아주 원대하고 심오한 것을 다루는 것 같지만 사실 철학의 알맹이는 '어떻게 살 것인가'를 안내하는 것이다. 서양철학은 자기 존재의 인식에 대한 실마리를 제공하여 우리 삶의 길을 안내한다. 우리가 서양철학 고전을 읽어야 하는 이유가 여기에 있다.

서양을 이해하는 다섯 가지 키워드
– 서양철학 고전을 읽는 방법

서양철학은 복잡해!

무엇을 서양철학이라고 하는가? 고대 그리스에서 시작하여 오늘날까지 유럽을 중심으로 발전해온 철학을 통칭 서양철학이라고 한다. 그렇다고 해서 서양철학이 단일한 것은 아니다. 서양철학에는 무수히 많은 조류가 있다. 한 예로 영국의 철학자 베이컨이 주창한 경험주의 철학과 프랑스의 철학자 데카르트가 주창한 주지주의 철학의 차이만 생각해보아도 서양철학의 다양한 조류를 알 수 있다.

　우리가 서양철학에 접근할 때 몇 가지 어려움이 있다. 하나는 역사와 문화의 차이에서 오는 어려움이다. 역사와 문화 그리고 그것들로부터 연유하는 정서의 차이로 인해 서양철학의 고전을 온전히 이해하는 것이 쉽지 않다. 그러나 보다 근원적인 어려움은 언어의 차이 때문에 생겨난다. 극소수의 사람을 제외하고 대다수의 사람들은 번역서를 통해 서양철학 고전을 읽을 수밖에 없는 것이 현실이다.

　우리나라에서 번역은 직역이 원칙이다. 직역을 하다 보니 언어구조의 차이가 종종 무시되기도 한다. 그래서 어떤 문장은 우리 글로 쓰여 있지만 이해하기 어려운 경우가 있다. 그리고 직역은 단어에서 나타나는 뉘앙스의 차이를 온전하게 담아내지 못하는 경우가 있다. 그렇다고 서양철학의 지혜를 알 수 없는 것은 아니다. 다만 지혜를 얻기 위한 방법을 찾는 것이 중요하다. 고전을 읽을 때는 공통점을 찾으려는 노력이 필요하다. 철학자들이 제시하는 길은 달라도 목적지는 동일하기 때문이다.

그러면 어떻게 공통점을 찾아 읽을 수 있을까? 가장 좋은 방법은 자신에게 필요한 주제를 설정하여 읽는 것이다. 플라톤의 《국가》를 예로 들어보자. 《국가》에는 수많은 얘기가 담겨 있다. 그래서 첫 페이지부터 마지막 페이지까지 정독하려고 하다 보면 오히려 《국가》를 제대로 이해하지 못하는 경우가 많다. 그래서 책을 읽다 중도에 포기하는 경우도 드물지 않다. 그러나 자신이 관심 있는 부분만 뽑아서 읽어보자. 하나의 주제를 정해 그 주제에 해당되는 부분만 간추려 읽으면 훌륭한 《국가》 읽기가 된다. 고전을 읽을 때는 책을 재편집하듯 읽는 것이 요령이라면 요령이다.

자기 존재를 인식하는 키워드

이 책에서는 서양철학의 고전을 읽을 때 주제로 삼을 만한 것을 다섯 가지로 나누어 설명했다. 첫째 주제는 '철학과 나'다. 철학은 진리를 탐구한다. 서양철학에는 진리를 탐구하기 위한 다양한 방법들이 제시되어 있다. 고대 그리스 철학자 플라톤은 이데아를 참된 진리라 하고 이데아를 알아야 한다고 했다. 하지만 독일 철학자 칸트는 이데아를 알려는 것은 인간의 오만이라고 말한다. 상반되는 주장 같지만 서로 비교하며 읽으면 나름대로의 '진리관'을 세울 수 있을 것이다.

둘째 주제는 '인간'이다. 인간이란 어떤 존재인가 하는 것이다. 아리스토텔레스는 인간이 사회적 동물이라고 한 반면에 마키아벨리는 인간이 이기적인 존재라고 했다. 두 주장의 차이는 지향하는 바가 달랐기 때문에 나타난 것이다. 서양철학은 인간의 본성에서 시작하여 사회적 현상을 설명하려고 한다. 그러므로 인간에 대한 다양한 철학적 주장을 비교해 읽으면 현실에서 부닥치는 문제에 대한 해법을 찾을 수 있을 것이다.

셋째 주제는 '세계를 읽는 눈'이다. 그것을 인식의 방법이라고 한다. 어느 시대에나 새로운 인식의 방법이 나타난다. 시대의 변화에 따라 새롭게 세계를 보려는 철학이 나타나는 것이다. 물론 새로 나타난 철학이 모두 올바른 것은 아니다. 시대에 맞으면서 시대를 앞서나갈 수 있는 철학만이 인정을 받고 오늘날까지 전해진다. 새로운 인식의 방법을 제시했던 고전들을 비교해 읽으면 창의적인 사고가 어떻게 출현하는지를 알 수 있다. 새로운 생각은 하늘로부터 뚝 떨어지지 않는다. 과거의 지혜를 바탕으로 과거의 생각을 혁신하는 과정에서 나타나기 때문이다. 또한 세계를 보는 다양한 시각을 알 수 있게 될 것이다.

넷째 주제는 '국가'다. 서양철학자들은 일찍부터 국가에 관심을 가지고 탐구했다. 특히 중세에서 근대로 넘어오면서 국가에 대한 관심은 더욱 높아졌다. 중세의 기독교적 세계관이 무너지면서 민족 단위 국가들의 자율성이 확대되었기 때문이다. 국가에 대한 학설은 국가가 출현한 배경과 국가의 역할을 주로 다루었다. 이 학설들을 비교해 읽으면 오늘날의 민주주의와 자유주의 그리고 평등주의에 대한 사상적 기초를 알 수 있을 것이다.

다섯째 주제는 '인간 삶의 지혜'다. 즉 어떻게 살 것인가 하는 것이다. 이 주제는 동서양을 막론하고 철학의 궁극적 결론이다. 만약 어떻게 살 것인지를 제시하지 못하는 주장이 있다면 그것은 진정한 철학이 아니라 공리공론일 뿐이다. 서양철학에서 삶의 문제는 인간 존재의 문제와 긴밀하게 연결되어 있다. 인간은 자신이 살고 있는 환경에 직접적인 영향을 받는다. 그러므로 서양철학에서는 특정한 상황 속에서 인간이 어떻게 살아야 하는지를 제시한다. 따라서 서양철학의 고전을 통해 개인이 가진 실존적 고민의 해법을 찾는 단초를 발견할 수 있을 것이다.

이상의 다섯 가지 주제 외에도 더 다양한 주제를 생각해볼 수 있다. 그러나 이 다섯 가지 주제로 나누어 서양철학의 고전을 읽는다면 고전에 대한 깊이 있는 이해에 도달할 수 있을 것이다.

이 책은 이 다섯 가지 주제로 나누어 서양철학의 고전을 해설했다. 물론 모든 고전에는 이 다섯 가지 주제가 포함되어 있다. 그렇지만 각 고전에 따라 어떤 주제를 더 부각시켰는지에 대한 차이가 있다. 고전 읽기에 앞서 각 고전의 주안점을 파악한다면 고전에 대한 이해뿐만 아니라 고전을 읽는 즐거움 역시 배가될 것이다.

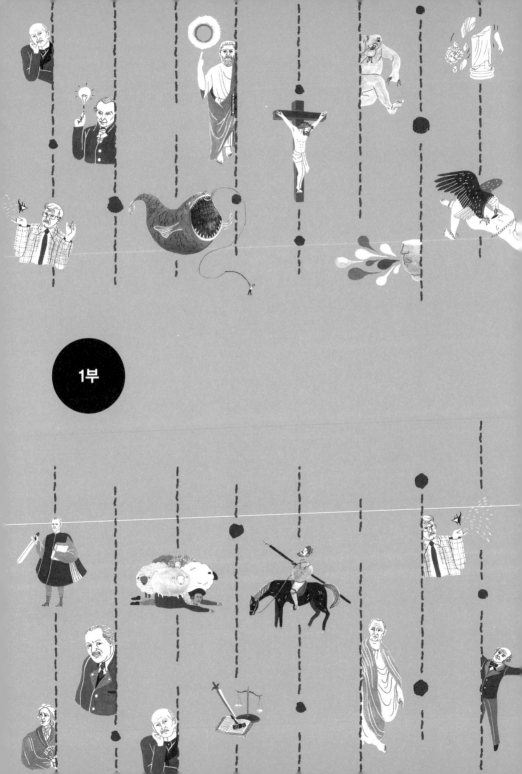

1부

철학과 나

요리 프로그램에 출연한 요리사를 소개하며 진행자는 '요리의 철학을 갖춘 분'이라고 말한다. 이처럼 철학이란 말은 우리 생활에서 자주 사용된다. 운동을 잘하는 선수에게는 '스포츠 철학'을 갖췄다고 하고, 노래를 잘하는 가수에게는 '음악의 철학'이 있다고 한다. 지금도 아기의 이름을 지어주는 곳을 '철학원'이라 하고 '개똥철학'이란 말도 흔히 사용한다.

여기에 쓰인 철학이라는 말의 공통점이 있다. 각기 그 분야에 대해 '잘 안다'는 것이다. 여기에 철학의 가치가 있다. 철학을 뜻하는 영어 '필로소피(philosophy)'는 진리를 뜻하는 그리스어 '필로스(philos)'와 사랑을 뜻하는 그리스어 '소피아(sophia)'가 합해진 말이다. 철학은 '올바른 앎'을 추구한다. 그래서 철학은 우리와 가까이 있는 것이다.

1부에서는 진리를 추구하는 방법과 관련한 다섯 편의 글을 해설했다. 플라톤의 《국가》, 베이컨의 《신논리학》, 데카르트의 《방법서설》, 칸트의 《형이상학서설》, 메를로퐁티의 《지각의 현상학》이 그것이다.

플라톤은 우리 눈앞에 펼쳐져 있는 세상은 허구이므로 이 세상 바깥에 있는 이데아를 인식하라고 한다. 이 주장을 어떻게 이해해야 할까. 눈앞에 보이는 현상의 배후에 있는 본질을 이해하라는 말로 이해하면 될 것이다. 베이컨은 실험과 관찰을 통해 세계를 인식하라고 한다. 그는 수많은 실험과 관찰을 통해 세계를 알 수 있다면서 귀납법을 인식의 방법으로 제시했다. 데카르트는 베이컨과 다른 방법을 주장한다. 모든 것에 대한 회의를 통해 증명할 필요 없이 자명한 사실을 발견해내고 그것으로부터 불확실한 사실들을 증명해나가는 연역법을 인식의 방법으로 제시했던 것이다. 칸트는 인간이 대상을 수용하고 반영하는 것이 아니라 대상에 형상을 부여한다고 했다. 칸트는 이런 자신의 주장을 가리켜 '코페르니쿠스적 전환'이라고 했다. 메를로퐁티는 주체와 객체를 나누는 이분법에 반대하여 인식의 대상과 얽혀 있는 우리 몸의 역할을 알라고 했다. 즉 인식의 주체인 우리의 몸은 이미 인식의 개체인 대상과 얽혀 있어서 그 둘의 구분은 잘못된 인식을 낳을 뿐이라는 것이다.

다섯 명의 철학자는 세계를 어떻게 인식할 것인가에 대해 서로 다른 해법을 제시했다. 그러나 사물을 있는 그대로 보라는 점에서는 공통적이다. 우리가 잘못된 인식을 하는 이유는 선입견, 고정관념 등 때문이다. 이런 것들로부터 벗어나 사물을 있는 그대로 보게 되면 그 사물을 올바로 인식할 수 있다. 그래서 철학자들이 주장하는 핵심적인 해법은 우리가 우리의 머리로 스스로 생각해야 한다는 것, 즉 사고력을 기르라는 것이다.

1

철인이 다스리면 무엇이 다를까

플라톤 《국가》

서울대 사상고전 100선에 선정된 핵심 포인트

쇠퇴해가는 조국 아테네를 어떻게 회생시킬 수 있을까라는 실천적 주제 의식 아래 기원전 5세기를 무대로 플라톤에 의해 쓰인 이 책은 정치 공동체에서 인간의 삶이 가능하기 위한 기본적인 조건들에 대한 성찰을 담고 있다. 철인 왕에 의해 통치되는 정의로운 국가가 그려지는 이 책에서 우리는 이후 서구 학문들의 방향을 결정하게 될 기본 개념들과 생각들이 생생한 대화를 통해 형성되는 현장을 만나볼 수 있다.

— 김남두 서울대학교 석좌교수

아름다운 소년, 알키비아데스

"나에겐 두 연인이 있어요. 하나가 알키비아데스이고 다른 하나가 철학이지요."《고르기아스(Gorgias)》에서 소크라테스는 고백한다. 알키비아데스는 소크라테스의 마음을 사로잡은 미소년이었다. 고대 그리스에서 남녀 간의 사랑은 출산을 위한 방편일 뿐, 고상한 연애 행위로 여겨지지 않았다. 사십대 남성이 십대 미소년의 정신적 성장을 이끌면서 서로 사랑하는 관계를 유지하는 소년애가 바람직하고 품위 있는 애정 행위였다. 소크라테스는 왜 알키비아데스를 사랑했을까? 그 비밀은《국가(Politeia)》에서 펼쳐지는 철인정치론에 있다. 타락하는 아테네의 정치를 바로잡을 철인정치의 꿈, 그 꿈의 대리 실현자가 알키비아데스였다. 철학자가 왕이 되거나 현재의 왕들이 철학적 정신을 갖추어 지혜와 정치적 지도력이 합치되지 않으면 국가도 인류도 결코 재난을 면치 못한다는 것이 플라톤의 생각이었다.

플라톤(Platon, BC 428?~BC 347?)은 대중이 우매하다고 생각했다. 그러나 대중이 우매하다는 주장만 했다면 플라톤의 정치사상은 이토록 오래 주목받지 못했을 것이다. 플라톤이 통치자에게 요구하는 것은 대중에게 요구하는 것보다 더욱 혹독하다. 통치자에게 더욱 철저한 기준과 혹독한 수련을 요구하기 때문에 플라톤의 정치사상이 설득력을 가진

자크 루이 다비드가 그린 소크라테스의 죽음

다. 《국가》에는 플라톤의 정치사상이 집약되어 있다. 플라톤은 《국가》에서 이상 국가를 제시한다. 이상 국가는 훌륭한 통치자의 통치에 의해 실현될 수 있다. 이것이 플라톤이 구상하는 이상 국가의 핵심이다. 이를 가리켜 흔히 '철인 통치론'이라고 한다.

이데아를 배워야 한다

이상적인 국가를 실현할 통치자는 만들어져야 한다고 플라톤은 말한

다. 그러면 통치자는 어떻게 만들어지는가? 열 살 이상의 도시 주민들은 모두 시골로 보내야 한다. 어린이들을 격리하는 것은 어버이의 버릇에 물들지 않도록 보호하기 위해서다. 아이들이 부패한 어른들을 본받게 되면 유토피아는 건설될 수 없다. 때문에 백지 상태에서 아이들을 출발시켜야만 한다. 또한 모든 아이들에게 기회를 균등하게 주어야 한다. 부모의 지위와 인종에 관계없이 아이들은 모두 동등하게 출발한다.

태어나서 10년 동안 아이들은 주로 체육 교육을 받는다. 건강하지 못하면 국가를 통치할 수 없기 때문이다. 그런데 체육만 하면 아이들의 정서가 메마르지 않을까? 그래서 음악 교육이 곁들여진다. 음악은 영혼과 육체를 우아하고 건강하게 만들 뿐만 아니라 아이들의 학업에도 도움을 준다. 수학, 역사, 과학 등 아이들이 싫증을 잘 내는 과목을 음악 형식으로 만들어 쉽고 재미있게 익히게 한다.

아이들이 스무 살이 되면 첫 번째 인생의 전환점을 맞이한다. 그동안의 교육에 대한 시험을 치러야 하기 때문이다. 이 시험은 무수히 많은 청년들을 통치자 교육 과정에서 탈락시키기 위한 것이다. 이 시험에서 떨어진 청년들은 상인, 점원, 노동자, 농부로 일생을 살아가야 한다. 시험에 합격한 청년들은 다시 10년 동안 정신, 육체, 성격에 대한 교육과 훈련을 받는다. 10년 후에 또다시 대량 제거를 위한 시험을 치르게 된다. 여기서 떨어진 사람들은 국가의 행정관, 군 장교가 된다.

2차 시험까지 합격한 사람들은 철학을 배우게 된다. 철학자를 양성하는 교육에서 철학을 늦게 가르치는 이유가 무엇일까? 플라톤은 이렇게 대답한다. "청년들이 처음으로 철학의 맛을 알게 되면 …… 가까이 오는 사람들을 가리지 않고 물어뜯는 하룻강아지처럼 …… 장난삼아 논쟁을 하고 항상 반박하거나 부정하기 때문이다."

그러면 플라톤이 말하는 철학이란 무엇인가? 철학에서 가장 중요한 것은 '이데아론'이다. 이데아론은 플라톤 철학의 정수다. 플라톤은 이데아를 다양한 의미로 사용했다. '철수와 영희의 이데아는 인간이다'라고 할 때의 이데아는 사물이 속해 있는 유(類)의 일반 개념이다. 그런가 하면 플라톤은 이데아를 사물의 운동법칙 혹은 완전한 목적(또는 이상)이라는 의미로 사용하기도 한다. 우리가 감각으로 알아차릴 수 있는 현상들의 배후에는 감각으로 포착할 수는 없지만 이성과 사고에 의해 파악할 수 있는 일반 개념, 법칙, 이상이 있다. 이 개념, 법칙, 이상은 감각으로 포착되는 것보다 영속적이고 실재적이다. 철수와 영희는 죽지만 인간이라는 개념은 죽지 않는다. 종이 위에 그린 나무는 지우개로 지울 수 있지만 나무라는 개념은 영원히 남아 있다. 그러므로 우리가 눈으로 볼 수 있고 귀로 들을 수 있는 것은 허상이며, 이데아의 그림자에 불과하다. 통치자, 즉 철학자는 허상을 구분하고 허상을 타파하여 이데아의 세계로 나가야 한다.

철학자로 태어나다

여기에서 플라톤의 유명한 '동굴의 비유'가 등장한다.

교육이 있는 경우와 없는 경우에 관해서 인간의 본성을 다음과 같은 상태와 비슷하다고 생각해보자. 즉 땅 밑에 있는 동굴 모양의 거처에 살고 있는 사람들을 상상해보자. 길게 뻗어 있는 입구가 빛이 있는 쪽을 향해서 동굴 전체의 너비만큼 열려 있다. 그리고 그 사람들은 어려서부터 발과 목이 묶여 있기 때문에 같은 자리에만 머물러 있고, 머리도 뒤로 돌릴 수가 없어서 그저 앞만 보고 있다. 그들 뒤쪽 위에서 불이 타고 있어 그 불빛이 비추고 있다. 그 불과 죄수들 사이에는 길 하나가 나 있고 그 길을 따라 벽이 세워져 있다. 죄수들 가운데 한 사람이 풀려나 목을 돌리고 강제로 불빛 쪽을 쳐다보게 되었는데, 그 일은 몹시 고통스러운 것이었다. 전에는 그림자만 보았는데 이제 실물을 보려고 하니 눈이 부셔서 잘 볼 수가 없었다. 또 누군가가 그 죄수를 거칠고 험한 오르막길로 힘껏 끌고 가서 햇빛이 있는 곳까지 끌어내면 죄수는 끌려가는 동안 괴로워하고 화낸다. 그리고 햇빛이 있는 곳까지 나왔을 때도 눈은 광선으로 가득 차서 지금 참되다고 말하는 것을 무엇 하나 볼 수 없을 것이다.

우리는 이 비유가 의미하는 바를 알 수 있다. 동굴 속에 비친 그림자, 즉 죄수들이 평생 보며 살아가야 하는 그림자가 바로 우리가 보고 있는 세계다. 그 그림자는 실재가 아니라 환상이다. 실재의 세계, 즉 이데아를 갑자기 보게 되면 어둠 속에서 갑자기 불빛을 보거나 동굴에서 갑자기 태양 아래로 끌려나온 사람처럼 눈이 부셔서 제대로 볼 수 없다. 이렇게 되지 않으려면 준비가 필요하다. 플라톤은 말한다.

> 위쪽에 있는 사물을 보려면 습관이 필요하다. 우선 가장 편하게 볼 수 있는 것은 그림자이고 그다음은 물에 비친 인간이나 다른 것의 영상이며 그다음이 실물이다. 그다음에 하늘에 있는 것이라든가, 하늘 그 자체로 눈을 돌리게 되는데, 그러기 위해서는 우선 달빛이나 별빛을 보는 것이 낮에 해나 그 빛을 보는 것보다 편하다. 그렇게 해서 마지막으로 해를 볼 수 있게 된다.

철학의 주제는 이데아의 탐구다. 사물의 배후에 있는 양식과 법칙 그리고 사물을 통해 작용하거나 희미하게 나타나는 기능과 이상을 찾아내야 한다.

두 차례 시험을 통해 선발된 사람들은 이 이데아론을 5년 동안 배운다. 또한 이데아론의 원리를 인간 행동과 국가 경영에 적용하는 훈련을 함께 받는다. 이제 아이들은 서른다섯 살이 되었다. 그러나 플라톤은 그

들에게 나랏일을 맡길 만큼 섣부른 사람이 아니다. 그들은 15년간 더 교육을 받아야 한다. 이제까지의 교육이 이론적인 것이었다면 앞으로의 교육은 실재 세계를 익히는 교육이다. 15년의 세월이 흘러 50년간의 교육을 통해 선택된 인간들, 즉 철학자들은 냉정하고 자신감 넘치며 학자적 허영심은 사라지고 전통과 경험, 교양과 투쟁이 합쳐진 지혜로 무장하게 된다. 그리고 그들은 자동적으로 국가의 통치자가 된다.

플라톤의 이상 국가

그러면 철학자가 통치하는 국가의 모습은 어떨까? 그 국가에서 국민들은 3등급으로 나뉜다. 바로 평민과 군인 그리고 통치자다. 플라톤의 관심은 통치자다. 플라톤은 통치자가 나쁜 짓을 저지르지 않을까 우려했다. 그래서 여기 대비한 안전장치를 마련했다. 바로 통치자들의 철저한 공산주의적인 생활이었다. 통치자는 필요 이상의 재산을 가져서는 안 된다. 통치자가 재산을 가지게 되면 자기 계급의 이익만을 추구하는 도당의 앞잡이가 되기 때문이다. 또한 통치자는 결혼해서는 안 된다. 통치자는 아내가 아니라 국가에 헌신해야 한다. 그리고 통치자는 자신의 아이를 가져서도 안 된다. 통치자의 아이들은 태어나자마자 다른 아이들과 마찬가지로 격리된 생활에 들어간다.

플라톤의 이상 국가는 소수의 통치자 계급을 정상으로 하고 일반 평민을 광대한 기반으로 하여 다수의 군대에 의해 보호받으며 실현된다. 개인의 과도한 부나 빈곤은 사회 혼란과 혁명의 원인이기 때문에 이를 방지하기 위해 상업과 산업은 통치자의 통제 밑에 놓이고 이자는 금지되며 이익은 제한된다. 이에 대한 보답으로 통치자는 매우 검소한 생활을 한다. 이렇게 되면 각 계급의 구성원이 본성과 재능에 따라 알맞은 일을 하고, 어떤 계급이나 개인도 서로 간섭하지 않으며, 다양성이 추구되는 가운데 조화로운 전체가 실현되는, 진정으로 정의로운 국가가 실현된다. 이것이 플라톤이 세우고자 했던 이상 국가다.

　플라톤이 생각한 국가는 웅대하면서도 완결된 구조를 가지고 있다. 그러나 그 이상은 실현될 수 없다. 중세 서양에서 플라톤의 이상을 실현하려던 시도는 오히려 시민들의 반란과 혁명에 의해 종말을 고했다. 플라톤은 자신의 구상이 이 땅에서 실현될 수 없다는 것을 알고 있었다. 그럼에도 이런 소망을 밝혀두는 것만으로도 가치가 있다고 생각했다. 인간은 보다 좋은 세계를 상상하고 그 일부나마 실현하려고 노력하는 존재이기 때문이다.

플라톤은 철학자가 지배하는 국가를 이상적인 국가라고 했다. 철학자만이 사물의 본질인 '이데아'를 알 수 있기 때문이다. 반면에 모방을 통해 이데아를 왜곡시키는 시인, 예술가를 국가에서 추방해야 한다고 했다. 김부식(金富軾)은 《삼국사기(三國史記)》에서 신라의 화가인 솔거가 사실과 똑같이 그림을 그렸다고 칭찬했다. 다음의 두 글을 읽고 예술가의 역할에 대해 생각해보자.

◆ ◆ ◆

솔거는 신라 사람이다. 출신이 변변치 않아 집안 내력이 전해지지 않는다. 솔거는 태어나면서부터 그림을 잘 그렸다. 일찍이 황룡사 벽에 늙은 소나무를 그렸는데 나무의 몸통과 굵은 줄기는 비늘처럼 우툴두툴 주름지고 터졌으며, 가지와 잎은 얼기설기 굽어져서 까마귀, 솔개, 제비, 참새 등이 이따금 나무를 보고 날아들다 벽화 앞에 와서는 발 디디고 앉을 곳이 없어 떨어지곤 했다. 세월이 흘러 그림의 색깔이 빛을 잃어 절의 승려들이 덧칠했더니, 까마귀나 참새가 다시는 날아오지 않았다. 또 경주 분황사 관음보살과 진주 단속사 유마상이 모두 그가 남긴 작품인데, 세상에서 말하기를, 신이 그린 그림 같다고 했다.

- 김부식, 《삼국사기》 중에서

◆ ◆ ◆

"우리는 앞에서 신의 창조물, 장인의 제작물, 화가의 모방물에 대해 이야기해보았네. 이제 화가가 장인의 제작물을 그린다고 생각해보세. 화가는 본질적으로 그것 자체를 모방하려 하는가, 아니면 장인들이 만들어낸 물건을 모방하려 하는가?"

"장인들의 제작물을 모방하려 합니다."

"그러면 화가가 그리려고 하는 것은 있는 그대로의 것인가, 아니면 보이는 그대로의 것인가? 이 점 또한 구별해보게."

"무슨 뜻으로 하시는 말씀입니까?"

"내 말은 이런 것일세. 자네가 침대를 여러 각도에서 본다고 했을 때, 즉 옆에서 보거나 바로 본다고 했을 때 침대는 달리 보이네. 그러나 있는 그대로의 차원에서는 다르지 않네. 다른 경우도 마찬가지일세."

"그렇습니다. 달라 보일 뿐이지, 전혀 다르지 않습니다."

"바로 이 점을 생각해보게. 그림은 무엇을 대상으로 만들어지는가? '실재(實在)'를 있는 그대로 모방하게 되는가, 아니면 보이는 것을 보이는 그대로 모방하게 되는가? 다시 말해 그림은 진실의 모방인가, 아니면 '보이는 현상'의 모방인가?"

"그림은 보이는 현상의 모방입니다."

"따라서 모방은 진실한 것에서 멀리 떨어져 있네. 그리고 화가는 단지 대상의 부분만을 건드릴 뿐이고, 그마저도 영상에 지나지 않기 때문에 아무것이나 그릴 수 있다네. 예컨대 화가는 구두장이나 목수 그리고 다른 장인들의 기술에 대해 아는 바가 전혀 없으면서도 그들의 모습을 그릴 걸세."

–플라톤, 《국가》 중에서

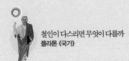

철인이 다스리면 무엇이 다를까
플라톤 《국가》

2

우상을 파괴하라
베이컨 《신논리학》

서울대 사상고전 100선에 선정된 핵심 포인트

고대 이래의 철학과 지식의 폐단을 통감한 베이컨이 이를 비판하고 자신의 새로운 방법론을 개진한 책. 당시까지의 지식의 폐단을 '종족', '동굴', '시장', '극장'이라는 이른바 '네 개의 우상'으로 분석·정리했으며, 근대 과학의 실험적 방법의 기초가 된 자신의 새로운 방법은 '귀납법'이라는 이름으로 부르고 있다. 아리스토텔레스의 《논리학(Organum)》에 대해 새롭다는 의미에서 이 같은 제목을 붙였다.

– 김영식 서울대학교 명예교수

헤라클레스의 기둥

그리스 신화를 보면 열두 과업을 부여받은 헤라클레스가 등장한다. 열두 과업 중 열 번째가 게리온의 소를 생포하는 것이었다. 게리온은 머리가 세 개, 팔다리가 여섯 개인 괴물이었다. 헤라클레스는 게리온의 소를 생포하기 위해 항해를 시작한다. 어느 곳에 이르자 바다는 산으로 막혀 있었다. 헤라클레스는 산을 부수어 해협을 만든다. 헤라클레스 덕분에 지중해와 대서양을 연결하는 지브롤터해협이 만들어진다. 지브롤터해협 동쪽 끝에 있는 두 개의 바위 기둥을 헤라클레스의 기둥이라고 부른다.

1620년 출판된 베이컨(Francis Bacon, 1561~1626)의 《신논리학(Novum Organum)》표지에는 헤라클레스의 기둥 사이를 항해하는 한 척의 범선이 그려져 있다. 그리고 성경 구절이 쓰여 있다. "많은 사람이 빨리 왕래하며 지식이 더하리라." 헤라클레스의 기둥과 범선 그리고 성경 구절이 베이컨의 책 표지에 등장하는 이유가 무엇일까? 그림과 구절은 하나의 상징이다. 인간은 산이 가로막은 곳에서 멈추어 선다. 그러나 헤라클레스는 그 산을 깨뜨려 길을 만들었다. 그렇다. 기존의 한계를 깨부수어야 더 넓은 세계로 나아갈 수 있다. 베이컨은 그렇게 하고자 했다. 기존의 사상과 이론을 부수고 새로운 혁신을 일으키려 했다.

우상을 파괴하라
베이컨 《신논리학》

지브롤터해협에 위치한
헤라클레스의 기둥 기념비

포스트 아리스토텔레스

베이컨은 이전의 철학자들이 이론에 너무 많은 시간을 소비하고 관찰

을 소홀히 하는 것이 가장 큰 잘못이라고 지적한다. 그는 《신논리학》의

첫머리에서 이렇게 말한다. "인간은 자연을 사용하고 해석하는 자이므로 자연 질서의 관찰이 …… 허용하는 한도 내에서만 행위하고 이해한다. 그리고 그 이상은 알지도 못하고 알 수도 없다." 베이컨이 살았던 시대에 과학적 발견이 이루어지면서 기존 이론에 균열이 생겨났다. 과학이 아리스토텔레스에 근거한 기존 이론을 전복시킬 당시 철학에도 베이컨이 등장했다. 그는《신논리학》첫머리에서 이전 철학에 대한 도전장을 내민다.

중세에는 아리스토텔레스의 그림자가 드리우지 않은 곳이 없었다. 과학도 철학도 모두 아리스토텔레스의 사상에 기반하고 있었다. 아리스토텔레스의 사상은 하나의 권위였고, 그 사상에 기반을 두지 않으면 논리를 전개하기 힘들었다. 학문과 사상에서 아리스토텔레스는 독재자나 마찬가지였다. 아리스토텔레스의 사상에 처음 반기를 든 철학자가 베이컨은 아니다. 하지만 베이컨은 아리스토텔레스의 사상을 비판함으로써 포스트 아리스토텔레스 시대를 열었다.

베이컨은 아리스토텔레스 이후 철학이 거의 진보하지 않았다고 단언했다. 그 이유는 철학이 아리스토텔레스의 방법 안에 머물렀기 때문이다. 철학자들은 모든 것을 아리스토텔레스의 사상으로 설명하려 했고, 그래서 철학은 아리스토텔레스학으로 변질되었다. 베이컨은 아리스토텔레스학으로 변질된 모든 철학에서 벗어나야 한다고 생각했다. 철학이 다시 태어나려면 백지 상태에서 다시 출발해야 한다. 그래서 베이컨은 '철학의 대혁신'이라는 야심 찬 계획을 세웠다. 그 계획의 하나로 《신논리학》이 탄생했다.

우상을 파괴하라

베이컨은 《신논리학》에서 우상 파괴를 역설하고 우상을 파괴한 인간이 걸어야 할 길로 귀납법을 제시했다. 새로운 철학에 이르는 첫 단계는 '지성의 정화'다. 지성의 정화란 곧 '우상 파괴'다. 베이컨이 말하는 우상은 현실로 착각된 그림, 사물로 착각된 사상을 의미한다. 여기에 오류의 원천이 있으므로 논리학의 첫 과제는 오류의 원천을 찾아 막는 일이다. 베이컨은 네 가지 우상을 들었다. 종족의 우상, 동굴의 우상, 시장의 우상, 극장의 우상이 그것이다. 종족의 우상은 인간 자체가 일반적으로 보여주는 오류다. 즉 인간이 가진 주관성, 자기중심성으로 인해 사물을 잘못 인식하는 오류다. 인간은 자신을 중심으로 생각하기 때문에 자신의 감각을 객관적 진리로 착각한다.

인간의 정신은 울퉁불퉁한 거울과 같아서 자신의 성질을 대상에 부여하여 …… 대상을 왜곡하고 변형시킨다. 인간은 자신의 의지에 따라 문제를 결정하고 그다음에 비로소 경험에 호소한다. 경험을 자기 이론에 맞게 왜곡한 다음 개선 행렬 속에 끼여 있는 포로처럼 끌고 다닌다.

또한 인간은 자신이 선택한 준거가 편견에서 비롯되었다는 사실을 알지 못한다. 어린 시절 들은 선생님의 한마디, 책에서 읽은 한 구절, 자신이 믿는 학자의 권위로 인해 인간의 인식은 왜곡된다. 동굴의 우상은 인식을 왜곡시키는 편견에서 비롯된다.

동굴의 우상은 개개인이 가진 독특한 오류다. 이것은 본성과 교육, 기분이나 심신의 조건으로 인해 형성된다. 예를 들어 어떤 사람은 분석적이어서 어디서나 차이점을 찾아내고, 어떤 사람은 종합적이어서 어디서나 유사성을 찾아낸다. 어떤 사람은 옛것을 무한히 찬양하고, 어떤 사람은 열심히 신기한 것을 받아들인다. 단지 소수의 사람들만이 공정한 중용을 유지하여 고대인이 정당하게 확립해놓은 것을 파괴하지도 않고 현대인의 올바른 혁신을 경멸하지도 않는다.

시장의 우상은 인간 상호 간의 거래와 교제로부터 생기는 오류다. 여기에는 잘못된 언어 사용이 큰 몫을 한다. 정확한 의사소통이 아닌 개인의 감각과 수준에 맞춘 언어 사용으로 본질에서 벗어나 쓸데없는 논쟁을 일삼기 때문이다. "인간은 언어를 통해 소통하지만 언어는 군중이 만든 것이므로, 불완전하고 부적합한 언어로부터 놀라운 정신의 장애가 생긴다."

극장의 우상은 철학자의 여러 가지 독단과 잘못된 논증 법칙으로 인해 인간의 정신에 이식된 우상이다. "나의 견해로는 기성의 모든 철학체계는 비현실적인 극적 수법으로 자신이 만들어낸 세계를 묘사하는 무대극에 지나지 않는다. 이 철학의 극장에서 여러분은 시인의 극장에서와 동일한 것, 즉 상연을 위해 꾸며낸 이야기가 역사적 실화보다 더 짜임새 있고 우아하며 우리의 소망에 더 가깝다는 것을 보게 된다." 베이컨은 철학이 연극보다 낫지 않다고 말한다. 사람들이 연극을 보고 그것을 믿는 것처럼 잘못된 철학은 사람을 현혹하고 믿게 하여 철학을 타락시킨다.

이런 우상들을 파괴한 다음 베이컨이 우리에게 보여준 것은 무엇일까? 새로운 사고방식과 새로운 오성의 도구다. 나침반 사용법을 몰랐다면 광대한 아메리카는 결코 유럽에 알려지지 않았을 것이다. 과학적 발명과 발견이 알려지지 않았다면 기술적 발명과 발견은 결코 거대한 진보를 이루지 못했을 것이다. 철학에서도 마찬가지다. 진리를 탐구하는 방법이 정립되지 않으면 진리를 발견할 수 없다. 이전의 철학이 그런 상태였다고 베이컨은 생각했다. 그래서 다음과 같이 탄식한다. "물질적 지구의 범위가 우리 시대에 널리 확대되었는데도 지적(知的) 지구는 과거에 발견한 비좁은 한계 내에 갇혀 있다는 것은 분명히 불명예다."

아는 것이 힘이다

베이컨이 제시하는 새로운 방법은 무엇일까? 베이컨은 아리스토텔레스의 삼단논법 대신 귀납법을 제시한다. 귀납법의 시작은 일반적인 사항이 아니라 개별적인 자연현상이다. 그 유명한 죽음의 예를 들어보자. 삼단논법에 따르면 '모든 사람은 죽는다', 그런데 '소크라테스는 사람이다', 그러므로 '소크라테스는 죽는다'. 그러나 귀납법은 '모든 사람은 죽는다'로 시작하지 않는다. 개별적인 사람들의 죽음으로부터 시작한다. '소크라테스는 죽었다.' '아리스토텔레스도 죽었다.' '플라톤도 죽었다.' 이들의 공통점은 사람이다. 즉 '이들은 모두 사람이다'. 그렇다면 결론은 '사람은 모두 죽는다'가 된다.

베이컨에 의하면 개별적인 자연현상에서 출발하여 저차원, 중간 차원, 고차원의 공리를 거쳐 일반적인 공리에 도달하게 된다. 그래서 베이컨은 실험을 중시했다. 실험은 자연을 탐구하는 기초이며 예측할 수 없는 상황에서 사물들의 작용을 보여주는 중요한 도구다. 베이컨은 말한다.

단지 단순한 경험이 남아 있을 뿐이다. 이것은 있는 그대로 받아들이면 우연(경험적)이라 불리고 발견되었을 때는 실험이라 불린다. 경험의 참된 방법은 우선 촛불을 켜고(가설) 다음에 촛불에 비춰보고(실험

우상을 파괴하라
베이컨 《신논리학》

을 준비하고 그 범위를 결정한다) 서틀거나 엉뚱하지 않고 질서 정연하게
요약된 경험을 바탕으로 출발하여 여기에서 공리를 끌어내고 일반
적으로 승인된 공리를 바탕으로 다시 새로운 실험을 하는 것이다.

그러므로 우리는 책이나 인습이나 권위에 의존하지 말고 직접 자연
에 부딪혀야 한다. 이런 연구 방법이 귀납법이다. 그러나 베이컨의 철학
이 우리에게 주는 교훈은 새로 발견한 귀납법에 있지 않다. 우상의 타
파, 즉 모든 권위, 인습, 선입견으로부터 탈출하라는 데 있다.

베이컨이 남긴 가장 유명한 명제는 '아는 것이 힘'이다. 이는 우상타
파와 연결된다. 옛날 자연현상을 이해하지 못한 사람들은 자연에서 벌
어지는 일들을 신의 뜻으로 이해했다. 비가 생성되는 원리를 몰랐을 때
인간은 하늘에 기우제를 지내며 신의 노여움을 풀려고 했다. 그러나 비
의 원리가 밝혀지자 인간은 인공강우를 시도한다. 마찬가지로 우리는
텔레비전 프로그램에서 보는 수많은 픽션들을 사실로 받아들인다. 대
하드라마는 역사적 사실에 바탕을 두었을 뿐, 역사적 사실 자체를 보여
주지 않는다. 그러나 종종 우리는 드라마를 사실로 착각하고 그것을 역
사로 받아들인다. 이런 현상은 도처에 널려 있다. 대부분의 언쟁은 상대
의 의도를 파악하지 못했거나 전체 주제와 상관없는 지엽적인 부분에
서 시작되는 경우가 많다. 이런 현상의 원인이 바로 베이컨이 말한 우상
이다. 베이컨은 모든 사물을 비판적으로 보라고 이야기한다. 베이컨의

정신은 이전 시대의 정신에 대한 도전이며, 근대적 정신의 시작이다. 자연에 대한 끊임없는 관찰을 주장한 베이컨의 정신은 근대 자연과학의 정신이며, 자연과학을 발전시킨 정신이었다.

베이컨은 오류의 원천인 '우상'을 파괴하자면서 귀납법을 진리 탐구의 방법으로 제안했다. 조선의 학자 박지원(朴趾源)은 하룻밤에 강을 아홉 번 건넌 경험을 소개하며 인간의 인식이 주관적임을 말했다. 두 사람의 글을 읽고 박지원의 글에 나타난 상황은 베이컨이 말하는 어떤 우상에 해당하는지 생각해보자.

• • •

인간의 지성을 고질적으로 사로잡고 있는 우상과 그릇된 관념들은 인간의 정신을 혼미하게 할 뿐만 아니라 우리가 얻을 수 있는 진리조차도 얻을 수 없게 만든다. 그러므로 인간이 모든 가능한 수단을 동원해 용의주도하게 그러한 우상들로부터 자신을 지키지 않는 한, 학문을 혁신하려고 해도 곤경에 빠지고 말 것이다. 인간의 정신을 사로잡고 있는 우상에는 네 종류가 있다. 구별하기 좋게 이름을 붙인다면 첫째는 종족의 우상이고, 둘째는 동굴의 우상이며, 셋째는 시장의 우상이고, 넷째는 극장의 우상이다. 우리는 이 우상들을 확고하게 물리치고 폐기해야하며, 이를 통해 지성을 완전히 해방시켜야 한다. 우리는 세간의 속설과 고정관념을 일소하고, 편견에 사로잡히지 않은 공정한 지성으로 자연을 관찰해야 한다. 미신이나 기만, 오류나 혼란 없이 사물을 있는 그대로 관찰하는 것, 이것이야말로 정말로 고귀한 것이다.

－베이컨 《신논리학》 중에서

강물은 두 산 사이에서 흘러나와 바위에 부딪히며 다투듯이 거세게 흐른다. 놀란 듯한 파도, 화난 듯한 물결, 애원하는 듯한 여울물은 내달아 부딪치고 휘말려 곤두박질치며 울부짖고 고함치는 듯하여 항상 만리장성을 쳐부술 듯한 기세가 있다. 전차(戰車) 만 대, 전기(戰騎) 만 필, 전포(戰砲) 만 문, 전고(戰鼓) 만 개로도 무너져 덮쳐 내리는 듯한 소리를 충분히 형용하지 못할 것이다. 모래밭에는 거대한 돌들이 우뚝우뚝 늘어서 있고, 강둑에는 버드나무들이 어두컴컴한 모습으로 서 있어서 흡사 물귀신들이 다투어 나와 사람을 업신여겨 놀리는 듯하고, 좌우에서 이무기들이 사람을 낚아채려고 애쓰는 듯하다. 어떤 사람은 이곳이 옛날에 전쟁터였기 때문에 강물이 그렇게 운다고 말한다. 그러나 꼭 그런 것은 아니다. 강물 소리는 사람이 그것을 어떻게 듣느냐에 따라 다른 것이다. 마음이 물소리를 어떻게 생각하느냐에 따라 귀가 소리를 그렇게 만들어주었을 뿐이다. ─박지원, 〈일야구도하기(一夜九渡河記)〉 중에서

우상을 파괴하라
베이컨 《신논리학》

3

'생각하는 나'의 탄생

데카르트 《방법서설》

서울대 사상고전 100선에 선정된 핵심 포인트

'이성의 올바른 인도를 위한 방법서설'이라는 긴 제
목의 이 책은 방법을 통해 인간의 이성이 독자적으로
진리에 이를 수 있다고 선언하면서 신의 우산 아래에서
벗어난 계몽된 근대인의 모습이 어떤 것인가를 보여주
고 있다. 사유를 기본 특성으로 하는 정신과 연장을 특
성으로 하는 물질을 선명히 구분하면서 '주체' 개념에 기
초한 근대인의 자기 이해와 그에 의해 파악된 기계적 세계의
모습이 지적 모험을 기록하는 일인칭 서술로 명징하게 기술되
어 있다.

— 김남두 서울대학교 석좌교수

모든 것을 의심하라

쉰다섯 살의 철학자가 독감에 걸려 죽었다. 그 철학자는 어린 시절부터 몸이 약해서 아침에 일어나는 시간이 정해져 있지 않았다. 그는 일어나고 싶은 시간에 일어났다. 스웨덴의 크리스티나 여왕이 해군 제독을 보내 그 철학자를 초청했다. 여왕은 제자의 예를 갖추어 그 철학자로부터 진리를 배우고자 했다. 그런데 철학자는 자신의 생활 패턴을 바꾸지 않으면 안 되었다. 여왕이 가장 한가하고 편안한 시간에 배우기를 원했기 때문이다. 그 시간은 새벽이었다. 더할 나위 없이 추운 스웨덴에서 철학자는 매일 새벽에 일어나 찬 공기를 마시며 여왕을 가르치러 가야 했다. 결국 그 철학자는 독감과 폐렴에 걸렸고 병을 이겨내지 못해 1650년 2월 숨을 거두고 말았다. 이 세상에서 가장 많은 호기심을 품은 제자에게 진리를 전달하기 위해 어려운 여행을 단행해야 했던 그 철학자는 바로 데카르트(René Descartes, 1596~1650)다.

데카르트는 그 호기심 많은 제자에게 무엇을 가르쳤을까? 바로 '코기토 에르고 숨(Cogito Ergo Sum)', 즉 '나는 생각한다, 고로 존재한다'였다. 데카르트의 철학은 회의에서 시작한다. 데카르트는 말한다. "나는 어렸을 때부터 거짓된 것을 참된 것으로 받아들여 왔다. 내가 생각하는 것들은 극히 의심스러운 것들이다. 따라서 학문적으로 확고부동한 이론을

'생각하는 나의 탄생
데카르트 《방법서설》

세우려 한다면 일생에 한 번은 내가 받아들여 왔던 모든 것을 송두리째 무너뜨리고 처음부터 토대를 다시 쌓아야 한다." 그래서 데카르트는 모든 것을 의심하고 회의했다. 그런데 아무리 회의를 거듭해도 회의할 수 없는 것이 있다. 바로 생각하고 있는 '나'였다.

데카르트가 회의한 이유는 진리에 다가가기 위해서였다. 데카르트는 감각을 불완전한 것으로 보았다. 감각을 통해 받아들인 것은 의심스러운 것, 회의의 대상일 뿐이었다. 그렇다면 감각을 초월해 진리에 가까이 가는 방법은 무엇인가? 데카르트는 이성이라고 말한다.

> 우리의 추리는 잠잘 때나 깨어 있을 때나 증명할 필요 없이 완전하지는 않다. 때때로 우리의 상상력이 추리 또는 그 이상으로 생기가 있다 해도 우리 자신이 완전한 존재가 아니기 때문에 우리의 사유가 모두 참일 수는 없다. 우리의 사유가 참이 되는 경우는 꿈꿀 때보다 깨어 있을 때 우리가 가진 관념 속에서 필연적으로 이루어진다고 이성은 우리에게 말하고 있다.

우리는 이성으로 증명하고 스스로를 납득시켜야 한다. 데카르트는 불확실성 속에서 존재를 찾아나가는 과정을 보여준다. 그래서 마지막에 진리에 도달하라고 데카르트는 말한다. 이런 진리에 도달하는 방법을 서술한 책이 《방법서설(Discours de la méhode)》이다. 1637년 네덜란드에서 발행된 《방법서설》은 데카르트가 자신의 철학체계를 처음으로 세상에 알린 책이었다.

나는 확실한 방법을 알았다

《방법서설》에는 '이성의 올바른 인도를 위한 방법서설'이라는 부제가 달려 있다. 이 부제에 이 책의 의도가 나타난다. 이성을 사용하여 진리를 찾자는 것이다. 그러면 이성을 어떻게 사용해야 하는가? 데카르트는 이성을 올바르게 인도하기 위해 좇아야 할 방법을 발견하는 과정을 밝힌다. 어린 시절부터 자신의 지적 발전사를 회고담 형식으로 쓰면서 자신이 관심을 가져왔던 여러 학문, 예를 들면 수학, 신학 등에 대해 고찰했던 것이다. 데카르트는 그 고찰을 통해 자신의 지식이 최고봉에까지 올랐다며 이렇게 자부했다.

나는 거리낌 없이 말하겠다. 나는 여러 가지 고찰을 하며 젊은 시절에 이미 바른 법칙에 이르는 길로 접어든 것을 매우 행복하게 생각한다. 고찰을 하고 바른 법칙에 도달하는 과정에서 나는 하나의 방법을 세웠고 그 방법에 의거하여 점차적으로 내 지식을 증대시켰다. 나의 정신이 평범하고 나의 생애가 짧음에도 능히 도달할 수 있는 최고봉

'생각하는 나의 탄생'
데카르트 《방법서설》

까지 그 지식을 끌어올릴 수단을 얻은 듯하다.

데카르트는 자신이 진리에 다가갔다고 생각했다. 어떻게 보면 데카르트의 방법론은 매우 간단하다. 참과 거짓을 분별하는 것이다. 그럼 참과 거짓을 어떻게 분별해야 하는가? 어떤 기준과 방법을 사용하느냐에 따라 달라진다. 데카르트는 수학과 연역의 방법을 사용한다. 데카르트는 자신이 도달한 방법에 대해 말한다.

논리학을 구성하는 수많은 원리들 대신에 나는 다음 4개조로 충분하다고 믿기에 이르렀다. 물론 한 번도 어김없이 그것을 준수하겠다는 확고부동한 결심을 해야 한다. 첫째, 내가 자명하다고 인정할 수 없는 어떤 것도 결코 참이라고 인정하지 않아야 한다. 다시 말해 속단과 선입관을 피해야 한다. 내가 판단하기에 조금도 의심할 여지가 없을 만큼 분명하고 뚜렷하게 드러나는 것 이외에는 어떤 것도 더 보태어 이해하지 않아야 한다. 둘째, 내가 검토하려는 문제를 가장 잘 해결하기 위해 최대한 작게 나누어 검토해야 한다. 셋째, 나의 생각을 질서 있게 이끌어가야 한다. 그 방법은 가장 알기 쉽고 간단한 것부터 시작하여 가장 복잡한 인식에 이르기까지 단계적으로 차츰 상승해가는 것이다. 또한 본래 그 자체로는 선후가 없는 것들 사이에 마치 어떤 순서가 있는 것처럼 가정해야 한다. 마지막으로, 어떤 경우

에도 내가 그 무엇도 빠뜨리지 않았다고 확신할 수 있을 때까지 전반
적인 재검토를 해야 한다.

의심할 수 없이 단순하고 편견 없이 명증한 것이 데카르트에게는 진
리였다. 그러나 단순은 복잡으로 나아간다. 그러나 복잡함도 큰 문제
가 되지 않는다. 데카르트에게는 수학적 사유라는 논리체계가 있었다.
예를 들면 수학은 숫자로 시작하고 숫자의 연산은 더하기, 빼기, 곱하
기, 나누기의 사칙연산이 기초를 이룬다. 사칙연산을 통해 우리는 방정
식을 풀 수 있다. 수에서 사칙연산으로, 사칙연산에서 일차방정식으로,
일차방정식에서 이차방정식으로 문제가 복잡해져도 수학적 사유는 바
뀌지 않는다. 단지 복잡해질 뿐, 원리가 훼손되지 않는다. 데카르트의
방법론은 피코에게 보낸 편지에 드러나 있다. 이 편지에는 나무 그림이
하나 있다. 나무의 뿌리는 형이상학이고 줄기는 수학이며 가지는 물리
학, 의학, 윤리학, 기계학과 같은 학문이다. 데카르트는 자신이 발견한
방법에 대해 만족감을 표시한다. "나는 이 방법에 만족한다. 이 방법으
로 모든 것을 완전무결하게 이해하지는 못한다고 하더라도 적어도 나
의 능력을 발휘하여 나의 이성을 가장 잘 활용할 수 있다는 확신을 주
기 때문이다."

코기토 에르고 숨

데카르트는 '나는 무엇인가?'라는 문제를 생각했다. 자신이 신체를 가지지 않았다고 상상할 수도 있고, 또한 어떤 세계도 어떤 장소도 존재하지 않는다고 가상할 수도 있다. 그렇지만 자기 자신이 존재하지 않는다고 가상할 수는 없다는 것을 데카르트는 깨닫는다. 그래서 말한다.

> 나는 다음과 같은 사실에 주목하지 않을 수 없었다. 즉 내가 이렇듯 모든 것이 거짓이라고 생각하는 동안에도 생각하는 나 자신은 필연적으로 '그 무엇'이어야만 한다. 그리하여 '나는 생각한다. 고로 나는 존재한다'라는 이 진리야말로 매우 확고하고 확실한 것이어서 회의하는 사람들이 어떤 터무니없는 가정을 하더라도 그 진리만은 건드릴 수 없음에 주목했다. 그래서 나는 내가 탐구하는 철학의 제1원리로서 거리낌 없이 그 진리를 받아들일 수 있다는 판단을 내렸다.

데카르트는 의심에서 시작한다. 그는 끝없이 의심했다. 의심할 수 있는 모든 것을 의심했다. 끝없는 의심 속에서 자신이 기댈 곳을 찾았다. 만약 기댈 곳을 찾는다면 그곳은 진리에 가까울 것이다. 그것이 시작이었다. 그다음 단계에 이르러 '의심하는 자신은 누구인가'를 의심한다.

의심은 나의 생각에서 비롯된다. 그렇다면 생각하는 자신은 누구인가. 내가 생각하지 않는다면 의심도 존재하지 않는다. 그렇다면 생각하는 나, 의심하는 나는 존재해야 한다. 내가 다른 것을 의심하고 거짓이라고 생각하는 순간에도 다른 것을 의심하고 거짓이라고 여기는 나는 존재하고 있는 것이다. 여기서 부정할 수 없는 존재 자신을 발견하게 된다. 사유하는 자신은 존재하고 있어야 한다는 것이었다. 그래서 데카르트는 말했다. "코기토 에르고 숨." 즉 "나는 생각한다. 고로 존재한다".

모든 지식을 회의함으로써 의심할 수 없는 원리에 도달하는 것을 '방법적 회의'라고 한다. 데카르트는 이런 결론을 내린 다음 다시 생각한다. 그리하여 자신이 회의하고 있다는 사실을 알고, 따라서 자신의 존재는 완전한 것이 못된다는 사실을 알게 된다. 그리고 어떻게 자신이 더 완전한 그 무엇을 생각하게 되었을까 하고 생각한다. 그리하여 무언가 더 완전한 것이 그런 생각을 자신에게 불어넣은 것이라고 결론 내린다. 그보다 더 완전한 것이 바로 신이다. 이처럼 자명한 사실로부터 출발하여 다른 것에 대한 증명을 해나가는 방식을 연역법이라고 한다. 데카르트는 신의 존재를 인간이 존재한다는 사실로부터 이끌어내 증명한다. 신은 완전하므로 증명할 필요가 없다면서 신으로부터 인간 존재를 증명하려 했던 중세의 시도를 뒤집은 것이다. 데카르트의 신에 대한 증명은 시대가 달라졌음을 보여주었다.

데카르트의 근대성은 《방법서설》 말미에서도 확인된다. "내가 이 책

'생각하는 나'의 탄생
데카르트 《방법서설》

을 우리 스승들의 언어인 라틴어로 쓰지 않고 나의 모국어인 프랑스말로 쓰는 이유는 아주 순수한 천부의 이성만으로 판단하는 사람들이 고서만을 믿는 인사들보다 내 의견을 더 잘 판단할 수 있으리라 기대하기 때문이다." 지식층들은 중세의 영향으로 자신의 모국어를 경시하고 주로 라틴어로 글을 썼다. 데카르트가 이를 거부한 것은 새로운 시대, 즉 근대의 시작을 알리는 것이었다. 데카르트는 근대 철학의 창시자다.

생각플러스

데카르트는 방법적 회의를 통해 진리를 찾을 수 있다고 했다. 알고 있는 모든 것을 의심했지만 '생각하는 나'를 의심할 수는 없었다며, "나는 생각한다. 고로 나는 존재한다"라는 유명한 말을 남겼다. 언어학자인 소쉬르(Ferdinand de Saussure)는 언어가 지역 간의 교류를 통해 발전한다고 말했다. 두 사람의 글을 읽고 올바른 자아 형성에 대해 생각해보자.

◆ ◆ ◆

나는 꿈속에서 많은 것을 감각하고 있다고 믿었지만 나중에 실제로 감각하지 않았음을 깨달은 적이 있었다. 하지만 사유(思惟)한다는 것은 무엇인가? 이것만이 나와 분리될 수 없다. 나는 분명 있다, 나는 존재한다. 그러나 얼마 동안? 내가 사유하는 동안이다. 왜냐하면 내가 사유하기를 멈추자마자 존재하는 것도 멈추기 때문이다. 정확히 말해 나는 단지 하나의 사유하는 것이다. 즉 정신, 영혼 또는 이성일 따름이다. 그리고 사유하는 것만이 내 본성 혹은 본질에 속한다는 것을 깨닫고 있다는 사실로부터 내 본질이 오직 사유하는 것임을 정당하게 결론지을 수 있다. 그리고 비록 나와 결합되어 있는 신체를 갖고 있을지라도 한편으로 내가 오직 사유하는 것이고 연장(延長)된 것이 아닌 한에서 나는 나 자신에 대한 명석판명한 관념을 갖고 있고, 다른 한편으로 물체가 오직 연장된 것이고 사유하는 것이 아닌 한에서 물체에 대한 명석판명한 관념을 갖고 있으므로, 나는 내 신체와는 다르고, 신체 없

이 현존할 수 있다고 단언하게 되는 것이다.　　　－데카르트, 《방법서설》 중에서

◆ ◆ ◆

모든 인간 집단에는 반대 방향으로 동시에 작용하는 두 가지 힘이 있다. 한편으로는 자기중심주의, 즉 '지방성'이 있고 다른 한편으로는 사람 사이에 소통이 이루어지게 하는 '교류성'이 있다. 한 언어 공동체가 자신의 고유한 전통을 충실히 지키는 것은 지방성에 의해서다. 언어 습관은 한 개인이 유년 시절에 습득한 최초의 습관이란 점에서 강한 힘과 지속성을 지닌다. 만일 이 습관들만 작용한다면 그 지방 언어의 특수성이 그대로 유지될 것이다. 그러나 이 힘의 영향은 이와 반대되는 또 다른 힘의 작용으로 수정된다. 지방성이 사람들을 한곳에 정착하게 하는 반면, 교류성은 서로를 소통하게 한다. 바로 이것 때문에 어떤 마을에 다른 지역 사람이 방문하고, 축제나 장날에 주민의 일부가 왕래하고, 또 여러 지방 사람들이 한 깃발 아래 모이는 것이다. 요컨대 교류성은 지방성의 분리 작용을 막는 통일성인 것이다. 그러나 지방성을 개입시키지 않고 모든 것을 교류성에 귀결시킬 수도 있다. 예를 하나 들어보자. A라는 지역의 특정 요인 a는 그 지역을 이루고 있는 모든 마을에 공통되는데, 자기중심적인 힘은 A와 이웃한 B를 A가 모방하지 못하도록 하는 동시에 B도 A를 모방하지 못하게 한다. 그러나 교류성 역시 작용한다고 할 수 있다. 왜냐하면 A 지역의 요인 a를 구성하는 여러 특징(a_1, a_2, a_3 등) 사이에 이 힘이 작용하고 있기 때문이다. 이처럼 제한된 지역에서도 부분들 사이의 관계를 보면 전체적으로 통일성이 나타난다.　　　－소쉬르, 《일반 언어학 강의(Cours de linguistique générale)》 중에서

4

이성으로 무엇을 할 수 있는가

칸트 《형이상학서설》

서울대 사상고전 100선에 선정된 핵심 포인트

계몽시대의 대표적 철학자였던 칸트는 1781년에 《순수이성비판》을 내놓음으로써 철학적 사유의 발전에 새로운 장을 마련했다. 그러나 《순수이성비판》에 대한 당시의 비평은 별로 호의적인 것이 아니었다. 자신의 저작에 대한 몇 가지 오해를 제거하기 위해 같은 주제를 재구성하여 새로 쓴 저작이 《형이상학서설》이다. 이 책에서 칸트는 인간의 인식능력에 대한 반성 없이 구성된 라이프니츠(Gottfried Wilhelm Leibniz)의 형이상학을 비판하고 새로운 형이상학을 위한 인식론적 기초를 마련했다.

― 김효명 전 서울대학교 명예교수

대중성이 없다고?

칸트(Immanuel Kant, 1724~1804)의 《순수이성비판(Kritik der reinen Vernunft)》은 세 가지 점에서 대단하다고 한다. 첫째는 그런 어려운 책을 썼다는 것이 대단하고, 둘째는 그 어려운 책을 출판했다는 것이 대단하며, 셋째는 그 어려운 책이 팔렸다는 것이 대단하다고 한다. 물론 독일이 문화적 자부심에서 퍼뜨린 이야기이지만 《순수이성비판》이 대단히 어려운 책임을 보여주는 이야기이기도 하다. 칸트가 이 책의 원고를 친구인 헤르츠에게 보여주자 헤르츠는 반쯤 읽고는 계속 읽으면 미칠 것 같다고 말하며 돌려주었다고 한다. 이런 일화도 있다. 한 학생이 친구에게 "이 책은 너무 어려워서 네가 이해하려면 30년은 걸릴 거야"라고 하자 그 친구는 모욕을 참지 못하고 결투를 신청했다고 한다.

칸트도 이 책의 난해성을 인식했는지 2판을 발행할 때는 대폭적으로 수정했다. 그럼에도 난해성이 사라진 것은 아니었다. 결국 칸트는 보다 쉬운 해설서를 써야 했다. 그 해설서가 바로 《형이상학서설(Prolegomena)》이다. 《형이상학서설》은 《순수이성비판》이 나오고 2년 후인 1783년에 출판되었다. 칸트는 해설서까지 써야만 하는 사태가 불만이었다. 그래서 《형이상학서설》 서문에 이렇게 썼다.

그동안 칭송받아온 인류의 인식과 지식이 존립할 수 있는가라는 문제가 제기되는 마당에 어느 철학자로부터 대중성이 없다느니, 재미가 없다느니, 술술 읽히지 않는다느니 하는 불평을 듣는 것은 예기치 않은 일이었다. …… 대중성은 시간이 지나면 해결될 문제이지 처음부터 대중성이 확보되는 것은 아니다.

칸트는 《형이상학서설》이 "이런 불평을 해소할 것"이라고 했다. 이 책의 제목은 정확하게는 '학문으로 등장할 수 있는 모든 장래의 형이상학을 위한 서설'이다.

칸트를 떨게 한 흄

칸트는 프랑스 철학자 데카르트의 합리론에 영향을 받았다. 동시에 영국 철학자 흄(David Hume)의 경험론으로부터도 큰 영향을 받았다. 흄의 회의주의 덕택에 칸트는 합리론이 근거 없는 독단에 빠져 있음을 자각하게 되었다. 칸트는 말했다. "흄은 나를 독단의 선잠에서 처음으로 깨어나게 해준 사람이었다. 흄은 사변철학의 영역에서 나의 탐구를 아주 새로운 방향으로 이끌었다. 지금껏 형이상학의 역사에서 흄의 공격보다 더 치명적인 공격은 없었을 것이다."

칸트는 철학의 두 극단을 거부했다. 합리론은 독단적 철학이었고 경험론은 회의주의 철학이었다. 합리론은 본유관념(本有觀念: 감각이나 경험에 의해 나중에 습득한 것이 아니라 태어나면서부터 가지고 있는 선천적 관념)과 같은 입증되지 않은 불변의 개념을 전제했다. 반면 흄의 경험론은 인과율과 같은 자연과학의 근본원리마저 부정하는 회의주의로 나아갔다. 칸트는 정반대의 두 철학 모두 과학에 위배된다고 생각했다. 칸트가 도전한 것은 형이상학에 대한 흄의 공격이었다. 누구도 굳이 회의주의자가 되기를 바라지는 않는다. 누구도 인간 정신이 객관적 실재를 인식하는 것은 불가능하다고 믿고 싶어 하지 않는다. 하지만 흄은 경험에 기초한 인식은 한낱 정신의 습관에 지나지 않는다고 했다.

인과율을 예로 들어보자. 우리는 구름이 비를 내린다고 생각한다. 즉 구름이 원인이 되어 비라는 결과가 생긴다고 생각하는 것이다. 왜 그런 생각을 하게 되었을까? 구름이 몰려오면 비가 오는 것을 여러 번 보았기 때문이다. 그래서 구름을 볼 때마다 비를 연상하게 되었다. 흄은 구름에 대한 기억이 비에 대한 기대를 불러일으킨다고 보았다. 기억 속에 내장된 정신의 습관, 이것이 비의 인과율이라는 것이다. 인과율이 하나의 습관에 지나지 않는다는 흄의 비판 앞에서 칸트는 전율했다.

형이상학의 개념들에는 아무 과학적 근거가 없다는 흄의 비판 앞에 모든 것을 의심하여 자명한 진리만으로 사유하겠다고 다짐했던 데카르트의 합리론은 무너져 내렸다. 흄은 형이상학뿐만 아니라 뉴턴의 물리학에 대해서도 사망진단서를 발부했다. 모든 인식은 원인과 결과에 기초한다. 그런데 인과율은 객관적 자연법칙이 아니라 인간의 심리법칙에 불과하다. 만일 흄이 옳다면 뉴턴의 과학마저 공상이 된다. 이 무서운 선언 앞에서 칸트는 떨었다.

코페르니쿠스적 혁명

칸트는 데카르트의 합리론과 흄의 경험론이 공통적으로 범한 인식상의 오류를 찾아냈다. 칸트의 발견은 너무나 혁명적이어서 '철학에서의 코페르니쿠스적 혁명'이라고 불린다. 칸트는 《순수이성비판》 2판 서문에 이렇게 썼다.

> 이제까지 사람들은 우리의 인식이 대상과 일치해야 한다고 가정했다. 그러나 우리의 지식 범위를 넓히려는 모든 시도가 도리어 이 가정으로 인해 무너지고 말았다. 그러니 이제 대상들이 우리의 인식과 일치해야 한다고 가정해 보자.

지금껏 철학자들은 사물에 대한 인식이 그 사물을 따라야 한다고 가정했다. 그런데 칸트가 이런 가정을 뒤집어보자고 했다. 가령 붕어빵 굽

는 것을 보자. 붕어빵 장수는 준비해온 반죽을 붕어빵 틀에 넣고 열을 가한다. 틀을 한 바퀴 돌리고 나면 반죽은 빵으로 변신해 나온다. 아무런 형체가 없던 반죽이 붕어빵의 모습이 되는 이유는 붕어빵 틀 때문이다. 마찬가지로 사물이 어떤 질서를 갖게 하는 것은 사물 자체가 아니라 인간의 정신이다. 인간은 대상을 수용하고 반영하는 것이 아니라 대상에 형상을 부여하고 구성한다. 이것이 칸트 철학의 요점이고 철학에서 칸트가 이룬 혁명적 전환이다. 코페르니쿠스가 "회전(revolution)하는 것은 태양이 아니라 바로 우리"라는 외침으로 과학사를 뒤엎었듯이 칸트는 "질서는 대상에 내재한 것이 아니라 우리가 부여한 것"이라는 전복을 통해 철학사에 혁명(revolution)을 가져왔다.

물자체의 효용

칸트는 욕심 많은 철학자였다. 그는 근대 과학의 성과를 옹호하면서 인간의 숭고한 종교적 감정도 옹호하고자 했다. 그런데 이 두 가지를 모두 옹호하려면 모순이 생겨난다. 근대 과학에 따르면 인과율로부터 자유로운 존재는 없다. 모든 것이 원인에 의해 움직인다. 인간의 신체 역시 마찬가지다. 인간의 신체는 기계처럼 엄격한 인과법칙에 따라 움직인다. 만일 인간의 신체를 하나의 기계로 파악하면 도덕성의 토대가 되는 인간의 자유의지는 설 자리를 잃는다. 칸트가 평생 형이상학과 씨름한 이유가 여기에 있다. 근대 과학의 성과와 어깨를 나란히 하는, 인간의 자유의지를 옹호할 철학을 세워야 했기 때문이다. 한때 형이상학은 모든 학문들의 여왕이라 불렸다. 그런데 칸트의 시대에 이르러 형이상학은 온갖 멸시의 대상이 되어버렸다. 칸트는 형이상학의 불우한 처지를 트로이의 맹장 헥토르의 어머니 헤카베에 비유했다. "얼마 전까지만 해도 만물 중의 최고였고 수많은 자식을 가진 권력자였건만, 이제 내몰려서 의지할 곳조차 없는 신세가 되었구나."

형이상학이 이런 사태에 이른 이유는 합리론 철학자들의 독단과 경험론 철학자들의 회의주의 때문이다. 이런 잘못을 시정하려면 이성을 감시하고 감독하는 하나의 재판소를 설립해야 한다고 칸트는 주장했다. 이 재판소에서 정당한 요구를 하는 이성은 보호하고 부당한 요구를 하는 이성에는 응징을 가해야 한다. 칸트가 세운 재판소가 다름 아닌 '순수이성의 비판'이다. 그러면 칸트가 세운 재판소는 인간의 이성에 대해 어떤 판결을 내리는가? 이성의 권한과 한계가 무엇인지를 판결한다.

바로 여기서 칸트의 물자체(物自體, Ding an sich)가 위력을 발휘한다. 칸트는 모든 사물에는 인식을 통해 드러나는 측면이 있는가 하면 인식에 의해 포착되지 않는 물자체의 측면이 있다고 했다. 눈송이를 예로 들어 보자. 눈송이는 하얗고 차갑다. 우리는 감각을 통해 눈송이를 알 수 있다. 그러나 우리가 감각으로 경험하는 눈송이의 배후에 있는 물자체를

경험할 수는 없다. 인간은 신체의 감각을 이용해서 사물과 만나기 때문에 감각으로 경험할 수 없는 물자체와 결코 만나지 못한다는 것이다. 칸트는 물자체라는 개념을 인간의 영혼에도 적용한다. 인간의 영혼은 자유의지다. 자유의지는 물자체이고 인과율을 넘어선다. 이런 칸트의 사유에 따라 근대 과학의 인과율도 살고 인간의 자유의지도 살게 된다. 칸트는 이제 형이상학이 근대 과학과 나란히 서게 되었다고 생각했다.

칸트는 우리의 인식능력은 경험의 한계를 넘지 못한다고 본다. 신은 우리가 알고 있는 사물 속에 있지 않다. 신은 우리의 인식 너머 물자체에 있다. 이성은 신을 인식하려고 한다. 그런데 우리 자신의 경험적 인식으로 신을 사유하려는 것은 모순이다. 신은 우리가 인식할 수 있는 사물들에서는 발견되지 않고 우리가 인식할 수 없는 사물, 즉 물자체에서 발견된다. 그래서 신이 나의 사유와 무관하게 정신 밖에 존재하는 것인지, 아니면 존재하지 않는 것인지, 우리는 알 수 없다. 우리는 신의 존재를 입증할 수도 없고 인지할 수도 없다. 오직 신을 믿을 따름이다.

뉴턴은 신이 우주를 창조했음을 부정하지 않았다. 다만 마치 시계태엽이 톱니바퀴들에 의해 운동하듯이 한 번 창조된 우주 안의 행성들은 우주의 운동법칙에 따라 움직인다고 강조했다. 이것이 종교와 과학의 갈등을 푸는 뉴턴식 타협안이었다. 인간의 이성은 신의 존재를 증명하려는 끝없는 유혹에 부딪힌다. 그러나 칸트는 인간의 이성으로 신의 존재를 증명할 수도, 부정할 수도 없다고 주장한다. 칸트는 신의 존재를 증명할 수 없다고 선언함으로써 종교를 이성의 영역 바깥으로 몰아냈고, 신의 존재를 부정할 수 없다고 선언함으로써 종교를 신앙의 영역에 머물게 했다. 이것이 종교와 과학의 갈등을 푸는 칸트식 타협안이었다. 이것은 근대 과학과 종교적 감정을 동시에 옹호하려던 칸트의 고민의 결산이었다.

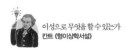
이성으로 무엇을 할 수 있는가
칸트 《형이상학서설》

생각 플러스

칸트는 도덕적 '정언명령'을 주장했다. 도덕은 행위의 목
적이나 결과에 관계없이 무조건 반드시 실행되어야 한다
는 것이다. 중세 이탈리아의 철학자 토마스 아퀴나스(Thomas Aquinas)는
행위의 목적을 중요시했다. 행위의 직접적인 의도가 무엇이냐에 따라 그
행위의 적법성을 결정할 수 있다는 것이다. 두 사람의 글을 읽고 행위에
대한 도덕적 판단 기준에 대해 생각해보자.

• • •

최상의 실천 원리가 있어야 하고 인간 의지와 관련한 정언명령이 있
어야 한다면…… 보편적 실천법칙으로 쓰일 수 있는 것이어야 한다.
…… 그 실천 명령은 다음과 같은 것이다. 네가 너 자신뿐만 아니라 다
른 모든 사람을 항상 목적으로 대하고 결코 수단으로 대하지 않도록
행동하라. 과연 실천 명령이 실행되는지 살펴보자. …… 자살하려는
사람은 과연 자신의 행위가 인간성의 이념과 양립할 수 있는지 스스로
물어야 한다. 만약 그가 힘겨운 상태에서 벗어나기 위해 그 자신을 파
괴하는 것이라면 그는 자기 자신을 생이 끝날 때까지 견딜 만한 상태
로 보존하기 위한 수단으로 이용하는 것이다. 그러나 인간은 물건이
아니고 수단으로 사용할 수 있는 어떤 것이 아니다. 인간은 모든 행위
에 있어 항상 목적 그 자체다.
— 칸트, 《윤리형이상학 정초》 중에서

• • •

하나의 행위가 두 가지 결과를 가져올 수 있다. 그 두 결과 중에 오직 하나만이 행위자가 의도한 것이고 다른 하나는 의도하지 않은 것이다. 도덕적 행위가 어떤 성격을 갖는가는 의도한 것에 달려 있지, 의도하지 않은 것에 달려 있지 않다. 후자는 우연적인 것이기 때문이다. 예를 들어 자기 자신을 방어하는 사람의 행위는 두 가지 결과를 낳을 수 있다. 하나는 자기 자신의 생명을 구하는 것이고, 다른 하나는 자신을 공격한 사람을 죽음에 이르게 하는 것이다. 만일 행위자의 직접적인 의도가 자기의 생명을 보존하는 것이라면 그 행위는 불법적인 것이 아니다. 왜냐하면 자기 생명을 지키려고 하는 것은 모든 존재에게 자연스러운 일이기 때문이다. 그렇지만 좋은 의도에서 비롯된 행위라도 의도한 목적에 적합하지 않으면 불법적인 행위가 된다. 만일 누군가가 자기의 생명을 지키는 데 필요한 것보다 더 큰 폭력을 사용한다면 그의 행위는 불법적일 수 있다. 하지만 자기를 위협하는 폭력을 적절한 정도의 폭력으로 물리친다면 그의 방어 행위는 적법하다. …… 다른 사람의 생명보다 자기 자신의 생명을 보호하는 것이 더 큰 의무이기 때문이다. 그러나 자기 자신을 방어하기 위한 수단으로서 다른 사람을 죽이는 것은 적법하지 않다. —토마스 아퀴나스, 《신학대전(Summa theologiae)》 중에서

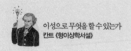

5

우리는 일상생활을 한다
메를로퐁티 《지각의 현상학》

서울대 사상고전 100선에 선정된 핵심 포인트

메를로퐁티는 20세기 프랑스 현상학을 주도한 철학자다. 후설의 현상학으로부터 많은 영향을 받았으면서도 어떤 특정의 문제에 관해선 후설과 견해를 달리했다. 타인에 대한 앎이 어떻게 구성되는가가 바로 그런 문제다. 메를로퐁티는 이 문제에 대한 후설의 이론을 거부하고 인간의 신체와 지각에 근거하여 타인의 앎을 설명하려는 새로운 이론을 내세웠다. 《지각의 현상학》은 이런 이론을 상세히 다루고 있는 메를로퐁티의 대표적인 저작이다.

– 김효명 전 서울대학교 명예교수

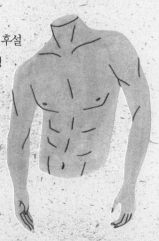

몸의 철학자

고대 그리스의 저명한 철학자였던 헤라클레이토스(Heracleitos)는 "같은 강물을 두 번 건널 수 없다"라고 말했다. 처음 강을 건널 때 발에 닿았던 강물은 흘러가 버리기 때문에 그다음에 다시 같은 강을 건너며 발을 담갔던 강물은 처음의 그 강물이 아니다. 많은 사람들이 헤라클레이토스를 찾아갔다. 대단한 말을 하는 철학자의 생활은 무엇인가 보통 사람과 다를 것이라 생각했기 때문이다. 그런데 그들은 모두 실망했다. 헤라클레이토스는 난로 앞에서 불을 쬐며 빵을 굽고 있었기 때문이다. 헤라클레이토스의 삶은 보통 사람의 삶과 전혀 다르지 않았다. 실망한 사람들이 발길을 돌리려 하자 헤라클레이토스가 말했다. "여기에도 신들이 존재한다." 보통 사람들이 살아가는 삶 속에 진리가 있다는 말이다.

아리스토텔레스가 전하는 유명한 헤라클레이토스의 일화다. 이 일화는 메를로퐁티(Maurice Merleau-Ponty, 1908~1961) 철학의 핵심 주제와 관련된다. 메를로퐁티는 우리가 살고 있는 일상생활 속에서 진정한 철학을 발견하라면서 우리 자신을 일상생활과 결부시켜 파악하라고 한다. 우리는 '몸'을 가지고 있기 때문에 일상생활을 할 수 있다. 메를로퐁티 이전의 철학은 이런 당연한 얘기를 무시했다. 메를로퐁티는 우리의 몸을 강조한다. 그래서 메를로퐁티의 철학을 '몸의 철학'이라고도 한다.

우리는 일상생활을 한다
메를로퐁티 《지각의 현상학》

소크라테스 이전의 주요 사상가인 헤라클레이토스

메를로퐁티는 유명한 실존주의 철학자 사르트르(Jean Paul Sartre)와 절친한 사이였다. 두 사람은 '현대(Les Temps Modernes)'라는 제목의 잡지를 함께 발행하기도 했다. 그러나 공산주의에 대한 시각 차이로 두 사람은 갈라섰다. 그리고 메를로퐁티는 독자적인 자신의 철학을 이룩했다. 그 철학을 보여준 책이 1945년에 출판된《지각의 현상학(La phénoménlolgie de la perception)》이다.

전통적 선입견을
넘어서라

메를로퐁티는 '전통적 선입견'에 대한 비판으로부터 시작했다. 메를로
퐁티가 말한 전통적 선입견이란 그 이전 철학을 의미한다. 이전 철학은
크게 두 가지로 나뉜다. 하나는 로크와 흄으로 대표되는 영국 경험주의
철학과 실증주의 철학을 가리킨다. 이 철학들의 공통점은 경험, 관찰,
실험 등을 중시한다는 점이다. 그래서 메를로퐁티는 이 철학들을 포괄
하여 경험주의 철학이라 불렀다. 다른 하나는 데카르트로부터 시작된
합리주의 철학과 칸트의 철학 등을 가리킨다. 이 철학들의 공통점은 지
성의 우위를 인정한다는 점이다. 그래서 메를로퐁티는 이 철학들을 지
성주의 철학이라고 불렀다.

경험주의 철학과 지성주의 철학은 여러 면에서 대립적이었지만 메를
로퐁티는 두 계열의 철학이 공통점을 가지고 있다고 보았다. 두 계열의
철학 모두 고찰하는 대상과 고찰하는 주체를 분리했던 것이다. 눈앞의
책상에 대해 생각한다고 해보자. 우리는 생각의 대상인 책상과 생각하
는 주체인 우리 자신을 분리한다. 이런 사고를 철학에서는 주체와 객체
의 이원론이라고 한다. 이 이원론은 서양철학의 전통이다. 이 점에서 서
양철학과 동양철학은 다르다.

동양철학은 천인합일(天人合一), 즉 하늘로 대표되는 세계와 우리가 하

나가 되는 것을 최고의 경지라고 한다. 그러나 서양철학에는 동양철학에서 주장하는 주체와 객체의 일체라는 관념이 없다. 메를로퐁티는 주체와 객체의 이원론이라는 서양철학의 전통을 비판하고 나섰다. 그는 천인합일을 주장하지는 않았지만 주체와 객체가 결부된다고 말했다. 책상에 대해 다시 생각해보자. 메를로퐁티는 책상과 우리 몸의 감각 기관인 눈이 결부되어서 책상에 대한 생각을 할 수 있게 된다고 말한다.

원근법은 사실을 왜곡한다

메를로퐁티는 미술에 관심을 가지고 여러 편의 글을 썼다. 그는 특히 폴 세잔(Paul Cézanne)의 그림을 높이 평가했다. 폴 세잔은 대표적인 후기 인상파 화가다. 프랑스의 유명한 소설가 에밀 졸라(Émile Zola)와 30년 이상 절친한 관계를 맺은 것으로도 유명하다. 그런데 에밀 졸라가 폴 세잔을 모델로 《작품》이라는 소설을 쓰면서 둘의 관계는 끝이 났다. 졸라가 그 소설에서 주인공을 창조성 없는 화가로 그렸기 때문이다. 에밀 졸라는 화가로서 폴 세잔의 능력에 회의적이었지만 메를로퐁티는 폴 세잔을 천재로 평가했다. 그는 〈센스와 난센스〉라는 논문에 이렇게 썼다.

천재 세잔은 그림의 전체적 구도를 재배열했다. 그렇게 해서 우리가 전체로서의 그림을 보면 원근법의 왜곡이 더 이상 왜곡되어 보이지 않게 했다. 오히려 그림이 하나의 정상적 시선을 획득하여 새로운 질서가 그 안에서 탄생하고 또 그림 속의 사물은 지금 막 우리 눈앞에 나타나 한데로 집결하는 듯한 느낌을 주었다.

원근법은 르네상스 시대부터 유행한 그림 기법이었다. 가까운 것을 크게, 먼 것을 작게 그림으로써 그림에 입체감을 불어넣는 기법이다. 르네상스 이후 수백 년 동안 인정받은 원근법을 폴 세잔이 뒤바꾸는 혁명을 일으켰다고 메를로퐁티는 평가했다. 메를로퐁티에 의하면 원근법은 화가가 실제로 바라본 모습이 아니라 작위적으로 구성한 시선을 보여주는 방법이라는 것이다. 화가의 시선은 '몸'과 떨어져 먼 산에서 물체를 내려다보는 것이 아니다. 화가의 시선은 눈이라는 '몸'과 얽혀 있다. 원근법을 사용하려면 하나의 지점을 설정해야 한다. 그 지점에서 가까운 것과 먼 것을 표현해야 원근법이다. 메를로퐁티는 우리 몸 바깥에 있는 어떤 한 지점을 인정하지 않는다. 화가가 사물을 보는 눈은 우리 몸의 일부다. 눈을 어떻게 사용하느냐에 따라 보이는 모습이 다르다. 그러므로 우리 몸 밖의 어느 한 지점을 설정하여 그 지점으로부터 가까운 것과 먼 것을 구분해서 그리는 것은 사물을 왜곡하는 것이다.

똑같은 사물이라도 바라보는 각도에 따라 달리 보인다. 이런 사실은 우리가 우리 몸 밖의 어떤 지점에서 사물을 보는 것이 아니라 우리의 몸

우리는 일상생활을 한다
메를로퐁티 《지각의 현상학》

인 눈을 통해 사물을 인식한다는 것을 보여준다. 우리의 몸을 배제한 인식은 사물을 왜곡할 뿐이다. 눈으로 보고 귀로 듣는 것처럼 우리는 몸을 통해 세계를 인식한다. 메를로퐁티가 그림에 주목한 이유가 여기에 있다. 똑같은 사과를 보고도 화가들은 다른 그림을 그린다. 우리가 몸을 통해 사물을 인식한다는 사실을 보여주는 대표적 사례가 그림이다.

이분법에 반대하다

메를로퐁티의 철학을 '현상학'이라고 한다. 그러면 현상학이란 무엇인가? 현상이란 단어는 영어 페노메논(phenomenon)의 번역어다. 페노메논은 그리스어 '파이노메논(phainomenon)'에서 유래했다. 파이노메논은 '자신을 그 자체로 내보여준다'는 의미다. 이 현상이란 말에 '말하다'라는 의미의 '로고스(logos)'가 합쳐져서 현상학이라는 단어가 생겼다. 그러므로 현상학이란 세상이 스스로 자신을 드러내는 모습을 밝히는 철학이다. 즉 현상학이란 세상을 있는 그대로 인식하려는 철학이라는 말이다. 세상이 자신을 드러내는 모습이 우리의 일상생활이다. 메를로퐁티는 우리의 일상생활을 '생활세계'라고 부른다. 우리는 몸을 가진 존재이기 때문에 생활세계에서 살아간다. 우리가 몸이 없고 정신만 있는 존재라면 생활세계에서 살지 못한다. 정신은 모양이 없고 자유자재로 움직일 수 있어서 하나의 울타리 안에 머물지 않는다. 매일매일 접하는 울타리가 없다면 일상생활은 없다. 몸이 있어서 우리는 하나의 울타리 안에 살 수 있는 것이다. 그래서 매일매일 부딪히는 낯익은 세상, 즉 일상생활이 있는 것이다. 메를로퐁티는 일상생활에서 몸을 통해 인식하라고 말한다.

메를로퐁티는 경험주의 철학과 지성주의 철학에 반대한다. 경험을 인식의 원천이라고 주장하는 경험주의 철학은 인식을 제대로 설명하지 못한다. 예를 들어보자. 같은 길이의 선이 다른 길이로 보이는 착시 현상이 있다. 시력이 손상된 사람과 그렇지 않은 사람은 같은 사물을 다르게 본다. 경험에 따라 사물에 대한 인식이 다르다. 그렇다면 사물을 있는 그대로 인식했다고 할 수 있는가. 경험주의 철학에 반대하는 지성주의 철학 역시 인식을 제대로 설명하지 못한다. 지성주의 철학은 의식의 구성으로 인식할 수 있다고 말한다. 그렇다면 환영(幻影)과 같은 현상을 어떻게 설명할 것인가. 의식의 구성으로 인식할 수 있다면 우리는 더 이상 탐구할 것이 없다. 우리가 세상의 모든 일을 이미 알고 있기 때문이다. 그러나 우리의 경험은 결코 그렇지 않다는 것을 보여준다.

메를로퐁티는 인식에서 우리의 몸이 담당하는 결정적인 역할을 강조한다. 경험주의나 지성주의 철학들은 몸을 연구 대상으로만 파악했다. 이에 반대하여 메를로퐁티는 몸이 대상이 아니라 주체라고 말한다. 몸은 생활세계와 유기적으로 통일되어 있다. 즉 우리의 몸은 일상생활 속

에 있다. 그러므로 인간은 헬리콥터를 타고 하늘에서 집들을 관찰하듯이 세계를 인식하는 것이 아니다. 인간은 집 안에 사는 집의 일부이고 그 집의 일부로서 집에 대해 인식한다. 그러므로 인간은 초월적인 존재가 아니라 몸을 가지고 살아가는 생활세계의 일원일 뿐이다. 그래서 메를로퐁티는 인간을 생활세계와 분리시키는 이분법적 사고에 반대했다. 경험주의 철학은 세계가 있고 그 세계를 경험으로 인식하는 인간이 있다는 이분법, 지성주의 철학은 인간이 있고 인간의 인식에 의해 구성되는 세계가 있다는 이분법을 전제로 한다. 메를로퐁티는 이런 이분법에 반대한다.

우리는 원초적으로 자연적 세계와 관계를 맺고 있으며, 따라서 그 안에 거주하고 있다. 마찬가지로 우리는 타인들, 그리고 인간 세계와 유대를 맺고 있다. 우리는 일상생활을 통해 우리가 사는 세계의 형세를 결정하고 우리의 공통된 역사의 행로를 결정짓는다.

메를로퐁티는 주체와 대상을 구별하는 이분법에 반대하고, 우리가 원초적으로 자연적 세계와 유대를 맺고 있다고 했다. 아르헨티나의 문화학자 네스토르 칸클리니(Nestor Garcia Canclini)는 세계화 시대에 문화에서 이분법적 구분이 의미가 없음을 주장했다. 다음의 두 글을 읽고 우리 주변에서 나타나는 이분법적 구분에 대해 생각해 보자.

◆ ◆ ◆

메를로퐁티는 인간을 생활세계와 분리시키는 이분법적 사고에 반대했다. 경험주의 철학은 세계가 있고 그 세계를 경험으로 인식하는 인간이 있다는 이분법, 지성주의 철학은 인간이 있고 인간의 인식에 의해 구성되는 세계가 있다는 이분법을 전제로 한다. 메를로퐁티는 이런 이분법에 반대한다. "우리는 원초적으로 자연적 세계와 관계를 맺고 있으며, 따라서 그 안에 거주하고 있다. 마찬가지로 우리는 타인들, 그리고 인간 세계와 유대를 맺고 있다. 우리는 일상생활을 통해 우리가 사는 세계의 형세를 결정하고 우리의 공통된 역사의 행로를 결정짓는다."

– 본문 중에서

◆ ◆ ◆

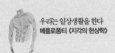
우리는 일상생활을 한다
메를로퐁티 《지각의 현상학》

거실 테이블 위에 함께 놓여 있는 전통 수공예품과 아방가르드 미술의 카탈로그, 청량음료와 스포츠카를 고대 역사 유물의 배경에 뒤섞어놓은 콜라주 광고물, 이런 것들을 어떻게 이해할 수 있을까? 여기서 전통적인 것과 근대적인 것을 대비시키는 이분법의 틀은 더 이상 작동할 여지가 없다. 고급문화와 대중문화, 외래문화와 토속문화의 상이한 층위도 기존에 우리가 기대해왔던 모습과는 다른 양상을 지닌다. 이러한 구분을 해체할 필요가 있다. 전 지구화가 급속히 진전되며 세계가 촘촘하게 연결되고 인적, 물적 교류가 급격히 증가하자 문화 개념을 둘러싸고 몇 가지 상충하는 견해들이 등장했다. 첫째는 문화 접촉이 증가함에 따라 문화 간의 차이에 대한 인식이 강화되고 나아가 문화 간 갈등이 증폭되어 결국에는 서로 충돌하게 될 것이라는 전망이다. 둘째는 초국적 기업의 전 지구적 활동을 지적하며, 문화 간의 차이가 줄어들고 동질화가 빠르게 진행되어 하나의 보편적인 문화로 통합되리라고 보는 시각이다. 셋째는 혼종화가 본격적으로 전개될 것이라고 예측하는 관점이다. …… 오늘날 혼종화는 문화 영역 전반에서 한층 다채롭고 빠르게 진행되고 있다. 이렇게 진행되고 있는 혼종 현상을 제대로 분석하고 특정한 맥락과 권력관계에 따른 문화적 경계를 넘어서기 위해 혼종성에 대한 더욱 깊고 섬세한 논의가 요청된다.

– 칸클리니, 《혼종문화(Culturas Hibridas)》 중에서

2부

철학자의 인간 탐구

이탈리아 르네상스 시대의 화가 라파엘로가 그린 〈아테네 학당〉에는 고대 그리스의 철학자 두 사람이 주인공으로 등장한다. 손을 들어 하늘을 가리키고 있는 사람은 플라톤이고, 팔을 뻗어 땅을 가리키고 있는 사람은 아리스토텔레스다. 각기 이상과 현실을 가리키는 차이가 있다고 하는데 두 사람에게는 공통점 역시 존재한다.

두 사람 모두 현실의 인간을 탐구하고자 했다. 현실의 인간을 철학적 용어로 옮기면 '존재'라는 말이 된다. 존재(存在)의 존과 재는 모두 '있다'는 의미다. 영어로 나타내면 빙(being)이다. 인간은 이 세상에 있는 존재다. 인간이란 존재에 대한 탐구는 모든 학문의 시작이자 끝이다. 철학은 탄생한 그 순간부터 오늘날까지 '인간이란 무엇인가?'에 대한 답을 제시하고자 해왔다. 인간은 단순한 것 같지만 복잡한 존재다. 그래서 인간에 관한 수많은 정의가 있었지만 합의된 내용은 별로 없다.

2부에서는 인간이란 무엇인가라는 주제로 다섯 권의 책을 해설했다. 아리스토텔레스의 《정치학》, 아우구스티누스의 《고백록》, 마키아벨리의 《군주론》, 홉스의 《리바이어던》, 니체의 《차라투스트라는 이렇게 말했다》가 그것이다.

아리스토텔레스는 인간이 정치적 동물이라고 말한다. 인간은 국가를 통해 최고의 목표를 실현하려는 본성이 있으므로 정치에 대해 깊이 생각하고 참여하라고 한다. 아우구스티누스는 인간이 신에 의해 선하게 생겨났지만 죄를 지을 수밖에 없는 존재라고 말한다. 그러므로 참회하면서 구원을 빌라고 한다. 마키아벨리는 인간이 사악하고 변덕스러운 존재라고 말한다. 비슷한 관점에서 홉스는 인간을 자연 상태로 두면 이기심에 의해 서로 무한히 투쟁하는 존재라고 말한다. 마키아벨리와 홉스는 인간의 본성이 그러하므로 강력한 군주가 통치해야 한다고 말한

다. 니체가 보는 인간은 양면성을 가진 존재다. 원숭이와 별반 다르지 않은 수치
스러운 존재인 동시에 초인이 될 수 있는 존재다. 그래서 니체는 삶 속에서 스스
로를 초월하는 초인이 되라고 한다.

이상은 인간이란 무엇인가에 대한 극히 일부의 주장일 뿐이다. 이 주제와 관련하
여 동양의 《맹자(孟子)》와 《순자(荀子)》도 함께 읽기를 권한다. 맹자는 성선설(性
善說), 순자는 성악설(性惡說)을 주장하여 극명하게 대조되는 학설을 펼쳤다. 이
주제에 관한 논란은 앞으로도 끝이 없을 것이다. 다만 대부분의 철학자들은 인간
에 대한 굳은 믿음을 가지고 있음이 분명하다. 인간은 스스로를 깨닫고 스스로를
발전시켜갈 수 있는 존재이기 때문이다.

6

꿈꾸는 자만이 실패할 수 있다

아리스토텔레스 《정치학》

서울대 사상고전 100선에 선정된 핵심 포인트

정치학이 학문으로서의 독립된 이름을 얻고 체계를 갖춘 것이 아리스토텔레스의 이 저작에서다. 정치 공동체로서 국가의 기원과 본질, 민주정·귀족정·군주정 등 정치체제의 성격과 장단, 가장 좋은 나라의 체제, 당시 국가체제들의 비판, 그리고 그 이외에 서양 정치학의 초석이 되는 기본 개념과 문제들이 이 책에서 다루어지고 있다. 정치란 무엇이냐가 문제될 때 항상 다시 논의되고 조화되는 서양 정치철학의 고전이다.

— 김남두 서울대학교 석좌교수

배움에는 왕도가 없다

나는 당신과 함께 이 시대를 살고 있음을 신에게 감사드립니다. 나의
자식 알렉산드로스를 당신의 학원에 입학시키고자 하니, 나의 자식
이 마케도니아 왕국을 계승할 만한 인간이 되도록 교육시켜주실 것
을 염원합니다.

기원전 343년 어느 날, 마케도니아의 왕 필리포스 2세는 아리스토텔
레스(Aristoteles, BC 384~BC 322)에게 편지를 보냈다. 자신의 아들 알렉산
드로스를 가르쳐달라는 내용이었다. 알렉산드로스는 훗날 인도 북부까
지 영토를 넓혔던 '정복왕' 알렉산드로스 대왕이다. 이렇게 해서 아리스
토텔레스는 왕자 시절 알렉산드로스의 스승이 되었다. 아리스토텔레스
는 7년 동안 알렉산드로스를 가르쳤다. 그때 나온 유명한 말이 "배움에
는 왕도가 없다"는 것이다. 쉽게 배울 방법이 없느냐는 알렉산드로스의
물음에 대한 아리스토텔레스의 답변이었다. 배움의 길에는 왕도, 즉 왕
의 길이 따로 없다. 배움의 길은 똑같다.

아리스토텔레스 자신이 열정적으로 공부한 사람이었다. 열여덟 살
때 플라톤이 세운 학원인 아카데메이아에 들어가 20년 동안 공부했다.
아리스토텔레스는 아카데메이아에서 공부하는 것에 만족했고, 특히 스

라파엘로가 그린 〈아테네 학당〉

승인 플라톤을 존경했다. 플라톤도 아리스토텔레스를 높이 평가하여 '학원의 두뇌', '학원의 정신'이라고 칭찬했다. 그렇지만 아리스토텔레스가 플라톤의 견해에 항상 동의했던 것은 아니다. 르네상스 시대의 화가인 라파엘로(Sanzio Raffaello)는 〈아테네 학당〉에 플라톤과 아리스토텔레스의 모습을 담았다. 그림을 보면 플라톤은 하늘을 가리키고 있고 아리스토텔레스는 땅을 가리키고 있다. 이것이 두 사람의 철학적 차이였다. 플라톤은 현실 바깥에 있는 '이데아'에서 진리를 찾으려고 했고 아

리스토텔레스는 현실 안에서 진리를 찾으려 했다.

아리스토텔레스는 스승인 플라톤이 죽자 아카데메이아를 떠났고, 얼마 지나지 않아 아카데메이아 다음으로 아테네에서 유명한 학원인 '리케이온'을 세웠다. 리케이온은 옛날 소크라테스도 즐겨 찾던 숲이 있는 지역이었다. 아리스토텔레스는 숲길을 걸으며 철학을 이야기했고, 제자들은 스승의 말을 한마디도 놓치지 않기 위해 최대한 가까이 붙어서 스승과 함께 걸었다. 그래서 아리스토텔레스학파에는 '소요학파(한가로이 걸어 다니는 학파)'라는 별명이 붙었다. 아리스토텔레스는 광범위하게 자료를 모으고 소사를 하여 글을 썼다. 대표작인 《정치학(Politika)》을 쓰기 위해 그리스에 있는 158개 도시국가를 조사하여 자료를 모았다. 《정치학》은 아리스토텔레스가 리케이온에서 제자들에게 강의한 내용을 묶은 책이다. 《정치학》의 주제는 바람직한 도시국가다.

가장 단순한 공동체, 가족

아리스토텔레스는 《정치학》에서 가족에 대해 말한다. 가족은 국가 구성의 최소 단위다. 가족관계에는 부모와 자식, 남편과 아내, 주인과 노예의 관계가 있다. 이는 부모가 자식을, 남편이 아내를, 주인이 노예를 지배하는 관계다. 아이들은 이성적으로, 정신적으로 아직 미성숙하기 때문에 부모가 자식을 지배하는 것은 자연스러운 일이다. 주인과 노예의 관계 역시 마찬가지다. 노예는 주인보다 정신적인 능력이 떨어진다. 노예는 생산적인 일, 육체적인 일에는 적당하지만 판단을 내리는 일에는 적당하지 않다. 따라서 노예는 주인에게 지배를 받아야 한다. 이런 면에서 아리스토텔레스는 노예제도의 옹호자다. 그러나 조건이 있다. 노예는 그리스 민족이 아니라 이민족이어야 한다. 이민족은 천성적으로 복종하는 경향이 있고 정신적으로 열등하기 때문이다.

아리스토텔레스는 재산 문제도 다룬다. 재산은 가정 운영에 이용되는 도구다. 특히 노예는 재산 중에서 가장 유용하다. 재산을 획득하는 방법에는 '자연적인 획득'과 '비자연적인 획득'이 있다. 아리스토텔레스는 고리대금업과 같은 비자연적인 획득을 신랄하게 비판했다. "그것으로 얻는 이득은 자연적으로 만들어진 것이 아니고 다른 사람의 희생으로 이루어진 것이기 때문이다." 아리스토텔레스는 플라톤이 주장한 공산주의를 비판했다. 플라톤은 국가를 통치하는 집단들의 경우 재산과 부인을 소유해서는 안 된다고 주장했다. 그러나 아리스토텔레스는 재산을 공유하면 게으른 자와 부지런한 자가 공동으로 혜택을 보게 되어 불만이 생긴다는 점, 그리고 재산을 가진 자가 베푸는 즐거움을 가질 수 없다는 점을 들어 플라톤의 주장에 반대했다. 그래서 개인적으로 재산을 소유하되, 이용은 공동으로 하자고 제안했다. 재산의 소유는 도시국가의 정치와 관련해서도 중요하다. 재산은 사람들에게 여유를 만들어

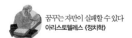

준다. 재산이 없으면 먹고사는 일에 매달려 정치적인 주제를 연구하고 고민할 시간이 없다. 그러면 현명한 정치적 결정을 내릴 수 없다. 올바른 정치를 하려면 어느 정도의 재산이 있어야 한다.

이상적 국가, 현실적 국가

아리스토텔레스는 가족을 다룬 다음 국가에 대한 검토로 넘어간다. 어떤 국가형태가 바람직할까? 아리스토텔레스는 통치 형태를 '이상적 통치 형태'와 '실제적 통치 형태'로 나눈다. 이렇게 나눈 이유는 플라톤의 '이데아 국가'처럼 이상적인 통치 형태만 다루면 현실적인 의미가 없기 때문이다. 아리스토텔레스는 통치 형태를 왕정, 귀족정, 과두정, 법치적 민주정, 민주정, 폭군 정치 등 여섯 가지로 나눴다. 왕정은 거의 신에 가까울 정도로 완벽한 '철인 왕'이 통치하는 경우이고, 폭군 정치는 대중 선동가가 선동을 통해 왕이 되어 자기 자신을 위한 통치를 하는 경우다. 아리스토텔레스는 이 두 가지의 통치 형태를 양극단으로 하여 다른 통치 형태를 나열했다. 귀족정은 업적이나 공적이 있고, 자질도 뛰어난 사람들이 통치하는 형태다. 이에 반해 과두정은 엄청난 부(富)를 가진 소수가 통치하는 형태다. 법치적 민주정은 일종의 혼합 정치로 법률을 염두에 두면서 국가 구성원 전체를 위해 통치하는 형태다. 민주정은 가난한 사람들이 다수가 되어 가난한 사람들만을 위해서 통치하는 형태다. 이에 반해 법치적 민주정은 다수가 통치하더라도 가난한 사람뿐 아니라 부자들도 위하는 정치를 하는 것이다.

아리스토텔레스는 가장 이상적인 통치 형태는 왕정과 귀족정이라고 했다. 반면 폭군 정치와 민주정에 대해서는 매우 비판적이었다. 폭군 정치는 개인의 이익을 위해 폭력을 사용하므로 최악의 통치 형태이고 민주정은 평등을 내세우지만 부자들을 전혀 고려하지 않기 때문이다. 아리스토텔레스는 이상적인 통치 형태가 불가능하다면 현실적으로 가능한 통치 형태는 무엇인지를 모색한다. 그래서 가난한 사람과 부유한 사람이 투쟁하지 않고 조화롭게 하나의 국가 안에 묶이도록 다수의 '중간 계급'이 통치해야 한다고 주장한다. 결국 아리스토텔레스는 가장 이상적인 통치 형태가 왕정과 귀족정이지만 현실성이 없다고 판단하여 일종의 혼합정인 법치적 민주정을 주장했던 것이다.

인간은
정치적 동물이다

아리스토텔레스는 국가를 매우 중시했다. 그 밑바탕에는 인간의 본성에 대한 이해가 깔려 있다. "국가는 최선을 실현하며, 따라서 자연적이다. 자연은 언제나 최선의 실현을 목표로 하기 때문이다. …… 국가는

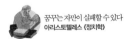

자연적으로 존재하는 것이고 인간은 본질적으로 국가 안에서 살아야 하는 동물이다." 여기서 그 유명한 "인간은 본래 정치적 동물이다"라는 말이 나왔다. 인간은 본성적으로 최선을 실현하려는 목표를 가진 존재다. 따라서 최선의 실현을 위해 국가에 참여하고 정치를 할 수밖에 없다. 가족이 어느 정도 재산을 가져야 하는 이유도 정신을 집중하여 정치에 참여하기 위해서였다. 아리스토텔레스가 왕정이나 귀족정을 이상적인 통치 형태라고 주장하면서도 혼합정을 주장했던 이유도 인간의 본성을 파악했기 때문이다. 혼합정은 다수의 사람들이 자신들의 본성대로 정치에 참여할 수 있는 통치 형태였기 때문이다.

아리스토텔레스는 서양 사상사에 우뚝 솟은 봉우리다. 아리스토텔레스는 당시까지 내려온 고대 그리스 학문을 집대성했다. 분야도 광범위해 철학뿐만 아니라 정치학, 경제학, 예술론 등 인문 사회과학 전 분야와 생물학, 천문학 등 자연과학 분야를 포괄했다. 학문의 집대성이라는 측면에서 아리스토텔레스는 고대 중국의 철학자 순자와 비견될 수 있다. 순자는 유학의 입장에서 당시까지 내려온 제자백가 사상을 이론적으로 체계화했다. 아리스토텔레스는 또한 서양 사상사에서 하나의 학문적 출발점을 제공했다. 아리스토텔레스의 학문은 중세를 거쳐 근대로까지 이어졌다. 중세 후기 토마스 아퀴나스 등에 의해 아리스토텔레스 철학이 유럽에 소개된 후 근대로 넘어오면서 아리스토텔레스의 영향은 지대해졌다. 사회계약설을 주장한 홉스, 로크, 루소 등은 모두 아리스토텔레스로부터 직간접적으로 영향을 받았다. 또 독일의 철학자들인 칸트, 헤겔, 마르크스도 아리스토텔레스로부터 많은 영향을 받았다. 그리고 그들은 모두 아리스토텔레스가 집대성한 학문적 토대를 거쳐서 자신의 주장을 전개했다.

아리스토텔레스는 무려 400권 이상의 책을 저술했다고 한다. 물론 이들 저서가 모두 전해지지는 않았다. 하지만 분명한 것이 있다. 아리스토텔레스가 후대로 이어지는 사상의 길을 놓았다는 사실이다. 아리스토텔레스가 꿈을 꾸었기에 아리스토텔레스 철학에 대한 반대든 찬성이든 계승이든 모두 아리스토텔레스의 꿈 안에서 이루어졌다.

아리스토텔레스는 행위의 덕목으로 '중용'을 주장했다. 그래서 중용을 실천할 수 있는 중간계급이 다수인 국가를 최선의 국가라고 했다. 중용을 주장한다는 면에서 동양의 철학과 유사점이 있다. 다음의 두 글을 읽고 중용에 대해 생각해보자.

◆ ◆ ◆

윤리학의 명제들, 즉 진실로 행복한 생활이란 모든 장애로부터 벗어난 선(善)의 생활이며, 선이란 중용에 있다는 명제들을 받아들인다면 최선의 생활 방식은 중용, 즉 각 개인이 실천할 수 있는 중용에 있다는 결론이 나온다. 나아가 시민들이 어떠한 생활 방식을 갖고 있는가를 결정하는 기준은 정치 질서를 평가하는 데도 적용되어야 한다. 왜냐하면 정치 질서란 시민들의 생활 방식이기 때문이다. 모든 국가에는 세 개의 계급이 있다. 아주 부유한 사람들, 아주 가난한 사람들, 그리고 그 사이에 존재하는 중간계급 …… 국가는 가능한 한, 평등하며 동등한 사람들로 구성된 공동체여야 한다. 다른 어떤 계급보다 중간계급이 이러한 조건을 갖추고 있다. 따라서 중간계급에 기초를 두는 국가가 최선의 질서를 갖고 있음에 틀림없다. 중간계급이야말로 국가를 구성하는 자연스러운 요소이기 때문이다.　　　　－아리스토텔레스, 《정치학》 중에서

◆ ◆ ◆

중(中)이란 치우치지 않고 기울어지지 않으며 지나치거나 미치지 못하는 일이 없음이다. 군자는 중용에 따라 행동하고 소인은 중용에 반(反)하여 행동한다. 군자의 중용이란 군자의 덕을 갖추고 있으면서 때에 따라 중에 맞추어 행동함이다. 소인이 중용에 반하여 행동하는 것은 소인의 마음을 가지고 있으면서 아무런 거리낌 없이 행동함이다. 군자는 자신의 현재 처지에 따라 행하고 그 밖의 것을 바라지 않는다. 부귀한 처지에 있다면 부귀한 사람이 해야 할 일을 하고, 가난하고 천한 처지에 있다면 가난하고 천한 사람이 해야 할 일을 하며, 오랑캐와 같은 처지에 있다면 오랑캐가 해야 할 일을 하고, 환난에 처해 있다면 환난에 처한 사람이 해야 할 일을 하는 것이다. 군자는 어떤 처지에 놓인다 하더라도 스스로 만족하지 못하는 경우가 없다. 윗자리에 있을 때는 아랫사람을 업신여기지 아니하며, 아랫자리에 있을 때는 윗사람에게 매달리지 아니한다. 자기를 바르게 하고 남에게 책임을 돌리지 않으면 원망이 없게 될 것이니, 위로는 하늘을 원망치 않고 아래로는 사람들을 탓하지 않게 될 것이다. 그러므로 군자는 편안하게 처신하면서 천명을 기다리고, 소인은 위험한 것을 행하면서 요행을 바란다. 문왕과 무왕의 정치가 보여주었듯이 걸맞은 사람이 있다면 그 정치가 흥성하게 될 것이고 걸맞은 사람이 없다면 그 정치는 사라지게 될 것이다. 무릇 정치는 갈대와 같다. 정치의 성패는 사람에 달려 있다.

- 《중용》 중에서

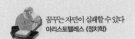

7

진리는 인간의 내면에 깃들어 있다

아우구스티누스 《고백록》

서울대 사상고전 100선에 선정된 핵심 포인트

중세 유럽이 기독교적인 사상의 틀을 갖추는 데 결정적인 공헌을 한 사람이 아우구스티누스였다. 아우구스티누스는 어릴 적에는 기독교인이 아니었다. 열아홉 살에 키케로의 저서를 접하고 나서부터 철학에 관심을 갖기 시작하여 일종의 유물론적인 이원론을 신봉했다. 그 후 스물여덟 살 때 로마로 가서 신플라톤주의자들과 사상적 교류를 한 후부터는 신의 존재 문제나 악의 문제에 대한 해결책을 신플라톤주의에서 찾으려 했다. 그리고 서른 살이 넘어서 기독교로 개종했다. 《고백록》은 그의 젊은 날의 지적 방황과 종교적 개종을 기록한 책이다.

－김효명 전 서울대학교 명예교수

듣고 읽어라

몹시 괴로운 마음으로 말하고 울고 있을 때의 일입니다. 소년인지 소녀인지 알 수 없으나 이웃집에서 어린아이의 소리가 들려왔습니다. 마치 노래하듯이 "책을 들어서 읽어라, 들어서 읽어라" 하고 여러 차례 되풀이했습니다. …… 나는 넘쳐흐르는 눈물을 참으며 일어났습니다. 그 목소리는 성서를 펴서 처음 시선이 가는 대목을 읽으라는 하느님의 명령임에 틀림없었습니다. …… 나는 성서를 손에 들고 맨 처음 눈에 띄는 대목을 말없이 읽었습니다. "진탕 먹고 마시고 취하거나 음행과 방종에 빠지거나 분쟁과 시기를 일삼거나 하지 말고 언제나 대낮으로 생각하고 단정하게 살아갑시다(로마인들에게 보낸 편지 13장 13절)." 나는 더 이상 읽지 않았습니다. 더 읽을 필요도 없었습니다. 이 구절을 읽고 나자 즉시 모든 걱정으로부터 벗어난 듯이 평안하고 밝은 빛이 내 마음속에 가득 찼습니다. 의혹의 그늘은 모두 사라져버렸습니다.

아우구스티누스(Aurelius Augustinus, 354~430)가 참회했다. 아우구스티누스는 젊은 시절 방탕한 생활을 했다. 젊은 시절의 모습을 아는 사람이라면 아우구스티누스가 장차 기독교 교회의 위대한 교부가 되리라고는

진리는 인간의 내면에 깃들어 있다
아우구스티누스 《고백록》

상상할 수도 없었다. 아우구스티누스는 억지로 학교에 다니면서 난폭한 학생 집단과 어울려 노는 악동이었다. 카르타고와 로마 그리고 밀라노에서 수사학 선생으로 일할 때도 결코 깨끗한 생활을 하지 않았다. 애인과 동거하다 아이가 생기자 애인을 버렸다. 훌륭한 가문의 여자와 결혼하고 싶었기 때문이다. 또 한 여자와는 약혼했다가 새 애인이 생기자 파혼하기도 했다. 그러나 서른두 살이 되던 386년 아우구스티누스는 완전히 다른 사람으로 다시 태어났다.

아우구스티누스는 마흔세 살이 되던 397년부터 4년여에 걸쳐 《고백록(Confessions)》을 집필했다. 《고백록》은 아우구스티누스의 삶의 기록이다. 아우구스티누스는 이 책에서 자신의 삶을 진솔하게 고백하고 참회했다. 그리고 기독교가 무엇인지, 기독교도적 삶이 무엇인지를 세상에 알리고자 했다. 자신의 삶에 대한 진솔한 고백은 후대에까지 영향을 미쳤다. 《고백록》에 영향을 받아 장 자크 루소와 톨스토이(Lev Tolstoi)도 각각 《참회록》을 써서 자신들의 삶을 고백하고 참회했다.

밖으로 나가지 마라

아우구스티누스는 자기 자신을 사유의 대상으로 삼았다. 자신에게 일어났던 사건 속에서 자신을 만나고 이해하며 발견했다. 더 나아가 자기 자신 안에서 발견한 특질을 통해 인간의 본질을 파악했다. 아우구스티누스는 말했다.

> 밖으로 나가지 마라. 그대 자신 안으로 돌아가라. 인간 내면에 진리가 자리 잡고 있다. 그리고 그대의 본성이 가변적이라는 사실을 발견하거든 그대 자신도 초월하라. 하지만 기억하라. 그대가 그대 자신을 초월하는 순간 그대는 추론하는 영혼까지 초월하고 있음을! 그러니 이성의 원초적 광명이 밝혀져 있는 그곳을 향해서 나아가라! 제대로 추론을 하는 모든 이는 진리 말고 어디에 도달하겠는가?

아우구스티누스의 철학은 이전의 철학과 달랐다. 대부분의 고대 그리스 철학자들은 인간을 우주의 구성원으로 파악했다. 소크라테스와 그의 추종자들은 인간을 공동생활을 하면서 행위하는 자, 즉 사회적 동물로 파악했다. 그리고 신플라톤주의자들은 인간을 세계 안에 존재하는 신성(神性)의 한 부분으로 여겼다. 그러나 아우구스티누스에게 중요한 것은 자신의 내면을 들여다보는 시각을 가진 인간, 자기가 경험한 대로 스스로를 드러내는, 있는 그대로의 인간이었다. "나는 이 (플라톤주의 철학) 책을 통해서 나 자신 안으로 돌아오게 되었습니다. 주님의 인도를 받아 내 영혼의 가장 깊숙한 곳으로 나아갔습니다. 내가 그럴 수 있었던 이유는 주님께서 내 구세주가 되셨기 때문입니다. 내가 나아갈 때 내

영혼의 눈은 비록 희미하지만 내 정신 위에 두루 비치는 빛을 보았습니다." 이런 철학에 따라 아우구스티누스는 자신의 생에 대해 아무런 변명 없이 솔직하게 고백함으로써 진정한 의미의 자서전을 쓸 수 있었다.

누구나 죄인이다

아우구스티누스는 솔직하게 지난날의 모든 죄악을 고백하고 참회하고자 했다. 책임감 없이 벌였던 연애관계, 다른 사람들 앞에서 웅변술로 거드름을 피운 일, 학생 시절 공부보다 놀기를 좋아했던 일, 구구단을 외우기보다 트로이의 화재 이야기를 더 좋아했던 일, 극장에 자주 가곤 했던 일. 그는 이 모든 것을 죄악이라고 생각했다. 심지어 젖먹이 시절 젖을 달라고 보채며 울었던 일조차 죄를 지은 것이 아닌가 하고 반문했다. 아우구스티누스는 참회하여 구원받기 위해 고해성사를 한 것이 아니었다. 그는 오히려 그 심연으로 들어가 악의 근원을 탐구했다. 깊은 늪에 빠져든 것처럼 끊임없이 누가 나를 만들었는지, 누가 나를 죄짓게 했는지 알고자 했다. "누가 나를 만들었는가? 그것은 오직 선한 분이시자 선 자체이신 나의 하느님이 아닌가? 그렇다면 어찌하여 나는 악을 원하고 선을 원하지 않는가? 내가 당연히 벌을 받아야 하는 이유는 무엇인가? 나는 완전한 하느님에 의해 만들어졌는데 누가 이런 것을 내

속에 옮겨 고난의 어린 나무를 심었는가?"

진실을 향한 고뇌 속에서 아우구스티누스는 신이 만물을 선하게 창조했으나 인간의 자유의지에 의해 죄악에 빠지게 된다는 결론에 이르렀다. "불의가 무엇인가를 탐구한 결과 불의는 실체가 아니라는 사실, 최고의 실체이신 하느님에게서 몸을 비틀어 빠져나와 비천한 사물들에게 내려감으로써 자신의 내적 삶을 거절하고 외적 물질로 부풀어 오르는 의지의 배반이라는 사실을 깨닫게 되었습니다."

죄를 지은 영혼은 안식을 추구하나 불안할 뿐이다. 아우구스티누스는 젊은 시절을 회상하며 인간은 무엇인가 잘못되었다고 생각했다. 그러나 동시에 인간은 그런 잘못된 것에서 벗어나기를 갈망한다는 것도 깨달았다. 이런 갈망의 상태에서 인간의 본질적인 특성 중의 하나가 생겨난다. 바로 불안이다. 불안에서 벗어나 안식을 추구하려면 영혼 깊숙한 곳으로 회귀해야 한다. 육체가 영혼을 거스르고 영혼이 육체를 거스르는 죄악은 신을 통한 회심으로 구원받을 수 있다. 아우구스티누스는 죄의 근원과 불안 그리고 구원에 이르는 길을 탐구하면서 원죄설과 예정설을 토대로 하는 중세 교부철학을 잉태했다. 아우구스티누스는 사도 바울의 원죄설을 받아들인다. 원죄설에 따르면 인간은 본래 선한 존재로 창조되었으나 아담의 죄가 인간을 근본적으로 타락시켰기 때문에 그 이후로 죄를 짓지 않고 살아갈 수 없게 되었다고 한다. 그러므로 인간은 숙명적으로 죄의 상태에서 살아가는 존재가 된다.

진리는 인간의 내면에 깃들어 있다
아우구스티누스 《고백록》

아우구스티누스는 원죄설을 받아들이자마자 커다란 문제에 봉착하게 되었다. 원죄설에 따르면 인간의 죄는 숙명이다. 그러므로 인간은 자신의 잘못에 대해 책임이 없게 된다. 그러므로 인간의 행위는 그 자신의 책임과 자유 아래 있는 것이 아니게 된다. 인간은 자유로운 존재가 아니게 된다. 따라서 원죄와 자유에 대한 사상 사이에 모순이 생겨난다. 여기에서 아우구스티누스는 신의 예정설을 도입한다. 예정설에 의하면 모든 인간의 행위나 운명은 처음부터 예정되어 있는 것이다. 따라서 아우구스티누스는 인간의 자유를 포기하게 된다. 인간은 신의 결정에 따라 구원받기도 하고 단죄받기도 하는 것이다. 그러므로 인간은 신의 신비 앞에 머리를 숙여야 한다고 아우구스티누스는 결론을 내렸다.

기억의 창고

아우구스티누스는 끝없이 진리를 추구한다. 또한 인간이란 본질적으로 진리를 찾아내려는 사랑에 사로잡혀 있다고 한다. 진리는 신과 인간을 이어주는 매개체다. 아우구스티누스는 신을 알기 위해 진리를 찾았고 진리를 찾기 위해 인간을 찾았다. 진리를 향한 열정은 기억과 시간에 대한 탐구로 이어진다. 기억의 놀라운 힘과 기억이 저장하는 것들 그리고 기억한다는 것의 의미를 고찰한다. 인간의 영혼은 기억과 분리된 것이 아니기 때문에 인간은 기억의 동굴에서 자신을 만날 수 있다. 그래서 아우구스티누스는 기억을 끄집어내 자신을 만나고 그 경험을 가능하게 해준 신의 진리를 알고자 한다.

진리여, 당신이 나와 더불어 가지 않은 곳은 아무 데도 없습니다. 나는 감각을 통해 가능한 한, 이 세상을 관찰하고 내 신체를 살게 하는 생명과 내 감각 자체를 고찰했습니다. 그리고 나는 내 기억의 깊은 곳까지 진입했습니다. 그 기억의 깊은 곳에는 불가사의한 방법으로 무수한 저장물이 소장되어 있는 온갖 거대한 방이 있었습니다. ……나는 주님의 존재를 찾기 위해 계속 내 기억의 광대한 저장물 속에서 어떤 존재를 자세히 조사하고, 어떤 존재를 다시 수용하고, 어떤 것을 끌어내려고 노력했습니다.

아우구스티누스는 시간이란 무엇인가를 물으면서 과거-현재-미래에 대해 고찰하고 시간의 영원성을 향해 나아간다. 시간도 신이 창조한 것이다. "주님께서 모든 시간을 창조하셨으니, 만일 주님께서 천지를 창조하시기 이전에 어떤 시간이 존재했다면 주님은 그때 하시던 일을 마쳤다고 할 수 있겠습니까. 시간 그 자체도 주님께서 창조하셨고 주님께서 시간을 창조하기 이전에는 시간이 흘러가는 일도 없었기 때문입니다."

신이 세상을 창조하기 이전 지상에는 영원이 존재했다. 영원은 천지

진리는 인간의 내면에 깃들어 있다
아우구스티누스 《고백록》

창조와 함께 소멸되었다. 과거, 현재, 미래와 같은 구분이 유효하지 않고 다만 현재라는 시간만이 존재한다. 과거는 현재의 기억으로, 미래는 현재의 기대로 존재한다는 것이다.

아우구스티누스는 진리를 통해 불안을 쫓고 평화를 느꼈다. 뭔가에 대해 알지 못하는 것은 신을 알지 못하는 것과 같았다. 그래서 아우구스티누스는 신의 모든 것을 알고자 했다. 그런 노력을 통해 아우구스티누스는 위대한 고대 철학자가 될 수 있었다.

생각플러스

아우구스티누스는 구약성경의 〈창세기〉 편을 해석하며 낙원에서 노동은 즐겁기만 했을 것이라고 했다. 그러나 현실에서 노동은 어떠한가? 소설가 조세희는 영국과 프랑스 노동자의 사례를 들어 노동의 고단함에 대해 썼다. 다음의 두 글을 읽고 우리의 삶에서 노동이 어떤 의미가 있는지 생각해보자.

◆ ◆ ◆

낙원에서 노동은 고된 것이 아니라 즐거움이었을 것이다. 인간의 노동으로 하느님이 창조하신 것들이 자라나고 성숙하여 풍부한 결실을 맺게 되는 것이었다. …… 하느님이 인간을 낙원에 들여보내신 이유는 일하게 하기 위함이었다. 노동하는 사람은 한 그루의 나무를 바라보면서 그의 시선을 창조된 세계 전체로 옮겨간다. 정말 세계는 한 그루 나무와 같다. 세계에는 섭리가 이중으로 작용한다. 자연에 맡겨진 부분과 의지에 맡겨진 부분이 이중으로 작용한다. 그 모두가 인간이 교육을 받는 표지이고, 교양을 쌓는 밭이며, 인간이 발휘할 기술인 것이다. 이제 의미가 밝혀진다. 하느님이 인간을 낙원에 들여보내신 이유는 일하게 하기 위함이었다. 거기에서 농사를 지으라는 뜻이었다. 그 노동은 노예가 하는 강제 노역이 아니라 자유의지에서 우러난 지성인의 작업이었다. 이런 일에 종사하는 것처럼 순진무구한 일이 또 어디 있겠는가? 인간이 노동을 지혜롭고 현명하게 수행한다면 노동보다 고상하고 그보다 성취적인 일이 또 있겠는가?　－아우구스티누스, 〈창세기 축자 해석〉 중에서

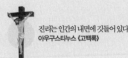
진리는 인간의 내면에 깃들어 있다
아우구스티누스 《고백록》

공장을 끼고 흐르는 작은 내를 건널 때는 숨을 쉬지 않았다. 시커먼 폐수, 폐유가 그냥 흘렀다. 근로자들은 아침 일찍 공장으로 걸어 들어갔다. 저녁때 노동자들은 터벅터벅 걸어 나왔다. 계속 조업 공장의 새벽 교대반원 얼굴에는 잠이 그대로 붙어 있었다. 공원들은 잠을 쫓기 위해 잠 안 오는 약을 먹고 일했다. 영국의 상태는 아주 끔찍했었던 모양이다. 로드함 공장에서는 어린 공원들이 정신을 차리게 하기 위해 채찍질을 했다는 기록을 나는 읽었다. 이 로드함 공장이 오히려 인간적이었다는 기록도 나는 읽었다. 리턴 공장에서는 어린 공원들이 한 공기의 죽을 먹기 위해 서로 싸웠다. 성적 난행도 당했다. 공장 감독은 무서웠다. 공원들의 손목을 묶어 기계에 매달았다. 공원들의 이를 줄로 갈아버릴 때도 있었다. 리턴 공장의 공원들은 겨울에도 거의 벌거벗고 일했다. 하루 열네 시간 노동은 보통이었다. 공장 주인은 노동자들이 시계를 갖는 것을 금했다. 하나밖에 없는 공장 표준 시계가 밤늦게까지 일을 하게 했다. 이들 노동자와 가족들이 공장 주변에 빈민굴을 형성하고 살았다. 노동자들은 싸고 독한 술을 마셨다. 죽어서 천국에 간다는 복음만이 그들에게 위안을 주었다. 참혹한 생활에서 빠져나오기 위해 아편을 쓰는 사람도 있었다. 자식에게까지 쓰는 사람이 있었다. 공장 주인과 그의 가족들은 상점이 들어선 깨끗한 거리, 깨끗한 저택에서 살았다. 그들은 좋은 옷을 입고 맛있는 음식을 먹었다. 교외에 그들의 별장이 있었다. 신부는 그들을 위해 기도했다. 더 이상 참을 수 없게 된 영국의 노동자들은 공장을 습격했다. 그들이 제일 먼저 때려부순 것은 기계였다. 프랑스의 철공장에서는 노동자들이 망치 소리에 맞추어 노래를 불렀다. 그 노래는 절망에서 나온 부르짖음이었다.

－조세희, 〈잘못은 신에게도 있다〉 중에서

8

강력한 국가가 필요하다

마키아벨리 《군주론》

서울대 사상고전 100선에 선정된 핵심 포인트

이 책은 르네상스의 중심지로 번영했던 중부 이
탈리아의 도시국가 피렌체가 조락하기 시작한
시대적 위기에 대응하여 이탈리아의 구원과 갱
신을 담당할 새로운 유형의 국가를 창건할 정치 지도자(군
주)에게 요구되는 정치기술을 논하고 있다. 이 책은 베일 속에
가려져 있던 정치적인 것의 본질을 드러냄으로써 정치를 완전히
'세속적인 세계 이해'에 기초하여 파악한 최초의 근대적인 정치
이론서로 평가된다.
                    ─ 김세균 서울대학교 정치학과 교수

《군주론》,
논란을 불러일으키다

제가 가진 것은 근래에 일어난 여러 가지 일에 대한 경험, 그리고 옛 것을 끊임없이 연구하여 터득한 위대한 인간들의 행적에 관한 지식 뿐입니다. 제가 오랜 시간 상당한 노력으로 연구하고 알아낸 지식입니다. 이제 그 지식을 이 작은 책에 담아 각하에게 올리고자 합니다. …… 이 책에는 세상 사람들이 글을 쓰거나 꾸밀 때 사용하는 미사여구와 과장된 술어 그리고 비본질적인 문장 수식을 일절 사용하지 않았습니다. 왜냐하면 저는 이 책으로 명성을 얻고자 하는 것이 아니고 내용의 진실성과 주제의 중요성을 각하께서 받아들여 주시기만 바랄 뿐이기 때문입니다. …… 각하께서 이 책을 소중히 여기시어 읽어주신다면 운명의 신과 각하의 능력이 각하에게 길을 터주어 틀림없이 위대한 자리에 오르실 것입니다. 이것이 바로 제 최고의 소망입니다.

1513년 마키아벨리(Niccoló Machiavelli, 1469~1527)가 당대 이탈리아 피렌체의 권력자인 로렌초 데메디치(Lorenzo de Medici)에게 편지를 보냈다. 자신의 책을 헌정하겠다는 내용이었다. 이때 로렌초 데메디치에게 바친 책이 바로 《군주론(Il principe)》이다. 마키아벨리는 이 책으로 명성을 얻으려는 것이 아니라고 했지만 오늘날까지 명성을 얻고 있다. 마키

마키아벨리의 초상

아벨리는 자신의 말대로 미사여구나 과장된 술어, 문장 수식을 일절 사용하지 않았다. 하고 싶은 말을 직설적으로 숨기지 않고 그냥 썼다. 책의 분량도 많지 않아 마키아벨리 자신도 이 책을 소책자인 '팸플릿'이라고 불렀을 정도다.

마키아벨리의 《군주론》은 역사상 가장 많은 논란을 불러일으킨 책 중의 하나다. 이 책은 마키아벨리 생전에 출판되지 않았다. 이 책이 출판되자 로마 가톨릭 교황청은 금서로 정하고 불태워버렸다. 또한 사람들은 마키아벨리를 '파렴치한 정치 이론가'로 몰아붙였고 급기야 마키아벨리를 폭력의 화신, 권력의 화신으로 낙인찍었다. 목적을 위해 수단과 방법을 가리지 않는다는 뜻의 '마키아벨리즘'이라는 단어도 만들어졌다. 그러나 오늘날 마키아벨리는 정치사상과 윤리를 구별한 사람으로 평가받는다. 마키아벨리는 실제 정치 과정에서 폭력이나 기만이 있게 마련이므로 정치사상에서 그런 폭력이나 기만을 적극적으로 고려해야 한다고 했다. 마키아벨리는 정치사상을 현실의 토대 위에

강력한 국가가 필요하다
마키아벨리 《군주론》

세우고자 했다. 지금도 마키아벨리의 주장은 현실 정치를 분석할 때 주요한 이론으로 사용되고 있다.

르네상스의 아들

근대 역사학의 아버지라 불리는 독일의 역사학자 랑케(Leopold von Ranke)는 "어떤 역사적 사실은 그 사실이 발생한 시대의 역사적 환경 속에서만 바로 이해될 수 있다"고 말한다. 마찬가지로 마키아벨리를 이해하려면 마키아벨리가 활동하던 시간과 공간을 알아야 한다. 마키아벨리의 정치사상은 시대의 산물이다. 마키아벨리는 자신의 조국이 처한 상황을 타개하고자 새로운 대안을 제시했다. 당시 마키아벨리의 조국 피렌체를 포함한 이탈리아는 대내외적으로 처참한 상황에 놓여 있었다. 작은 나라들로 분열된 이탈리아는 내부 경쟁에 휘말려 있었고 외세의 침략에 시달렸다. 마키아벨리는 혼란한 정치 상황에서 조국의 부국강병을 위해 노력하는 공무원이었다. 전쟁에서 패한 조국을 위해, 힘이 없어 눈치를 보아야 하는 조국을 위해 다른 나라와 협상을 해야 하는 외교관이었다. 외교 활동을 하면서 '강한 조국'을 건설해야 한다는 신념과 열정이 싹텄다. 마키아벨리는 그런 나라를 만들 군주를 기다렸다.

오랫동안 기다림에 지친 이탈리아에는 구세주가 나타나야만 한다. 지금까지 이방인의 홍수에 밀려 그토록 진통을 겪어온 이탈리아 방방곡곡에서 얼마나 큰 우러름으로 구세주를 맞아들일 것인가! 복수의 갈망, 충성의 일념, 존경심 그리고 기쁨의 눈물. 형언할 수 없이 큰, 이 모든 것을 갖고 이분을 맞을 것이다.

마키아벨리가 활동할 무렵 이탈리아에는 르네상스의 물결이 휩쓸고 있었다. 르네상스의 핵심은 '인간의 발견'이다. 중세의 사상은 신과 도덕과 윤리가 중심이었다. 정치란 신의 뜻을 경건하게 받들어 지상에서 신의 왕국을 실현하는 일이었다. 신학적인 윤리 도덕과 구분되는 별개의 정치사상이란 생각할 수도 없었다. 그러나 르네상스를 통해 이런 흐름이 무너졌다. 정치는 신의 은총에서 벗어날 수 있는 것으로 생각되었고 덕분에 정치사상도 신학적인 윤리와 도덕에서 벗어날 수 있게 되었다. 정치란 때로 폭력과 기만이 동반되는 것이었다. 정치가 항상 윤리적인 행위, 도덕적인 행위가 될 수는 없었다. 그러나 당시 사람들은 이런 사실을 감히 주장할 수 없었다. 그러다 과감하게 이런 주장을 처음으로 펼친 것이 마키아벨리였다. 마키아벨리는 바로 '르네상스의 아들'이었기 때문에 그럴 수 있었다.

위대한 군주의
두 가지 덕목

마키아벨리가 《군주론》에서 주장하는 핵심을 정리하면 간단하다. 《군주론》의 대상은 군주다. 이 책에서 주장하는 내용을 실천할 사람은 일반 국민이 아니라 군주다.

마키아벨리는 인간이 쉽게 변하고 힘에 따라 좌우되는 존재라고 말한다. "인간은 두려워하는 자보다 애정을 느끼는 자를 더 쉽게 배반한다. 원래 인간은 사악하여 단순히 의리에 매인 정 같은 것을 자기의 이해에 따라 언제나 서슴없이 끊어버리기 때문이다. 그러나 두려워하는 자 앞에서는 처형의 공포로 꽉 얽매여 있기 때문에 결코 모르는 체할 수가 없다."

군주는 이런 인간의 본성을 염두에 두고 통치해야 한다. 군주는 국민을 대할 때 진실하면 안 된다. 항상 자신의 생각을 숨기고 가장해야 한다. 본심을 드러내면 국민이 군주의 본심을 이용할 수도 있기 때문이다. 군주는 국민들로부터 사랑보다 존경을 받아야 한다. 신하를 대할 때도 마찬가지다. 조언이 필요하면 항상 소수에게 은밀히 구해야 한다. 그리고 신하들을 통제하기 위해 항상 주의를 게을리해서는 안 된다.

국가를 다스리는 일은 개인적인 일과 다르다. 국가는 국민의 생명과 재산을 보호해야 한다. 군주는 국민의 생명과 재산을 책임지는 사람이다. 따라서 군주는 국가를 통치할 때 이런 국가의 성격을 최우선으로 고려해야 한다. 그러기 위해서 개인적으로 허용되지 않는 일도 군주에게는 허용된다. 예를 들어 무자비한 폭력이나 기만이 필요한 경우가 있다. 마키아벨리는 폭력이나 기만을 결코 찬양하지 않는다. 그러나 군주는 국가를 위해 폭력을 단호하게 사용할 수 있어야 한다고 주장한다. 마키아벨리는 한니발을 예로 들었다.

> 한니발은 수많은 인종으로 이루어진 거대한 군대를 이끌고 이국땅에서 싸웠지만 전세가 유리할 때나 불리할 때나 군대 안에서 병사들 간의 내분이나 지휘관에 대한 모반이 없었다. 한니발의 비인도적인 잔인성 때문이었다. 부하들은 몇 가지 다른 덕목과 함께 극도의 잔인성을 갖춘 이 지휘관을 항상 숭고하고 두려운 인물로 바라보았다. 한니발이 이런 기질 없이 덕만 있었다면 성과를 올릴 수 없었을 것이다. 그런데 저술가들은 이 점을 깨닫지 못하고 한편으로는 한니발의 위업을 찬양하면서도 다른 한편으로는 성공의 기본 동기인 한니발의 잔인성에 비난을 퍼붓는다.

군주에게 두 가지 덕목이 필요하다는 얘기다. 한편으로는 인자하고 자비로워야 한다. 그러나 다른 한편으로는 잔인해야 한다.

강력한국가가 필요하다
마키아벨리 《군주론》

강력한 국가란 무엇인가

마키아벨리는 국가가 강해지려면 두 가지 요소가 필요하다고 말한다. 하나는 훌륭한 법률이고 다른 하나는 훌륭한 군대다. 이 중에서 마키아벨리는 훌륭한 군대를 더 중요시했다. 힘이 없다면 법률을 제정할 수도, 집행할 수도 없기 때문이다. 군대는 반드시 국민이 직접 병역의 의무를 지는 국민군 형태여야 한다. 당시 이탈리아 군대는 상당수가 용병이었다. 용병은 돈에만 관심이 있지 싸움에는 관심이 없다. 또 용병의 힘이 지나치게 강하면 그 용병을 쓰고 있는 나라에 해가 될 수도 있다. 따라서 군주는 반드시 국민군을 가져야 한다. 마키아벨리는 이것을 몇 번이나 힘주어 강조했다.

민족 해방을 위해 모든 것을 다 바쳤던 옛 위인들을 본받으려면 무엇보다 먼저 군사행동의 진정한 기틀, 즉 자국민만으로 구성된 병력을 길러야 한다. 이들이야말로 가장 강하고, 가장 충실하고, 가장 우수한 병사들이다. 그리고 한 사람 한 사람 모두 훌륭한, 이들 병사가 한데 뭉쳐 총명한 군주의 지휘를 받고, 후대를 받고, 영광을 얻는 날에는 더욱 우수한 군대가 될 것이다.

정리하면, 《군주론》의 내용은 세 가지로 요약된다. 첫째, 마키아벨리는 인간의 본성이 사악하고 변덕스럽다고 생각했다. 그렇게 생각한 이유는 당대의 시대적 상황 때문이었다. 정치적 혼란과 약육강식의 전쟁터에서 마키아벨리는 사악한 인간을 발견했던 것이다. 둘째, 마키아벨리는 군주가 인자함과 잔인함을 함께 갖춰야 한다고 주장했다. 군주가 자기의 본심을 드러내지 말고 신하를 통제해야 한다는 주장은 군주권을 강화하기 위한 것이었다. 마키아벨리는 당시의 정치적 혼란을 종식시킬 실질적인 힘이 군주에게만 있다고 보았다. 그러므로 군주는 약한 군주가 아니라 강한 군주여야 한다. 셋째, 마키아벨리는 국민군의 양성을 주장했다. 이탈리아를 통일하고 외세의 침략을 저지하기 위해서는 군대가 절대로 필요하다. 조국을 사랑하고 전쟁을 자신의 일로 여겨서 목숨을 걸고 싸울 군대가 필요하다.

마키아벨리의 정치사상은 흔히 중국의 법가 사상과 비교된다. 법가 사상가들 역시 전국시대라는 정치적 혼란과 약육강식의 전쟁을 끝내기 위해 강력한 군주의 등장을 주장했다. 마키아벨리의 사상이든 법가 사상이든 오늘날의 현실에는 맞지 않다. 그럼에도 그들의 사상이 읽히는 이유는 경계로 삼기 위함일 것이다.

생각 플러스

마키아벨리는 현실주의적 정치를 강조했다. 이상 혹은 도 덕으로 국가를 이끌어야 한다는 주장을 비판하고, 군주는 냉혹하게 국가를 이끌어야 한다고 했다. 조선 중기의 학자 조식은 군주가 도덕으로 국가를 이끌어야 한다고 했다. 두 사람의 글을 읽고 올바른 정 치 지도자에 대해 생각해보자.

◆ ◆ ◆

나는 이상적인 견해보다 사물의 구체적인 진실을 따르는 것이 낫다고 생각한다. 우리가 실제로 살고 있는 방식과 살아가지 않으면 안 될 이 상 사이에는 상당한 괴리가 있다. 어떻게 살아갈 것인가에 열중한 나 머지 현실을 포기하는 사람은 자기 자신을 구원하는 것이 아니라 오히 려 파멸시키는 것이다. …… 그러므로 자기 지위를 보전하고자 하는 군주는 좋지 않은 짓을 행하는 것을 배워야 하고, 언제 그것이 필요하 고 언제 그것이 필요치 않은가를 판단할 줄 알아야 한다. 악덕 없이 그 의 권력을 유지하기 어려울 때는 악덕의 오명을 뒤집어쓰는 것을 결코 주저하지 말아야 한다. 군주는 두려움과 사랑을 동시에 받아야 한다. 그러나 그 두 가지를 함께 누리기는 어려우므로, 둘 중 하나를 포기해 야 한다면 사랑을 받기보다 두려움을 받는 편이 안전하다. 인간은 일 반적으로 은혜를 모르고 변덕스러우며 위선적이고 위험을 피하기에 급급하며 이익을 탐낸다고 말할 수 있기 때문이다. …… 또 인간은 두 려움을 주는 사람보다 사랑을 주는 사람을 해칠 때 덜 망설인다. 사랑은 의무의 사슬로 묶여 있는 것인데, 인간은 이기적이어서 자기 목적에 도움이 될 때는 언제든지 그 사슬을 끊어버린다. 그러나 두려움은 처벌에 대한 공포심으로 유지되는데 그것은 실패하는 법이 없다.

— 마키아벨리, 《군주론》 중에서

• • •

전하의 다스림이 그릇되어 나라의 근본이 망했고 하늘의 뜻은 가버렸으며 인심도 이미 떠났습니다. 낮은 벼슬아치들은 주색만을 즐기고 높은 벼슬아치는 오로지 재물만을 늘리고 있습니다. 궁궐 안의 신하는 자기 세력 만들기에만 열중하고, 궁궐 밖의 신하는 백성을 가혹하게 수탈하고 있습니다. 나라 일을 제대로 하는 것은 형벌을 정하는 데 있지 않고 오직 전하의 한 마음에 달려 있습니다. 그런데 전하께서 좋아하시는 일이 무엇인지 모르겠습니다. 학문을 좋아하십니까, 풍류와 여색을 좋아하십니까, 활쏘기와 말달리기를 좋아하십니까? 군자를 좋아하십니까, 소인을 좋아하십니까? 좋아하시는 바에 따라 나라가 흥하느냐 망하느냐 하는 것이 달려 있습니다. 진실로 팔을 걷어붙이고 학문에 힘쓰시면 덕을 밝히고 백성을 새롭게 하는 도리를 얻게 됩니다. 그 안에 온갖 선이 갖추어지고 온갖 덕화(德化)도 이로 말미암아서 나오게 됩니다. 이것을 들어서 시행하면 나라를 고루 잘살게 할 수 있고, 백성을 화합하게 할 수 있으며, 위태로움을 편안하게 만들 수 있습니다. …… 전하께서는 마음을 바로 하여 백성을 새롭게 하는 요체를 삼으시고 몸을 수양하여 사람을 쓰는 근본을 삼으셔서 왕도를 세우십시오. 왕도가 왕도답지 않으면 나라가 나라답게 되지 못합니다.

— 조식, 《상소문》 중에서

• • •

강력한 국가가 필요하다
마키아벨리 《군주론》

9

국민은 왕에게
너무 많은 것을 위임했다

홉스 《리바이어던》

서울대 사상고전 100선1에 선정된 핵심 포인트

영국에서 절대주의 국가가 근대적 시민국가로 이행할 무렵에 쓰인 이 책은 자연 상태 속에서 개인이 '만인의 만인에 대한 투쟁 상태'를 극복하고 모두의 생명 보존을 위한 평화 상태를 창출하기 위해 국가를 성립시킨다는 점을 논증하고 있다. 이 책에서 홉스는 자기 이익을 추구하는 사적 개인들의 이성적 판단 속에서 그들 모두로부터 분리된 (근대적) 국가 성립의 원인을 찾는 사회계약론적인 국가 이론을 최초로 제시하고 있다.

— 김세균 서울대학교 정치학과 교수

모든 거만한 것들의 왕

너는 낚시로 리바이어던을 낚을 수 있느냐? 그 혀를 끈으로 맬 수 있
느냐? 코에 줄을 꿰고 턱을 갈고리로 꿸 수 있느냐? 그가 너에게 빌
고 빌며 애처로운 소리로 애원할 성싶으냐? 너와 계약을 맺고 종신
토록 너의 종이 될 듯싶으냐? …… 지상의 그 누가 그와 겨루랴. 생
겨날 때부터 도무지 두려움을 모르는구나. 모든 권력자가 그 앞에서
쩔쩔매니, 모든 거만한 것들의 왕이 여기에 있다.

구약성서 〈욥기〉 40장 25~28절과 41장 25~26절의 구절이다. 야훼
가 욥에게 신의 절대적 위력을 과시하면서 자신이 창조한 '리바이어던'
이라는 바다 괴물의 위력을 묘사하는 대목이다. 홉스(Thomas Hobbes,
1588~1679)는 이 구절에서 자신의 책 제목을 따왔다. '리바이어던.' 리바
이어던은 국가를 뜻한다. 절대적인 권력을 지닌 전제 국가. 홉스는 그런
국가를 성경에 나오는 리바이어던에 빗대었다. 따라서 홉스의《리바이
어던(Leviathan)》은 국가론이다.

홉스는 프랑스 망명 시절에《리바이어던》을 집필해 1651년 출간했다.
홉스는 영국 의회가 자신을 왕권옹호자로 몰아붙이며 처벌결의안을
통과시키자 프랑스로 망명했다. 프랑스에서도 홉스는 환영받지 못했

다. 프랑스의 왕당파에게 미움을 샀기 때문이다. 그때 영국에서 크롬웰(Oliver Cromwell)이 등장했다. 홉스는 크롬웰의 공화국이 조국 영국에 평화와 안정을 되찾아주기를 바랐다. 여기에 홉스의 이중적인 입장이 있다. 왕권옹호와 새로운 국가체계에 대한 희망, 그 이질적인 열망이 《리바이어던》의 집필로 이어졌다.

만인의 만인에 대한 투쟁

《리바이어던》하면 등장하는 가장 유명한 말이 '만인의 만인에 대한 투쟁'이다. 이 말은 일반적으로 이기심과 욕심으로 극단적인 경쟁을 벌이는 인간들의 모습을 비유하는 데도 인용된다. 홉스가 이 말을 썼던 이유는 국가가 성립하기 이전 상태인 자연 상태를 묘사하기 위해서였다.

　홉스 사상의 핵심은 '사회계약설'이다. 사회계약설은 국가의 형성을 설명하는 것이다. 사회계약설에 의하면 국가는 사람들의 계약에 의해 형성된 것이고, 왕권은 신이 부여한 것이 아니라 계약에 의해 국민이 위임한 것이다. 그런데 홉스는 사회계약설을 주장하면서도 절대군주제를 강력히 옹호했다. 군주는 법의 규제를 받지 않으며, 그 누구도 군주에게 책임을 물을 수 없다. 사람들이 자신의 권력을 위임한 이상, 그들에게 남는 것은 절대적인 복종과 순종뿐이다. 홉스는 말한다.

모든 사람이 자신들의 인격을 떠맡고 있는 그 인물에게 주권을 주었기 때문에 그를 폐위시킨다는 것은 그에게서 자신들의 것을 박탈하는 것이 되므로, 이는 정의가 아니다. 군주를 폐위시키려다가 군주에게 살해되거나 처벌받는 자는 스스로 자신의 처벌을 자초한 것이다.

이렇듯 홉스는 주권재민의 사상을 가졌으면서도 강력한 전제군주론을 주장했다. 모순처럼 보이는 홉스의 사상을 이해하려면 이론적 배경과 당대의 정치 상황을 알아야 한다. 서양 역사에서 17~19세기는 '시민혁명의 시대'였다. 대표적인 시민혁명으로는 17세기 중반에서 말까지 영국에서 일어난 청교도혁명과 명예혁명, 1775년 영국의 식민 지배로부터 벗어나 민주 정부를 수립하기 위해 싸웠던 미국의 독립전쟁, 1789년 시작되어 19세기 후반까지 지속된 프랑스 혁명 등이 있다. 시민혁명은 새롭게 사회의 주체 세력으로 등장한 시민계급이 이끌었다.

시민혁명에는 혁명적인 이념이 동반한다. 그러면 당시 시민혁명의 이념은 무엇이었을까? 주권재민론, 자유와 평등에 대한 이념, 법 앞에서의 평등 등이 새로운 시대를 떠받드는 이념이었다. 이런 이념들은 '자유주의'의 영역에 속하는 것이었고 자유주의 이념의 핵심은 사회계약설이었다.

아비규환의 현장,
자연 상태

사회계약설을 주장한 대표적인 학자로는 홉스 이외에 로크와 루소가 있다. 세 사람은 당시 새롭게 등장하는 시민계급의 입장에서 시민계급의 정치적 권익을 옹호하고자 했다. 특히 로크와 루소의 주장은 이후 전개되는 시민혁명의 주요한 이념적 기둥이 되었다. 사회계약설의 핵심은 '주권은 국민에게 있다'는 주권재민론이다. 주권재민론은 왕권신수설, 즉 '주권은 신이 왕에게 주었다'는 주장에 정면으로 도전한 것이었다.

사회계약설은 '자연 상태'라는 것에서부터 시작한다. 처음 인간은 '자연 상태'에 있었다. 자연 상태란 '사회 상태' 또는 '국가 속에서의 생활'과 반대되는 것으로, 인간이 최초로 생활한 상태를 가리킨다. 물론 사회계약설에서 말하는 자연 상태는 실제 존재했던 인간 사회의 형태가 아니다. 여기서 자연 상태란 사회계약설을 주장한 사람들이 실제 조사나 연구를 통해 밝혀낸 것이 아니라 논리적인 추론을 통해 상정한 것이었다.

홉스와 로크 그리고 루소는 사회계약설을 주장했다는 점에서는 같지만 자연 상태를 달리 보았기 때문에 그들의 결론은 달라졌다. 홉스는 자연 상태를 '만인의 만인에 대한 투쟁' 상태라고 보았다. 반면 로크는 자연 상태를 전쟁과 폭력이 난무하는 상태가 아니라 인간의 기본적인 권리가 지켜진 평화로운 상태라고 생각했다. 루소는 로크보다 자연 상태를 더욱 평화롭고 행복한 상태로 상정했다.

홉스는 만인의 만인에 대한 투쟁이 일어나는 자연 상태를 그냥 두면 모든 인간이 죽어버릴 수 있으므로 사람들이 '계약'을 맺게 되었다고 주장했다. 홉스가 보기에 계약의 내용은 사람들이 자신들의 모든 것을 주권자에게 위임하고 주권자에게 복종하는 것이었다. 그래서 홉스는 주권자의 권리를 막강하게 명시했다. 국민은 주권자의 지배를 벗어날 수 없고 주권자는 입법권, 사법권, 행정권을 마음대로 행사할 뿐만 아니라 언론 탄압의 권리까지 갖는다. 홉스는 주권자의 막강한 권한이 국민과 계약을 맺었기 때문에 가능하다고 보았다.

또한 홉스는 국가를 주권체로 보았다. 홉스는 말한다. "정의하자면 국가는 다수의 사람들이 서로 상호계약으로 만들어낸 창조자다. 국가는 사람들의 평화와 공동 방위를 위해서 편리하다고 생각하는 대로 모든 사람들의 힘과 수단을 끝까지 사용할 수 있는 하나의 인격이다." 국가는 계약에 따라 사람들로부터 위임받은 권력을 집행한다. 국가의 주된 목적은 내적으로 평화를 유지하고 외적의 침입을 막아내는 일이다. 홉스는 자연 상태가 전쟁과 투쟁의 아비규환이기 때문에 이를 막고 평화를 유지하려면 국가가 강력한 권력을 가져야 한다고 주장했다. 그런 목적에 가장 적합한 정치형태가 군주제다.

사회계약설의 선두 주자

로크의 주장은 홉스의 주장과 다르다. 로크는 자연 상태가 평화롭고 살만하지만 불안하다고 보았다. 사람들의 생명과 재산을 유지하기 위해서 좀 더 안전한 장치가 필요하다. 그래서 사람들은 '계약'을 맺었다. 계약의 결과 국가가 생겨났다. 로크에 따르면 국가의 주된 목적은 사람들의 생명과 재산을 지켜주는 것이다. 따라서 절대 권력이 필요하지 않다.

루소 역시 계약을 통해서 국가가 생겨났다고 말한다. 여기서 루소는 '일반의지(一般意志)'라는 개념을 등장시켰다. 일반의지란 사람들이 자신의 생명을 포함한 모든 권리를 위임하는 대상이다. 쉽게 말하면 모든 사람들의 행복과 복지를 위하는 보편적인 의지인 셈이다. 이런 일반의지, 보편적 의지의 구현체가 국가다. 때문에 루소는 국가가 생명과 재산을 지키고 보호하는 것 외에 경제적 평등을 이루는 데도 힘써야 한다고 주장한다. 통치자가 일반의지를 실현하지 못하고 국민을 억압한다면 물러나야 한다. 국민은 주권자를 몰아낼 수 없다는 홉스의 주장과 통치자가 일반의지를 실현하지 못하면 물러나야 한다는 루소의 주장은 정반대의 입장에 서 있는 셈이다.

홉스의 주장에는 문제점이 많다. 예를 들면 홉스가 전제군주론을 합리화하는 근거로 제시한 '자연 상태'에 대한 묘사는 별로 설득력이 없다. 왜 인간은 그렇게 서로 죽고 죽이는 상태여야만 하는가? 서로 협조하며 살아갈 가능성은 없는가? 이런 물음에 대해 홉스는 대답할 수가 없다. 다만 인간의 본성이 악해서 그렇다는 말밖에 하지 못한다. 그러나 인간의 본성이 선하다는 반대의 주장도 얼마든지 성립할 수 있다. 특히 홉스가 관찰이 아니라 논리적 추론을 통해 주장을 내세운다는 점에서 더욱 문제가 있다.

홉스가 주장하는 전제군주론에도 문제가 있다. 홉스가 묘사한 자연 상태에 근거한 전제군주론은 지나친 논리적 비약이다. 군주가 반드시 만능의 권력을 소유해야 하는가, 군주의 권력을 합리적인 방법으로 많은 사람들이 공유함으로써 정치의 목적을 더 잘 수행할 수는 없을까? 이런 질문에 대해서도 홉스는 만족스러운 답변을 하지 못한다. 홉스 자신의 주관적인 주장만이 앞설 뿐이다.

그러나 홉스의 사상은 근대 사회로 넘어오는 시기에 사회계약설의 첫 테이프를 끊었다는 점에서 여전히 의의가 있다. 또한 인간의 본성에 대한 심도 깊은 분석과 이에 근거한 논리적인 유추와 추론으로 계약과 국가에 대해 분석한 것 역시 여전히 탁월하다. 이런 점들 때문에 홉스의 《리바이어던》이 지금도 여전히 가치 있는 책으로 읽히고 있다.

홉스는 인간의 이기심으로 인해 발생하는 '만인의 만인에 대한 투쟁' 상태를 해결하기 위해 강력한 국가가 생겨났다고 했다. 고대 중국의 철학자인 순자 역시 인간의 본성이 이기적이라고 했지만 나라가 취해야 하는 방책은 홉스와 의견을 달리했다. 다음의 두 글을 읽고 국가의 역할에 대해 생각해보자.

◆ ◆ ◆

사람의 본성은 나면서 이득을 좋아하게 되어 있다. 이득을 따르기 때문에 쟁탈이 생기고 사양하는 마음이 없어진다. 나면서부터 시샘하고 미워하게 되어 있다. 시샘과 미워함으로 인해 잔악한 마음이 생기고 충직하고 성실한 마음이 없어진다. 나면서부터 귀와 눈이 아름다운 소리와 색깔을 좋아하게 되어 있다. 그로 인해 음란이 생기고 예의와 도리는 없어진다. 그러므로 사람의 본성과 감정을 따르게 되면 반드시 쟁탈이 생긴다. 나아가 본분을 어기고 도리를 어지럽히게 되어 포악한 지경에 이르게 된다. 그러므로 법도의 교화와 예의의 도가 있어야 사양하는 데로 나아가 도리에 알맞고 다스려지는 데로 돌아갈 것이다.

– 순자, 《순자》, 〈성악〉 중에서

◆ ◆ ◆

인간의 본성에는 싸움을 불러일으키는 세 가지 요소가 있다. 첫째는 경쟁심, 둘째는 소심함, 셋째는 명예욕이다. 경쟁심은 이득을 위해, 소심함은 안전을 보장받기 위해, 명예욕은 좋은 평판을 듣기 위해 남을 해치도록 유도한다. 경쟁심은 타인과 그 처, 자식과 가축을 자기 것으로 만들기 위해, 소심함은 자기 자신을 보호하고 방어하기 위해 폭력을 사용하도록 만든다. 또한 명예욕은 자기 자신을 직접적으로 겨냥하거나, 아니면 자신의 가족, 동료, 민족, 직업 또는 이름에 간접적으로 먹칠을 하는 말, 비웃음, 상이한 견해뿐만 아니라 경멸의 몸짓 등과 같은 하찮은 일에도 폭력을 사용하도록 만든다. 따라서 강력한 국가가 모든 이에게 두려움의 대상으로 존재하지 않는다면 인간은 '투쟁'의 상태에 놓일 것이 분명하다. 그러한 투쟁 상태는 만인의 만인에 대한 투쟁을 의미한다. …… 국가가 등장하는 까닭이 여기에 있다. 인간이 국가의 구속 아래 살아가고 자기 자신에게 제약과 통제를 가하는 것에 동의하는 이유는 자신의 생명을 보존하고 보다 만족스러운 삶을 누리려는 인간 자신의 통찰력에 있다. 다시 말하면 …… 만인이 그들 모두의 권력과 힘을 한 사람이나 한 집단에게 양도하고 그들 모두의 의지를 다수결에 따라 그 사람이나 그 집단의 의지로 축소·대체시키는 것이다. …… 그러나 한 사람이나 집단이 무한한 권력을 쥐게 되면 그 사람이나 집단의 욕망과 격정에 백성들이 시달려 비참한 상태가 되리라는 반론을 제기할 사람이 있을지 모른다. …… 그러나 그 반론은 약탈과 복수를 못 하도록 만인의 손을 묶어두는 법과 강제력이 없어지면 인간은 혼란뿐인 상태에 처하게 된다는 점을 고려하지 않은 것이다.

–홉스, 《리바이어던》 중에서

◆ ◆ ◆

국민은 왕에게 너무 많은 것을 위임했다
홉스 《리바이어던》

10

누가 신을 죽였는가
니체 《차라투스트라는 이렇게 말했다》

서울대 사상고전 100선에 선정된 핵심 포인트

만인을 위한 그리고 어느 누구도 위하지 않은 한 권의 책. 신
의 죽음을 외치면서 이 니힐리즘의 극복을 위해 실존적 성실
성을 갖고 모색한 니체의 저작. '신의 죽음'이란 종래 최고의
제가치, 특히 그리스도교의 도덕적 제가치가 그 효력을 상실
하여 허무화된 현대의 니힐리즘적 상황을 의미하며, 진짜 새로
운 인간을 창조하려는 의지는 신의 죽음의 인식에서 비로소 생겨
난다고 니체는 보았다. 신의 죽음을 극복하는 방법을 '영원 회귀
사상'의 체험에 바탕을 둔 초인 사상으로 결정(結晶)시킨 철학적
산문시.

― 박환덕 서울대학교 명예교수

플라톤은 죽었다

니체(Friedrich Wilhelm Nietzsche, 1844~1900)가 신을 죽였을까? 니체는 "신은 죽었다"고 선포했다. 그러나 맨 먼저 신의 죽음을 말한 사람은 니체가 아니라 헤겔이었다. '플라톤은 죽었다'는 주장이야말로 가장 니체적인 선언이 아니었을까? 스물여섯 살에 집필한 《비극의 탄생(Die Geburt der Tragödie)》에서 니체는 그리스의 비극이 사라지게 된 문명사적 책임을 소크라테스의 합리주의 탓으로 돌리면서 이후 일관된 반소크라테스주의, 반플라톤주의 투쟁에 나섰다. 기독교는 대중화된 플라톤주의다. 유럽의 정신을 노쇠하게 만든 두 주범은 플라톤 이래의 합리주의와 기독교의 노예 도덕이다. 그래서 니체에게는 '신이 죽어야 했다'. 신이 존재하는 한, 인간은 신의 노예일 수밖에 없으니까.

니체가 《차라투스트라는 이렇게 말했다(Also sprach Zarathustra)》를 집필하기 시작한 것은 마흔 살이 되던 1883년이었다. 니체는 병을 달고 살았다. 그는 1879년 빈사 상태에서 회복된 후에 대학에서 제공한 연금으로 편안하게 살면서 루 살로메(Lou Andreas Salomé)에게 열렬한 사랑의 마음을 보냈다. 그러나 루 살로메는 전혀 응답하지 않았다. 낙담한 니체는 알프스 산으로 들어간다. 그곳에서 니체는 아무도 없는 고독한 생활을 하며 일생일대의 영감을 떠올렸다. 《차라투스트라는 이렇게 말했다》

의 탄생이었다. 《차라투스트라는 이렇게 말했다》에는 "모든 사람을 위한, 그러나 누구를 위한 것도 아닌"이라는 독특한 부제가 달려 있다.

신은 어떻게 죽었는가

차라투스트라는 서른 살에 산속으로 들어가 10년 동안 은둔 생활을 했다. 마침내 그는 자신의 지혜를 세상에 전파하기 위해 산을 내려오기로 결심한다. 그는 산을 내려오다가 백발의 노인을 만났다. 노인은 차라투스트라에게 신에 대해 말했다. 차라투스트라는 노인과 헤어진 다음 마음속으로 말한다. "도대체 이런 일이 있을 수 있을까! 저 늙은 성자는 숲 속에 살고 있어서 신이 죽었다는 말을 전혀 듣지 못했구나!"

'신은 죽었다.' 이 말은 니체의 가장 유명한 명제가 되었다. 그렇다면 신은 누구인가? 그리스 로마 신화에 나오는 제우스와 포세이돈, 하데스 같은 신인가? 아니다. 그 신들은 너무나 인간적이다. 화내고 싸우고 질투하고 탐욕스럽다. 니체가 말하는 신은 그보다 초월적이고 절대적이다. 신은 우리가 존재하는 이곳에 살지 않는다. 신은 현실계가 아닌 초월적 이상의 세계에 있다. 그렇지만 신은 우리에게 절대적인 영향을 미친다. 신이 사는 세계는 우리가 구현해야 할 세계이고, 신은 우리가 지향해야 할 목표점이며, 신의 가치는 우리가 내리는 판단의 절대적 준거가 된다. 신은 우리의 관념 속에 존재하는 절대 가치다. 니체가 말하는 신의 죽음은 절대 가치의 상실을 의미한다. 즉 니체는 영원한 진리, 세상을 지배하는 절대적 가치가 사라졌음을 말하고자 했다. 그런 가치가 사라졌으니, 현실에 눈을 돌리자!

신을 죽인 것은 인간이다. 그런데 놀랍게도 신을 다시 만들어낸 것도 인간이다. 인간은 자신의 추악함을 드러내 신을 죽인다. 인간을 사랑했던 신은 인간의 추악함을 견딜 수 없어 죽는다. 인간은 자신의 추악함을 드러냄으로써 신을 죽이고 또 다른 신을 만들어낸다. 인간은 신이라는 권위를 빌려 자신의 권위를 세우려고 했는지도 모른다. 신을 믿는다고 하지만 인간이 가진 한계에 신의 권위를 덮어씌워 자신을 높이고자 하는 것인지도 모른다. 차라투스트라는 신의 죽음을 선물로 받아들인다. 신이 필요치 않다는 것은 인간이 위대해졌음을 의미한다. 니체는 인간이 자신의 삶에서 신을 찾지 않을 정도로 위대해져야 한다고 말한다.

┃초인은 어디에

니체가 차라투스트라의 입을 통해 우리에게 말하려던 것은 무엇인가? 초인(超人), 권력에의 의지, 영원 회귀다. 산에서 내려온 차라투스트라가 가장 먼저 설교한 주제는 초인이었다.

나는 너희에게 초인을 가르친다. 인간은 초극되어야만 할 그 무엇이다. 너희는 인간을 초극하기 위해 무엇을 했는가? 이제까지 모든 존재는 자신을 능가하는 무엇인가를 창조해왔다. 너희는 그 위대한 조수의 썰물이 되길 원하며, 인간을 초극하기보다 오히려 짐승으로 되돌아가고자 하는가? 인간에게 원숭이란 어떤 존재인가? 하나의 웃음거리 혹은 괴로운 수치다. 초인에게는 인간 또한 그럴 것이다. 하나의 웃음거리 혹은 괴로운 수치인 것이다. 너희는 벌레로부터 인간으로 이르는 길을 걸어왔지만 아직도 너희 내부의 많은 것들이 여전히 벌레다. 예전에 너희는 원숭이였고 지금도 너희는 여전히 어느 원숭이보다 더한 원숭이다. 너희 중 가장 현명한 자도 역시 식물과 유령의 분열이며 잡종에 지나지 않는다. 내가 너희들에게 식물과 유령이 되라고 명하겠는가? 보라, 나는 너희들에게 초인을 가르친다! 초인은 대지의 의미다. 너희의 의지는 말해야만 한다. 초인이란 대지의 의미여야 한다고!

초인이란 누구인가? 니체가 말하는 초인은 영화 속의 초능력자 슈퍼맨이 아니다. 슈퍼맨은 육체적 능력이 뛰어난 자다. 그러나 니체가 말하는 초인은 자신을 초월한 자, 자신을 자신 안에 가두지 않고 자신의 밖에서 바라보는 자다. 자신은 자신 안에서 자신의 한계와 무게를 알 수 없다. 가령 책의 무게를 단다고 하자. 이때 책 스스로는 자신의 무게를

달 수 없다. 책의 바깥에서 책을 저울에 올려놓아야 책의 무게를 알 수 있다. 마찬가지로 자기 자신 안에서가 아니라 바깥에서 보아야 자신의 한계가 보인다. 초인은 이처럼 자신을 초월한 사람이다. 때문에 초인은 자신의 무게와 한계를 알고 그 덕분에 자신을 극복할 수 있게 된다.

권력에의 의지

니체는 차라투스트라가 수많은 나라와 민족을 보며 '권력에의 의지'를 발견했다고 말한다.

> 차라투스트라는 수많은 나라와 민족을 보았다. 그리하여 수많은 민족들의 선악을 발견했다. 차라투스트라는 지상에서 선과 악보다 더 큰 힘을 찾지 못했다. 우선 가치판단을 하지 않는 민족은 절대 살아남을 수가 없다. 그러나 스스로 존속하기를 원한다면 이웃 민족처럼 가치판단을 해서는 안 된다. 한 민족에게 선(善)이라고 불리는 많은 것들이 다른 민족에게는 조롱거리, 치욕으로 불렸다. 나는 많은 것들이 이곳에서는 악이라 불리고 저곳에서는 화려한 영광으로 장식되는 것을 발견했다. 각 민족의 머리 위에 선악의 팻말이 세워져 있다. 보라, 그 팻말은 각 민족들이 초극해온 것들의 팻말이다. 그것은

바로 권력에의 의지가 내는 목소리다.

권력에의 의지는 니체 철학의 핵심적인 개념이다. 니체는 권력에의 의지를 이 세계의 근본적 본질이라고 말한다. 니체는 권력에의 의지를 개인에게 적용한다.

나는 생명 있는 자를 따라갔고, 가장 큰 길과 가장 작은 길을 갔다. 살아 있는 자들의 본성을 알아내기 위해. 나는 생명 있는 자들이 있는 곳에서 권력에의 의지를 발견했다. 그리고 봉사하는 자의 의지 속에서 또한 주인이 되려는 의지를 발견했다. 약자가 강자에게 봉사하도록 약자의 의지가 약자를 설득함은 약자의 의지가 그보다 한층 더 약한 약자들의 주인이 되고자 하는 까닭이다. 그리고 작은 자가 가장 작은 자를 지배하는 기쁨과 권력을 얻기 위해 더 큰 자에게 헌신하는 것만큼, 가장 큰 자도 역시 헌신하며 권력을 위해 가는 것이다.

권력에 대한 의지 앞에서는 이성도 도덕도 무력하다. 권력에의 의지는 세계의 근본적 본질이며 인간의 사고를 규정하는 근본이다.

영원히 회전한다

니체는 이 세계가 어떻게 돌아가는지에 대해서도 말한다.

> 모든 것이 가고 모든 것이 되돌아온다. 존재의 수레바퀴는 영원히 회전한다. 모든 것이 죽고 모든 것이 새로 꽃피어난다. 존재의 해는 영원히 계속된다. 모든 것이 부서져버리고 모든 것이 새로이 짜 맞춰진다. 동일한 존재의 집이 영원히 세워진다. 모든 것이 헤어지고 모든 것이 다시 만나 인사한다. 존재의 고리는 영원히 자신에게 충실하다. 어느 찰나에나 존재는 시작된다. 모든 여기를 중심으로 저기의 공이 굴러간다. 중심은 곳곳에 있다. 영원의 오솔길은 곡선이다.

세계는 일직선으로 나아가지 않는다. 나아갔다 되돌아오고 되돌아왔다 다시 나아간다. 영원히 순환하는 것이다. 이런 니체의 운동관은 세계가 앞으로 진보할 뿐이라는 낙관적 합리주의, 과학의 발전으로 세계는 계속 발전한다는 과학주의에 대한 준엄한 비판이다.

니체는 세 가지 가설을 내놓았다. 초인과 권력에의 의지와 영원 회귀. 차라투스트라는 어느덧 나이가 들었지만 여전히 초인을 찾아 헤맸다. 그러던 어느 날 자신의 가슴속에 초인이 있음을 깨닫는다. 차라투스트

라는 기원전 700년경 고대 페르시아에 살았던 예언자다. 미신을 타파하고 조로아스터교를 전파하려 했던 종교개혁가였다. 니체는 차라투스트라를 통해서 초인의 모습을 발견하고자 했다. 더욱이 니체는 자신을 차라투스트라와 동일시하여 차라투스트라와 같은 초인이라고 생각했다.

니체는 현실과 자아의 가치를 발견하라고 했다. 자신의 삶에 의미를 부여하지 않으면 삶은 무의미하다. 사람들은 무의미한 삶에 의미를 부여하기 위해 진리를 찾는다고 말한다. 그런데 무의미한 현실에서 유의미한 진리를 찾을 수 있을까? 그런 시도는 사랑을 해본 적이 없는 사람이 사랑을 정의 내리는 것과 같다. 우리는 현실과 삶에서 의미를 찾아내야 한다. 그것은 어떤 이론이나 사상에서 찾아지는 것이 아니라 삶 속에서 발견하고 얻는 것이다. 니체는 그 삶을 알기 위해 자신을 초월해서 자신의 모습을 보라고 이야기한다.

생각 플러스

니체는 '모든 것이 가고 모든 것이 되돌아오는' 순환을 말했다. 그 순환을 가리켜 '영원 회귀'라고 했다. 반면에 오스트리아의 경제학자 슘페터(Joseph Alois Schumpeter)는 '창조적 파괴'를 통해 지속적인 발전이 이루어진다고 했다. 다음의 두 글을 읽고 역사는 순환하는 것인지, 아니면 지속적인 발전을 하는 것인지에 대해 생각해보자.

◆ ◆ ◆

모든 것이 가고 모든 것이 되돌아온다. 존재의 수레바퀴는 영원히 회전한다. 모든 것이 죽고 모든 것이 새로 꽃피어난다. 존재의 해는 영원히 계속된다. 모든 것이 부서져버리고 모든 것이 새로이 짜 맞춰진다. 동일한 존재의 집이 영원히 세워진다. 모든 것이 헤어지고 모든 것이 다시 만나 인사한다. 존재의 고리는 영원히 자신에게 충실하다. 어느 찰나에나 존재는 시작한다. 모든 여기를 중심으로 저기의 공이 굴러간다. 중심은 곳곳에 있다. 영원의 오솔길은 곡선이다.

— 니체, 《차라투스트라는 이렇게 말했다》 중에서

◆ ◆ ◆

누가 신을 죽였는가
니체 《차라투스트라는 이렇게 말했다》

자본주의는 본질상 경제 변화의 한 형태이거나 방법이다. 자본주의는 결코 정체되어 있지 않을 뿐만 아니라 그럴 수도 없다. ⋯⋯1760년에서 1940년 사이에 노동자의 수입은 지속적으로 성장했을 뿐만 아니라 질적으로 변화했다. 마찬가지로 일찍이 윤작(輪作), 쟁기질, 거름주기와 같은 합리적 농법부터 곡물 창고, 철도 등과 연계된 오늘날의 기계화된 방식에 이르기까지 농업 생산체계의 역사는 잇단 혁명의 역사였다. 대장간 화덕에서 오늘날의 용광로에 이르는 철강산업 생산체계의 역사도, 물레방아에서 현대적인 발전소에 이르는 전력산업 생산체계의 역사도, 역마차에서 비행기에 이르는 수송의 역사도 그러하다. 해외 또는 국내에서 새로운 시장의 출현과 철공소에서 미국의 대표적인 철강회사인 US스틸로의 발전 모두 산업적 돌연변이의 과정이다. 내부로부터 경제구조의 혁명이 내부에서 쉴 새 없이 일어나고 끊임없이 오래된 것을 부수며 멈추지 않고 새로운 것을 만들어낸다. 이러한 '창조적 파괴'의 과정은 자본주의의 본질적 요소다. 이것이 바로 모든 자본가가 주목해야 할 자본주의의 요체다.

—슘페터, 《자본주의, 사회주의, 민주주의(Capitalism, Socialism and Democracy)》 중에서

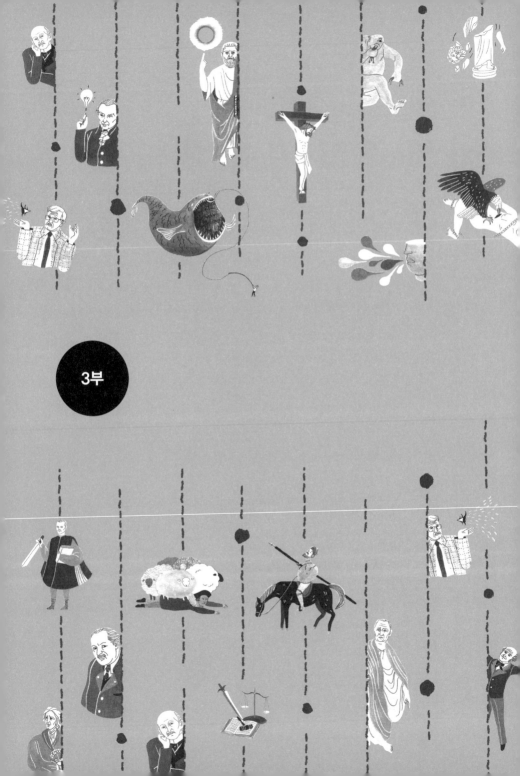

3부

세계를 읽는 눈

프랑스의 대학 시험인 바칼로레아에서 '미래를 인식할 수 있는가?'라는 문제가 나와 화제가 되었던 적이 있다. 인식이란 세상을 읽는 방법을 의미한다. 따라서 미래에 대한 인식은 미래 세계를 읽을 수 있는가 하는 문제다. 만약 우리가 미래를 인식할 수 있다면 앞으로의 삶이 편안해질 것이다. 미래에 일어날 안 좋은 일들을 피할 수 있기 때문이다. 그러나 불행히도 철학자들은 미래를 인식할 수 없다고 한다. 우리는 우리가 접할 수 있는 것만을 인식할 수 있기 때문이다.

미래는 오늘의 우리가 접할 수 있는 것이 아니다. 그래서 미래에 대해서는 예측밖에 할 수 없다. 예측은 인식과 다르다. 일기예보를 보라. "오늘 비가 올 확률은 몇 퍼센트입니다"라고 하지 않는가. 그러면 인식은 불필요한 것인가? 그렇지 않다. 우리가 접할 수 있는 것을 올바로 인식해야 미래에 대한 예측이 보다 정확해지기 때문이다.

3부에서는 '인식의 방법'이라는 주제로 다섯 편의 글을 해설했다. 헤겔의 《역사철학 강의》, 비트겐슈타인의 《철학적 탐구》, 하이데거의 《존재와 시간》, 가다머의 《진리와 방법》, 하버마스의 《인식과 관심》이 그것이다.

물론 여기에서 다루는 다섯 철학자만이 인식의 방법을 고민한 것은 아니다. 그러나 여기 소개하는 다섯 철학자의 견해는 오늘날까지도 상당한 영향을 미치고 있다.

헤겔은 변증법의 방법을 제시했다. 헤겔의 변증법을 정-반-합이라는 도식으로 이해하는 것은 적절하지 않다. 헤겔은 이 세계 안의 모든 존재는 스스로 자기운동을 한다는 것을 보여주었다. 비트겐슈타인은 철학의 관심사를 대단히 좁혀놓았다. 존재나 인식 같은 형이상학적 주제를 제쳐두고 일상생활에서 사용하는 언어에 대한 분석을 철학의 과제라고 했다. 그래서 비트겐슈타인은 분석철학이라는 새로운 영역을 개척했다. 하이데거는 인간이 본래적인 자기를 회복해야 한다고 했다. 하이데거는 죽음과 같은 극한적인 상황을 염두에 두고 자기반성을 하는 자세를 강조함으로써 실존철학의 한 분파를 열었다. 하이데거의 제자인 가다머는 하이데거의 철학을 진리를 인식하는 영역으로 확대 적용했다. 가다머는 우리의 선입견을 바탕으로 질문함으로써 새로운 지식을 얻을 수 있다고 했다. 하버마스는 인간의 인식이 관심에서 생겨난다고 했다. 특히 하버마스의 사회철학은 오늘날의 시민운동에 큰 영향을 미치고 있다.

가다머와 하버마스는 의사소통을 중시한다. 의사소통을 위해서는 서로에 대한 인정이 필요하다. 항시 소통이 문제되는 우리 사회가 귀담아들어야 할 주장이다.

11

네가아니라세계정신이 너를인도하리라

헤겔 《역사철학 강의》

서울대 사상고전 100선에 선정된 핵심 포인트

계몽주의 정신을 이어받은 헤겔은 인간 정신의 본성이 자유라는 명제로부터 역사의 진보 사상을 이끌어내 그 이후의 사상, 특히 마르크스의 사상에 막대한 영향을 끼쳤다. 《역사철학 강의》에서 헤겔은 인간 개개인의 생각이 발전하는 것처럼 인간 정신의 구체적인 구현인 역사도 자유를 실현하는 방향으로 발전한다는 점을 보여주고 있다.

– 김효명 전 서울대학교 명예교수

철학에 재능 없는 대학생

기운 없이 머리를 숙인 채 몸을 움츠리고 앉아서 커다란 노트를 앞뒤로 넘기고 위아래로 훑으며 말을 했다. 헛기침, 잔기침을 계속하는 바람에 말의 흐름이 중간중간 끊어졌다. 그래서 문장이 이어지지 않았다. 때로는 문장이 뒤죽박죽 섞이기도 했고 모든 낱말과 음절을 아주 힘들게 조각조각 발음하기도 했다. 그럼에도 금속성 음색의 슈바벤 지방 사투리로 발음하는 하나하나의 낱말이 매우 중요한 의미를 가지고 있었다.

헤겔(Georg Wilhelm Friedrich Hegel, 1770~1831)의 강의를 들은 한 제자의 기록이다. 낮은 목소리로 더듬거리는 선생의 강의. 한마디로 하품 나는 강의였다. 그럼에도 헤겔의 강의실은 학생들로 넘쳐났다. 동시대의 저명한 철학자인 쇼펜하우어(Arthur Schopenhauer)는 헤겔에 대해 "천박하고, 우둔하고, 역겹고, 메스껍고, 무식한 사기꾼"이라고 극언을 했다. 그래서 쇼펜하우어는 헤겔과 경쟁하기 위해 같은 시간대에 강의를 개설했다. 그렇지만 학생들은 헤겔의 강의실로 몰려갈 뿐, 쇼펜하우어의 강의실에는 아무도 오지 않았다. 결국 쇼펜하우어는 자신의 강의를 폐강해야 했다.

이렇듯 따분한 강의를 하고 동시대 철학자로부터 '사기꾼'이라는 비판을 들었음에도 헤겔의 철학은 당대부터 상당한 영향력이 있었다. 헤겔은 열여덟 살 때부터 5년간 튀빙겐 대학교에서 공부했다. 그가 스물세 살에 받아든 졸업증명서에는 "재능 있는 인격자로서 신학과 문헌학에는 조예가 있으나 철학적 능력은 없다"라고 적혀 있었다. 대학 시절에는 철학에 재능이 없었다는 헤겔. 그러나 헤겔의 철학을 듣기 위해 학생뿐만 아니라 육군 소령과 대령부터 추밀원 고문관에 이르기까지 다양한 계층의 사람들이 강의실로 몰려들었다. 그리고 헤겔의 철학은 오늘날까지도 영향력을 미치고 있다.

　헤겔 철학의 매력은 무엇일까? 그 답을 알려면 헤겔의 책을 읽을 수밖에 없다. 헤겔의 책은 어렵기로 몇 손가락 안에 들기 때문에 쉽게 읽히지 않는다. 그러나 《역사철학 강의(Vorlesungen über die Philosophie der Weltgeschichte)》는 다르다. 《역사철학 강의》는 헤겔이 직접 쓴 저서가 아니다. 그가 1822년부터 1831년까지 베를린 대학교에서 강의한 내용을 헤겔의 사후인 1837년 제자들이 정리하여 간행한 책이다. 강의 내용을 정리했기 때문에 다른 저서와 달리 어렵지 않다. 또한 역사를 주제로 해서 독자들이 접근하기 쉽다. 그러므로 이 책을 통해 우리는 비교적 쉽게 헤겔 철학에 접근할 수 있다.

영웅이 역사의 주체인가

《역사철학 강의》에서 헤겔의 관심은 과거의 생각을 현재에 되살리는 것이었다. 헤겔은 과거를 현재와 단절시키지 않고 과거의 생각이 현재에 영향을 미치고 있다고 보았다. 그래서 지금의 생각에는 과거가 포함되어 있고 미래의 생각에는 현재의 생각이 포함될 것이다. 이렇듯 생각은 끊임없는 상호작용을 반복한다. 헤겔은 이런 상호작용을 설명하기 위해 정-반-합이라는 변증법을 사용한다. 이 변증법을 역사의 흐름에 적용한 책이 《역사철학 강의》다.

역사에 대한 헤겔의 기본 관점은 역사가 이성적으로 진행되어왔다는 것이다. 그리고 역사를 이성적으로 진행시켜온 힘은 세계정신이라고 했다. 즉 세계정신이 역사의 주체라는 것이다. "철학이 지니고 있는 유일한 사상은 이성이 세계를 지배하고 있다는 것이다. 그러므로 세계사는 이성적으로 진행되어왔다. 세계사는 세계정신의 이성적이고 필연적인 운동 과정이다. 동일 불변의 본성을 가진 유일한 정신인 세계정신은 자신의 유일한 본성을 세계사 속에서 드러내고 있다."

우리는 역사책에서 알렉산드로스 대왕, 카이사르, 나폴레옹 등 수많은 위인들을 보아왔다. 이런 위인들이 출현하기 이전과 이후의 역사는 다른 모습을 보여준다. 그래서 위인들을 역사의 주체로 상정하기도 한다. 실제로 위인의 출현을 중심으로 서술한 역사책을 우리는 많이 보았다. 우리나라 역사를 삼국시대, 고려시대, 조선시대로 구분하여 서술하는 것도 이런 유의 역사 서술이라고 할 수 있다. 이런 역사 서술은 왕조사(王朝史) 이상의 의미를 갖기 어렵다. 이런 식의 역사관은 난관에 부딪힌다. 알렉산드로스, 카이사르, 나폴레옹, 왕건, 이성계 같은 사람이 그 시대에 태어난 것은 우연이다. 그러므로 위인들이 역사의 주체가 되려면 역사는 우연에 의해 진행되는 것으로 볼 수밖에 없다. 헤겔은 이런 역사 인식을 거부한다. 헤겔은 우연적인 것의 배후에 흐르는 필연성, 즉 역사를 이끄는 힘을 포착하고자 했다.

역사를 인도하는 것은 세계정신이다

헤겔에 따르면 역사의 주체는 세계정신 혹은 이성, 이념이다. 역사철학의 목적은 역사 속에서 세계정신을 발견하는 것이다. "이념은 혼의 지도자, '신의 사자' 메르쿠리우스와 같이 진실로 민족과 세계의 지도자다. 이 지도자의 이성적이며 필연적인 의지, 즉 정신이 이제까지 세계의 모든 사건을 이끌어왔다. 또한 현재의 사건 역시 이끌고 있다. 따라서 이 정신을 인식하는 것이 우리의 목적이다."

그렇다면 위인들은 역사에서 어떤 역할을 하는가? 세계정신은 다른 것의 도움 없이 자기 자신을 실현해갈 수 없다. 위인들은 바로 세계정신이 자기를 실현하기 위해 사용하는 도구다. 위인들은 단지 자신들의 지위, 명예, 안전 등 개인적인 정열, 욕망, 충동에 따라 행동한다. 그런 위인들의 행동 뒤에 세계정신이 있다. 즉 위인들은 개인적인 목적을 성취하기 위해 행동하지만 그 행동을 통해 보편적인 일을 수행한다. 고대 로마의 정치가이자 장군인 율리우스 카이사르의 사례를 들어보자.

> 카이사르는 단지 자신의 지위, 명예, 안전을 위해 싸웠다. 하지만 그의 적은 로마제국 각 지방을 장악하고 있었기 때문에 적에 대한 승리는 바로 전 제국의 정복을 의미했다. 카이사르는 국가조직의 형태를 바꾸지 않고도 독재자가 되었다. 카이사르는 자신의 목적을 완수하기 위해 싸웠고 그 과정에서 얻은 것, 즉 로마의 독재는 로마사와 세계사에서 필연적인 과정이었다.

위인들이 항상 자신의 목적을 달성하는 것은 아니다. 카이사르는 적을 물리치고 로마의 권력을 한 손에 거머쥐었지만 얼마 후에 부하들의 손에 살해되었다. 위인들은 세계정신에게 이용당하다 무참하게 버려지는 것이다. 헤겔 철학의 매력은 한 개인이 역사를 이끈다는 관점을 거부하고 역사를 이끄는 힘을 발견하고자 했다는 점이다. 그 힘은 세계의 바깥에 있는 것이 아니라 세계의 안에, 그래서 역사 안에 존재한다.

세계정신은
어떻게 구현되는가

헤겔은 세계정신이 자기 모습을 드러낼 때 역사가 끝난다고 말했다. 헤겔은 당시 독일의 국가형태인 군주 국가가 세계정신의 모습이라고 했다. 그러므로 헤겔 시대에 역사는 끝이 났다. 이런 헤겔의 주장은 역사적 맥락에서 살펴볼 필요가 있다. 헤겔이 활동했던 시기는 프랑스 대혁명이 일어나고 그 여파로 유럽에서 절대 봉건국가가 붕괴하던 시기였다. 헤겔은 프랑스 대혁명을 열렬히 환영했고 나폴레옹을 세계정신의 체현자로 생각했다. 이런 헤겔의 태도에 모순이 있었다. 프랑스 대혁명 당시 국민이 요구했던 자유, 평등, 박애에 입각한 민주주의의 실현과 1인 전제정치의 부활인 나폴레옹 체제는 대립되는 것이다. 그런데 나폴레옹은 해외 원정을 통해 주변 봉건국가들을 몰락시켰다. 그런 점에서 헤겔은 나폴레옹을 프랑스 대혁명의 체현자로 보았던 것이다. 헤겔이 말하는 군주 국가는 바로 입헌군주 국가였다. 이는 분명 봉건국가를 부정한다는 점에서 진보적이었지만 지주 귀족층인 융커(junker)와 농노 등 봉건적 잔재가 엄존하는 국가였다. 노동자에 대한 자본가의 가혹한 착취를 보호해주는 국가였고, 정치적으로 반민주적인 1인 통치 국가였다.

　이런 양면성을 갖는 국가를 세계정신의 모습이라고 한 것은 헤겔의 정신에 내재하는 진보성과 보수성의 양면을 내보인 것이었다. 이런 양면성은 헤겔 자신에게는 모순이 아니었다. 헤겔은 봉건제도의 파괴와 자본주의의 확립이라는 2대 과제를 지지했다. 비록 입헌군주 국가가 봉건제도를 완전히 파괴하지는 않았지만 자본주의의 성립과 발전을 보호했기 때문에 헤겔은 입헌군주 국가를 지지했다. 이런 태도 때문에 헤겔은 '어용학자'라는 비난을 들어야 했다. 헤겔은 《역사철학 강의》에서 자신의 역사철학을 이렇게 요약한다.

> 철학은 다만 세계사 안에 반영되는 이념의 광채만을 문제로 삼아야 한다. 철학은 현실에서 일어나는 직접적이고 미숙한 정열의 움직임에서 한 걸음 물러서서 그것들을 고찰하는 것이다. 철학의 관심은 자기를 실현하는 이념의 전개 과정, 자유의 의식이라는 형태에서만 나타나는 자유라는 이념의 전개 과정을 인식하는 것이다.

헤겔은 세계정신이 당대의 군주 국가에서 자기 모습을 드러냈다고 했다. 그래서 세계사는 끝이 났고, 세계정신의 인식을 목적으로 하는 철학도 끝이 났다. 세계정신이 그 모습을 드러내고 헤겔이 세계정신을 인식했기 때문이다. 그래서 헤겔은 세계사와 철학은 자기에 의해 끝이 났다고 선언했다. 그러나 역사는 멈추지 않았고 철학은 새롭게 등장했다. 헤겔의 말년에 봉건 왕조가 재등장하면서 봉건 왕조와 자본주의를 타도하기 위한 프롤레타리아트의 운동이 일어나기 시작했다. 그리고 이런 시대에 맞는 새로운 철학이 등장했다. 그 철학은 헤겔의 방법, 즉 변증법적 방법으로 무장하고 있었다. 그러나 세계정신이라는 추상적 개념을 집어던지고 노동자계급이 역사의 주체라고 주장했다. 그 철학은 세계정신의 자기 운동에 대한 인식이라는 고상한 목적을 던져버리고 직접적이고 미숙한 정열을 목적으로 하고 있었다. 세계에 대한 인식이 아니라 세계의 근본적 변혁을 목적으로 하는 철학이었던 것이다.

생각 플러스

헤겔은 역사를 '정신의 자기 운동'이라고 했다. 역사의 원동력이 '정신'이라는 관념론적 역사관을 피력한 것이다. 반면에 마르크스(Karl Heinrich Marx)는 역사의 원동력을 '물질적 토대'라고 하여 유물론적 역사관을 제시했다. 다음의 두 글을 읽고 관념론적 역사관과 유물론적 역사관을 비교해보자.

◆ ◆ ◆

철학이 지니고 있는 유일한 사상인 이성이 세계를 지배하고 있다. 따라서 세계사 역시 이성적으로 진행되고 있다. 세계사가 이성적으로 진행되어왔고, 세계사는 세계정신의 이성적이고 필연적인 행정이며, 동일 불변의 본성을 소유하는 유일한 정신인 이 세계정신은 이 유일한 본성을 세계의 존재 안에 현현하고 있다. …… 정신이 이제까지 세계의 모든 사건을 이끌어왔다. 또한 현재의 사건 역시 이끌고 있다. 따라서 이 정신을 인식하는 것이 우리의 목적이다. ─헤겔, 《역사철학 강의》 중에서

◆ ◆ ◆

법률이나 국가의 형태를 법률과 국가 자체로 혹은 인간 정신의 일반적 발전으로 파악할 수 없다. 오로지 물질적 생산 활동으로 파악하여야 한다. 한 사회를 이해하려면 그 사회의 경제를 분석해야 한다. 생산 관계가 사회의 경제적 구조, 즉 물질적 토대를 이루며, 그것에 상응하여 상부구조, 즉 법적, 정치적 형태와 사회적 의식의 형태들이 형성된다. 물질적 생활의 형태가 사회적, 정치적, 정신적 생활의 형태를 결정하는 것이다. 인간의 의식이 그의 존재를 규정하는 것이 아니라 사회적 존재가 인간의 의식을 규정한다. 사회혁명기가 시작되면 경제적 토대의 변화와 더불어 거대한 상부구조도 조만간 변화한다. 그런 변혁을 고찰할 때는 물질적 토대인 경제적 생산 조건의 변혁과 상부구조에 속하는 법률적, 정치적, 종교적, 예술적, 철학적 형태들의 변혁을 구분해야 한다. 사회 갈등은 의식의 갈등이 아니라 물질적, 경제적 갈등으로부터 설명되어야 한다. 대체로 사회 구성체는 아시아적 생산양식, 고대적 생산양식, 봉건적 생산양식, 근대 부르주아적 생산양식으로 진보한다.

－마르크스, 《정치경제학비판 요강(Grundrisse der Kritik der Politischen Ökonomie)》 서문 중에서

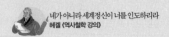

네가 아니라 세계정신이 너를 인도하리라
헤겔 《역사철학 강의》

언어놀이를 통해
철학이 사라졌다!

비트겐슈타인 《철학적 탐구》

서울대 사상고전 100선에 선정된 핵심 포인트

비트겐슈타인의 철학은 현대 서양철학의 큰 두 줄기를 형성하는 데 결정적인 역할을 했다. 그의 초기 저작인 《논리철학논고》는 논리적 실증주의의 학설을 성격 지우고 규정하는 데 중요한 초석 역할을 했다면 《철학적 탐구》는 일상 언어분석으로 대표되는 또 하나의 학설이 형성되는 데 그 기본 방향을 제시하고 그 철학적 방법과 내용을 규정했다.

— 김효명 전 서울대학교 명예교수

우리가 스마트폰을 안다고?

여행 중이던 주교가 어부가 무언가를 가리키는 것을 보았다. 주교가 가리키는 곳이 어디냐고 묻자 어부는 세 명의 은자들이 사는 섬이라고 했다. 주교는 어부에게 그곳에 데려가 달라고 부탁했다. 섬에서 주교는 세 명의 은자를 발견했다. 한 사람은 키가 작고 계속 웃고 있었고, 다른 한 사람은 키가 좀 더 크고 힘이 세며 친절하고 명랑했다. 마지막 사람은 키가 크고 엄격했다. 주교는 세 명의 은자들에게 어떻게 하느님을 섬기는지 물었다. 그러나 은자들은 하느님을 섬기는 방법을 알지 못한다고 했다. 그들이 아는 유일한 기도는 "당신도 셋이요, 우리도 셋이니, 우리에게 자비를 베푸소서"였다. 주교는 세 명의 은자들에게 열심히 주기도문을 가르쳤다. 주교가 배를 타고 되돌아가고 있는데 무언가 반짝이는 것이 물위를 미끄러져 배로 다가오고 있었다. 세 명의 은자들이었다. 은자들은 주기도문이 기억나지 않는다며 다시 가르쳐달라고 했다. 주교는 성호를 그으며 말했다. "당신들의 기도가 주님께 닿을 것입니다. 내가 당신들을 가르치는 것이 아닙니다. 우리 죄인들을 위해 기도해주십시오!"

톨스토이의 단편소설 〈세 명의 은자들〉의 내용이다. 비트겐슈타인

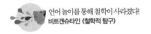

언어 놀이를 통해 철학이 사라졌다!
비트겐슈타인 《철학적 탐구》

(Ludwig Josef Johan Wittgenstein, 1889~1951)은 이 작품이 철학을 잘 표현했다고 여겼다. 비트겐슈타인은 "태초에 행위가 있었다"는 괴테의 말을 좋아했다. 〈세 명의 은자들〉과 괴테의 말에 담긴 공통점은 행위가 먼저라는 것이다. 우리는 지식이 행위에 선행한다고 착각하는 경우가 많다. 사실 개념과 지식은 어떤 행위가 일어난 후에 그 행위를 체계화한 것에 불과하다. 앎도 마찬가지다. 우리는 스마트폰이 있다는 사실을 알 뿐이다. 그런데 우리는 스마트폰을 안다고 말한다. 우리는 스마트폰에 내재된 기술을 알지 못한다. 이때 우리는 앎의 한계에 봉착하게 된다. 일상의 대화에서 당연하게 사용하는 말이지만 그 말은 본질을 표현하는 것이 아니다. 그래서 비트겐슈타인은 언어를 사용하기 이전에 언어 놀이에 참여해야 한다고 말한다.

철학의 대상을 다시 전환하다

비트겐슈타인의 철학은 서로 대조되는 두 시기로 나뉜다. 전기의 철학은 《논리철학논고(Logisch-philosophische Abhandlung)》로 대표되고, 후기의 철학은 《철학적 탐구(Philosophische Untersuchungen)》로 대표된다. 《철학적 탐구》를 이해하려면 《논리철학논고》에서 시작해야 한다. 《논리철학논고》에서 비트겐슈타인은 세계를 '사물들'의 총체가 아니라 '사실들'의 총체라고 말한다. 왜 그런가? 우리 앞에 어떤 물체가 있다고 해보자. 우리는 그 물체 자체가 무엇인지 알지 못한다. 우리는 다만 그 물체를 '책상'이라고 한다는 사실만을 알 뿐이다. 그러므로 우리가 알 수 있는 세계는 사물들의 세계가 아니라 사실들의 세계다. 세계를 알려면 사실들을 알아야 한다. 그런데 사실들은 '이것은 책상이다'처럼 명제로 표현된다. 비트겐슈타인은 《논리철학논고》에 이렇게 썼다. "모든 참된 명제들을 드러낼 수 있으면 세계를 완벽하게 묘사할 수 있다."

그러면 무엇이 참된 명제인가? 명제의 참, 거짓을 알려면 명제를 분석해야 한다. 명제는 주어와 술어로 이루어져 있으므로 주어와 술어의 논리적 관계를 밝혀야 한다. 주어와 술어는 언어로 이루어져 있으므로 그 둘의 논리적 관계를 밝히는 일은 언어의 논리적 연관을 분석하는 일이다. 그래서 비트겐슈타인은 철학의 대상을 언어의 논리적 연관 분석으로 전환시켰다. 비트겐슈타인의 전환은 칸트의 전환과 같은 의미를 갖는다. 철학은 '세계에 대한 탐구'를 주 대상으로 해왔다. 그러나 자연과학이 발전하면서 세계에 대한 탐구가 자연과학의 영역으로 떨어져나갔다. 칸트는 철학의 대상을 '인식에 대한 탐구'로 전환함으로써 철학이 봉착한 위기를 해소하고자 했다. 그런데 칸트 철학의 주춧돌인 선험적 종합 판단이 의심을 받으면서 철학은 다시 위기에 봉착했다. 비트겐슈타인은 다시 철학의 대상을 전환시켜 철학을 구출하려고 했다. 비트겐슈타인은 선험적 종합 판단의 자리에 명제의 분석을 세웠다. 사실들은

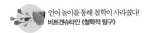

명제로 드러나므로 명제의 참, 거짓을 가리면 진리를 알 수 있다. 명제의 참, 거짓을 알려면 언어의 논리적 관계를 따지면 된다.

명제는 세계를 탐구해야 성립한다. 실제 세계와 관련 없는 명제, 예를 들면 '삼각형은 둥글다'와 같은 명제는 성립하지 않는다. 명제는 세계를 탐구하는 자연과학에서 나와야 한다. 철학은 그 명제의 참, 거짓을 가린다. 자연과학에서 나오지 않은 명제는 알 수 없고, 알 수 없으면 말해서는 안 된다. 그래서 비트겐슈타인은《논리철학논고》의 마지막 문장을 이렇게 썼다. "자연과학의 명제 이외에 아무것도 말해서는 안 된다."

1922년에《논리철학논고》를 완성한 비트겐슈타인은 "문제들이 본질적으로 해결됐다"고 선언했다. 그러나 비트겐슈타인은 자신의 생각에 회의를 갖기 시작했다. 그래서 다시《철학적 탐구》가 시작되었다.

철학의 왕국이 붕괴하다

비트겐슈타인은 무엇에 대해 회의했을까? 친구들과의 모임에서 한 친구가 "밥 먹고 합시다!" 하고 말한다. 그 순간 여러분이라면 무엇을 떠올리겠는가? 쌀밥? 자장면? 라면? '밥'의 의미는 사람마다 다르다. 시인 김지하는 "밥은 하늘"이라고 했다. 이쯤 되면 밥이 무엇을 의미하는지 알 수 없다. 우리가 매일 먹는 밥이 이럴진대 모든 사람에게 같은 의미로로 쓰이는 말이 있을까? 비트겐슈타인은 없다고 생각했다.

　비트겐슈타인의 전기 철학은 언어의 논리적 관계를 분석하면 진리에 이를 수 있다는 것이었다. 그런데 그 언어의 뜻이 사람마다 다르다면 어떻게 될까? 하나의 언어는 다양한 의미를 가지고 있다. 사람에 따라, 상황에 따라 같은 단어라도 뜻이 다르다. 그렇다면 언어의 논리적 관계를 분석하는 일은 아무 의미가 없다. 비트겐슈타인은 자신의 전기 철학을 부정했고, 나아가 전통적인 철학 자체를 무너뜨렸다. 철학자들은 주관과 객관, 우연과 필연, 존재와 인식 같은 언어로 세계를 설명하려 한다. 그러나 철학자의 설명은 자신의 주관일 뿐, 객관성이 없다. 사람들은 철학자가 사용한 언어를 다른 뜻으로 이해한다. 그렇다면 철학자가 할 일은 없다.

　그러면 비트겐슈타인은 무엇을 했는가? 비트겐슈타인은 언어 자체를 탐구했다. 인간은 자신의 환경 속에서 언어를 배운다. 어린아이가 말을 배워가는 과정과 같다. 비트겐슈타인은 '언어 놀이'로 설명한다. 비트겐슈타인이 제시한 언어 놀이의 예를 보자.

> 명령하다. 그리고 명령에 따라 행동한다.
> 어떤 하나의 대상을 그 외관에 따라서 또는 측정한 바에 따라서 기술(記述)한다.
> 어떤 하나의 기술(技術)에 따라 어떤 대상을 제작한다.

언어 놀이를 통해 철학이 사라졌다!
비트겐슈타인 《철학적 탐구》

어떤 하나의 사건을 보고한다.

사건에 관해 추측한다.

어떤 하나의 가설을 세우고 검사한다.

실험 결과를 일람표와 도표로 만든다.

어떤 하나의 이야기를 짓고 읽는다.

연극을 한다.

노래를 부른다.

수수께끼를 알아맞힌다.

농담한다, 허튼소리를 한다.

어떤 하나의 응용 계산 문제를 푼다.

어떤 한 언어를 다른 언어로 번역한다.

부탁한다, 감사한다, 저주한다, 인사한다, 기도한다.

인간은 이런 다양한 언어 놀이에 참여하여 언어를 배운다. 언어를 명확하게 하려면 언어 놀이에 참여하여 단어와 문장의 의미가 어떻게 생겨나고 사용되는지를 알아야 한다. 이런 활동이 철학의 임무다. 이에 따라 인간과 세계의 심원한 의미를 파헤치고자 했던 철학은 막을 내린다. 비트겐슈타인에 의해 철학의 왕국은 무너지고 일상 언어의 의미를 분석하자는 깃발만 남았다.

생각을 생각하다

비트겐슈타인은 언어의 최면에 빠지지 말라고 한다. 삼각형의 예를 보자. 삼각형을 보면 우리는 무엇을 떠올릴까? 비트겐슈타인이 열거한 내용을 보자. "삼각 모양의 구멍, 하나의 물체, 기하학적인 도형, 바닥에 서 있는 것, 하나의 산, 쐐기, 화살, 화살표, 직각을 이루는 두 선 중에서 짧은 선을 바닥으로 하고 서 있어야 할 물체가 뒤집힌 모습, 평행사변형의 반쪽." 우리는 삼각형을 보며 다양한 언어로 표현한다. 표현은 곧 해석이다. 그렇지만 해석을 통해 정확한 삼각형을 그려낼 수는 없다. 여기에 언어의 함정이 있다. 언어를 통해 모든 것을 생각하고 표현할 수 있다고 여기지만 사실은 그렇지 않다.

'생각' 역시 마찬가지다. 우리는 '생각'이라는 단어가 단지 생각함을 표현한다고 생각한다. 그러나 생각함에는 여러 행위가 포함된다. 생각은 문맥에 따라 다른 행위를 표현하기도 한다. '생각하며'라는 말 뒤에 수없이 많은 말이 붙을 수 있다. '생각하며 걷다', '생각하며 울다', '생각하며 밥을 먹다' 등등. 또한 생각은 서로 다른 대상을 가리키기도 한다. 문제를 풀거나 책을 읽거나 무언가를 설명하기 위해 생각한다. 이처럼 상황과 문맥에 따라 '생각'이란 말의 용법이 다르다. 그런데 우리는 상황과 문맥을 떼어놓고 생각하는 경향이 있다.

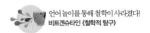
언어 놀이를 통해 철학이 사라졌다!
비트겐슈타인 《철학적 탐구》

로댕의 〈생각하는 사람〉은
생각하는 것이 맞을까?

　유명한 로댕의 조각품 〈생각하는 사람〉은 정말 생각하는 모습일까? 그
건 하나의 이미지일 뿐이다. 우리는 로댕의 조각처럼 턱을 괴는 대신 웃
고 노래하며 생각할 수 있다. 그래서 비트겐슈타인은 "우리가 파괴하는
것은 단지 공중누각에 불과하다. 우리는 언어가 서 있는 언어의 기반을
파헤친다"고 말한다. 비트겐슈타인이 주장하는 철학은 낱말들을 기술하
는 것이다. "모든 설명은 사라지고 그 자리에 기술이 들어서야 한다."

생각 플러스

비트겐슈타인은 언어를 사용하기 이전에 언어 놀이에 참여해야 한다고 했다. 언어는 다양한 의미를 가지고 있기 때문에 언어 놀이에 참여하여 단어와 문장의 의미가 어떻게 생겨나고 사용되는지를 알아야 한다는 것이다. 아래의 그림은 언어 의미의 다양성을 보여주기 위해 비트겐슈타인이 제시한 것이다. 이 그림은 토끼의 그림일까, 오리의 그림일까? 장자(莊子)의 글과 비교해보며 언어의 한계에 대해 생각해보자.

• • •

- 비트겐슈타인 《철학적 탐구》 중에서

• • •

장자가 혜자와 함께 호수의 징검다리 근처에서 노닐고 있었다. 장자가 말했다. "피라미가 한가롭게 헤엄치고 있소. 이게 물고기의 즐거움이오." 혜자가 말했다. "당신이 물고기가 아닌데 어떻게 물고기가 즐겁다는 것을 안다는 말이오?" 장자가 말했다. "당신은 내가 아닌데 어떻게 내가 물고기가 즐겁다는 것을 알지 못한다는 것을 안다는 말이오?" 혜자가 말했다. "나는 당신이 아니니까 물론 당신을 알지 못하오. 당신은 물고기가 아니니까 물고기를 알지 못한다는 것이 확실하다는 말이오." 장자가 말했다. "자, 처음으로 돌아가 봅시다. 당신은 '당신이 어떻게 물고기가 즐겁다는 것을 안다는 말이오?'라고 했지만 그것은 이미 내가 안다는 것을 알고서 그렇게 물은 것이오. 나도 호숫가에서 물고기가 즐겁다는 것을 알았던 것이오." – 장자, 《장자》, 〈추수(秋水)〉 중에서

13

양심의 소리에 귀 기울여라
하이데거 《존재와 시간》

서울대 사상고전 100선에 선정된 핵심 포인트

하이데거는 20세기 독일이 낳은 세계적 철학자 중의 한 사람이다. 하이데거의 철학은 보통 실존철학으로 분류되는데 그의 실존주의 사상은 철학은 물론 불트만이나 틸리히의 신학, 빈스방거로 대표되는 실존적 정신분석학에까지 영향을 끼쳤다. 《존재와 시간》은 하이데거의 주저로서 존재 일반에 관한 탐구를 목적으로 하고 있으면서도 존재 일반을 탐구하는 존재는 인간뿐이기에 인간 존재에 대한 탐구에 더 큰 비중을 두고 있다.

— 김효명 전 서울대학교 명예교수

스키를 잘 타는 철학자

> 죽음! 아, 죽음! 남들은 죽음에 대해 아무것도 모른다. 알려고도 하지 않는다. 그 사람들은 결코 나를 동정하지 않는다. 그 사람들은 여유롭게 자신들의 삶을 즐기고 있을 뿐이다.

이반 일리치라는 사람이 있었다. 판사로서 잘나가던 그는 자신이 이름 모를 병에 걸려 죽어가고 있다는 사실을 알게 되었다. 하루아침에 천국에서 지옥으로 추락한 이반 일리치는 깊은 절망에 빠졌다. 러시아 소설가 톨스토이가 쓴《이반 일리치의 죽음》에 나오는 내용이다.

하이데거(Martin Heidegger, 1889~1976)는《이반 일리치의 죽음》에 대해 죽음이 사람의 삶에서 불러일으키는 불안을 잘 묘사했다고 말했다. 하이데거는 인간에게 일상적인 삶이 어떤 의미를 가지는지, 그리고 죽음 앞에서 인간이 어떤 변화를 하는지를 탐구했다. 그 탐구의 결과를 담은 책이 1927년에 출간된《존재와 시간(Sein und Zeit)》이다.

하이데거는 1930년대를 기점으로 전혀 다른 삶을 살았다. 1930년대 이전 하이데거는 평온한 삶을 살았다. 소년 시절에는 스키에 열광하여 선수 못지않은 실력을 갖추었다. 젊은 시절부터 프라이부르크 대학교, 마르부르크 대학교 등에서 철학을 강의했다. 하이데거의 강의는 대단히 따분했다고 한다. 목소리의 높낮이 없이 일체의 위트나 농담이나 잡소리도 하지 않고 문장을 끊듯이 발음하며 강의했다고 하니 학생들에게 대단히 인기 없는 강의였음이 분명하다. 그렇지만 제자들과의 관계는 매우 원만했다. 하이데거는 학생들을 집으로 초청하여 수많은 파티를 열었다. 그러나 1930년대 히틀러가 정권을 장악하면서부터 하이데거의 삶은 달라졌다. 하이데거는 히틀러 정권에 협력했고 그로 인해 수많은 사람들로부터 비판의 표적이 되었다. 결국 교수직을 포함한 모든 공직 생활을 포기하고 고립된 생활을 할 수밖에 없었다. 자신이 탐구했듯이 일상적 삶의 의미를 되새기는 삶을 살 수밖에 없었던 것이다.

행복한 삶이란 무엇인가

사람들은 누구나 행복을 추구한다. 그러면 행복한 삶이란 무엇인가? 다시 이반 일리치의 삶을 보자. 이반 일리치는 판사로서 상류층이다. 훌륭한 가문의 예쁜 여자를 만나 결혼했고, 하인과 하녀에게 잡일을 시킴으로써 불편함 없는 생활을 했다. 이반 일리치의 관심은 온통 고관대작으로 승진하는 것뿐이었다. 누가 보아도 이반 일리치의 삶은 행복했다. 사람들은 이런 삶을 원한다. 좋은 학벌에 좋은 직장을 얻어 승진에 승진을 거듭하는 성공적인 삶, 좋은 배우자를 만나 남부러울 것 없이 사는 삶.

예전에 어떤 가수는 "저 푸른 초원 위에 그림 같은 집을 짓고 사랑하는 우리 님과 한 백 년 살고 싶어"라고 노래하지 않았던가. 사람들은 이런 삶을 행복한 삶이라고 생각한다.

　그러나 과연 그럴까? 하이데거는 질문을 던진다. 학벌, 직장, 배우자가 행복의 요소라고 말하지만 거기에는 자기 자신이 빠져 있지 않느냐! 아무리 좋은 학벌, 직장, 배우자를 가졌더라도 사람들은 일상의 삶을 살아가면서 어떤 때는 따분하고 또 어떤 때는 이유 없이 불안하다. 이런 따분함과 불안감은 자신이 잘못 살고 있다는 경고다. 그럼에도 사람들은 이 경고를 무시한다. 일시적인 기분 문제일 뿐이라고. 그러다 어느 날 죽음이라는 문제에 부닥친다. 사람들은 이 문제에 부닥치고서야 비로소 자기 자신을 되돌아본다. 자신의 삶이 과연 행복했는지를 생각한다.

　하이데거는 자신의 삶을 되돌아볼 수 있다는 점에서 인간과 동물이 다르다고 말한다. 인간은 자기 자신을 문제 삼을 수 있는 존재다. 나는 누구이고 어떤 삶을 살아야 하는가를 고민하면서 자기 자신에 대해 생각할 수 있는 존재가 인간이다. 하이데거는 자기 자신을 문제 삼고, 자기 자신을 되돌아볼 수 있는 존재를 '현존재'라고 말한다. 오직 인간만이 현존재일 수 있다. 또한 하이데거는 자기 자신을 되돌아보는 현존재로서의 삶을 '본래적 삶'이라고 말한다. 그러나 대부분의 사람들은 '비본래적 삶'을 살아간다. 비본래적 삶이란 세상이 시키는 대로 살아가는 삶으로 우리의 일상생활이다. 좋은 학벌, 좋은 직장, 좋은 배우자만을 추구하는 사람들은 비본래적 삶을 살고 있는 것이다. 하이데거는 말한다. "우리는 세상 사람들이 즐거워하면 즐거워한다. 우리는 세상 사람들이 보고 판단하는 대로 문학과 예술을 읽고 보고 판단한다. 우리는 세상 사람들이 분노하는 것에 분노한다."

세계-내-존재

우리는 일상에서 무수히 많은 존재들과 관계하며 살아간다. 집에서 밥을 먹고 부모의 보살핌을 받으며 살아간다. 밖에 나가서는 친구를 만나고 선생님에게 배우며 살아간다. 하이데거는 수많은 존재와 관계를 맺으며 살아가는 인간을 '세계-내-존재(inder-welt-sein)'라고 불렀다. 세계-내-존재란 단순히 세계 안에 있다는 의미가 아니라 인간을 둘러싼 존재들과 밀접한 관계를 맺으며 살아간다는 의미다. 우리는 다른 사람들과 온몸으로 부대끼며 살아간다. 함께 일하고, 함께 웃고, 함께 행복해하고, 함께 슬퍼하면서 살아간다. 이것이 하이데거가 말하는 세계-내-존재의 의미다.

　인간을 세계-내-존재로 파악한다는 점에서 하이데거는 그 이전의 철학과 갈라선다. 그 이전의 철학은 우리가 지각이나 인식을 통해 어떤 존재에 대해 알 수 있다고 했다. 데카르트 이래의 근대 철학은 인식 주체와 인식 대상을 분리했다. 그리고 어떻게 하면 인식 대상을 더 정확히

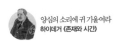

알 수 있는가에 대해 수많은 가설을 제기해왔다. 그러나 하이데거는 우리가 어떤 존재를 지각하거나 인식하기 이전에 이미 일상에서 그 대상과 관계한다고 말한다. 여기 컵이 있다고 해보자. 근대 철학은 컵의 재질은 무엇이고 모양은 어떤지를 알려고 했다. 컵의 재질과 모양을 정확히 알아야 컵에 대해 제대로 알 수 있다고 생각했던 것이다. 하이데거의 생각은 다르다. 컵을 들고 물을 마실 때, 즉 컵과 관계하며 온몸으로 부딪힐 때 이미 컵에 대해 알고 있는 것이다. 그러므로 인식 주체와 인식 대상을 분리하는 것은 잘못된 사고방식이다. 주체와 대상은 이미 일상의 삶 속에서 서로 부딪히며 관계하고 있다.

그러면 존재 혹은 사물들은 서로 어떻게 관계를 맺고 있을까? 망치를 생각해보자. 우리는 못을 박을 때 망치를 찾는다. 망치는 못을 박을 목적에 필요한 도구다. 인간관계 역시 마찬가지다. 우리는 승진이라는 목적에 도움이 되는지 아닌지를 가려서 관계를 맺는다. 목적 달성을 위한 도구로 관계를 맺는 것이다. 이런 도구적 관계가 일상 세계에서 존재들이 관계를 맺고 있는 방식이다. 하이데거는 이런 도구적 관계 맺음을 비본래적 삶에 불과하다고 말한다.

하이데거는 일상의 세계와 근원적인 세계가 있다고 말한다. 물론 두 세계가 분리된 것은 아니다. 일상의 세계에서 망치는 근원적인 세계에서도 망치다. 그러나 그 망치를 어떻게 대하느냐, 즉 그 망치와 어떤 관계를 맺느냐에 따라 살아가는 세계가 달라진다. 망치를 못 박을 때나 쓰는 일회용 도구로 생각하면 함부로 쓰다 버릴 것이다. 반면에 망치를 내 몸의 일부로 생각하면 항상 소중히 다루고 절대 함부로 사용하지 않을 것이다. 도구적 관계 맺음이 일상의 세계이고 내 몸과 같이 관계 맺음이 근원적 세계다. 살아가는 세계가 다르므로 세계-내-존재인 인간 역시 달라진다. 하이데거는 일상의 세계를 넘어 근원적인 세계로 가자고 한다. 그것은 비본래적인 삶을 넘어 본래적인 삶을 살아가는 것이다.

양심의 소리에 귀 기울이는 삶

그러면 어떻게 비본래적인 삶과 세계에서 벗어날 수 있을까? 이것은 단순한 결단으로는 안 된다. 사람들은 주변 환경에서 벗어나기 매우 어렵다. 온갖 유혹을 뿌리치는 삶을 사는 것은 대단히 어려운 일이다. 그래서 하이데거는 죽음이라는 극단적인 상황을 상정한다. 죽음은 그 누구도 피할 수 없다. 누구나 죽음을 피할 수 없다는 사실을 알지만 다른 사람의 죽음은 그저 막연하게 받아들인다. 누구나 한 번 태어나면 죽는다는 '자연적인 사건' 정도로 생각하는 것이다. 그러나 자신이 죽음에 직면하면 상황이 전혀 다르다. 죽음에 직면한 사람은 절박한데 주변에서는 '자연적 사건'의 하나로 바라본다. 주변의 누구에게도 기댈 수 없고 홀로 죽음이라는 상황에 직면해야 한다. 이런 상황에 처한 개인을 하이

데거는 '고독자'라고 했다. 고독한 개인은 자기를 되돌아보고 세속적 욕망이 아닌, 자기가 본래 추구하고자 했던 것을 떠올리게 된다. 그래서 죽음에 대한 인식은 삶의 종말이 아니라 새로운 삶의 시작이 된다. 이제까지 추구해왔던 삶이 허망하다는 사실을 깨닫고 삶의 진정한 목표를 세우고 실천하는 삶을 살게 된다는 것이다.

하이데거는 죽음의 상황에 직면하면 본래의 자기를 일깨워주는 '양심의 소리'를 듣게 된다고 했다. 일상적 세계에 안주하는 사람은 양심의 소리에 귀 기울이지 않는다. 일상 세계를 넘어서려는 사람만이 양심의 소리를 귀담아듣는다. 양심의 소리란 사회가 제시하는 도덕법칙이 아니다. 그런 도덕법칙에 자신의 삶을 일치시키려는 태도는 오히려 일상 세계에 매몰된 삶이라고 하이데거는 말한다. 양심의 소리는 본래의 자기를 일깨워주는 소리다. 이 양심의 소리에 귀 기울일 때 인간은 내적인 변혁을 이루게 된다.

하이데거는 우리가 듣게 되는 양심의 소리가 무엇인지에 대해 말하지 않는다. 그 이유는 사람마다 듣게 되는 양심의 소리가 다르기 때문일 것이다. 어떤 양심의 소리를 듣게 되든 본래적 삶을 살려는 노력이 중요하다. 하이데거는 우리에게 '현존재'로서의 삶, 즉 자기 본래적인 삶을 살라고 권유한다. 죽음과 같은 절망의 상황이 닥쳤을 때 자기를 되돌아보는 것이 아니라 일상의 삶 속에서 항시 자기를 되돌아보는 삶을 살라고 촉구한 것이다.

생각 플러스

하이데거는 현존재인 개인이 다른 사람과 함께 있음으로 인해 정체성이 상실된다고 했다. 다른 사람이 즐기는 것을 즐기고, 다른 사람이 판단하는 대로 판단한다는 것이다. 불가리아의 노벨 문학상 작가인 엘리아스 카네티(Elias Canetti) 역시 개인은 군중 속에서 '방전'을 하여 개별적 존재로서의 차이를 해소하고자 한다고 했다. 다음 의 두 글을 읽고 개인과 군중의 관계에 대해 생각해보자.

• • •

현존재는 일상적인 '서로 함께 있음'으로서 타인들에 '예속'되어 있 다. 현존재 자신이 '존재하고' 있는 것이 아니라 타인들이 그에게서 존 재를 빼앗아버렸다. 타인들이 임의로 현존재의 일상적인 존재 가능성 들을 좌우한다. 이때 이러한 타인들은 '특정한' 타인이 아니다. 오히 려 그 반대로, 어느 타인이건 다 그 타인을 대표할 수 있다. 결정적인 것은 오직 '더불어 있음'으로서의 현존재가 뜻하지 않게 떠넘겨 받은 눈에 띄지 않는 타인들의 지배일 뿐이다. …… 공공의 '주위 세계'는 가장 가까운 주위 세계에 그때마다 이미 손 안에 있으며 함께 배려되 고 있다. 대중 교통수단을 사용하든 정보 매체(신문)를 이용하든 타인 은 모두 같은 타인인 셈이다. 이러한 '서로 함께 있음'은 고유한 현존 재를 완전히 '타인'들의 존재 양식 속으로 해체해버린다. 그래서 타인 들의 차별성과 두드러짐이 더욱더 사라져버리게 된다. 우리는 '그들' 이 즐기는 것처럼 즐기며 좋아한다. 우리는 '그들'이 보고 판단하는 것

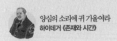

처럼 읽고 보며 문학과 예술에 대해서 판단한다. 우리는 또한 '그들'이 그렇게 하듯이 '군중'으로부터 물러서기도 한다. '그들'이 격분하는 것에는 우리도 '격분한다'. '그들'은 어떤 특정한 사람들이 아니고, 비록 총계로서는 아니더라도 모두인데, 이 '그들'이 일상성의 존재 양식을 지정해주고 있다.

– 하이데거, 《존재와 시간》 중에서

◆ ◆ ◆

군중 내부에서 일어나는 가장 중요한 사건은 '방전(구속 상태에서 해방, 에너지의 폭발과 방출)'이다. 방전이 일어나기 전의 군중은 본질적으로 군중이 아니다. 방전이 있어야만 비로소 군중이 생성된다. 방전의 순간에 군중의 모든 구성원은 그들 사이의 차이를 제거하고 평등을 느끼게 된다. 여기서 차이란 주로 외부에서 주어진 것들, 즉 계급, 신분, 재산 따위의 차이를 말한다. 개별적 존재로서의 인간은 항상 이런 차이를 의식한다. 이 차이는 개개인들에게 중압감을 주고 그들이 상호 고립되도록 강요한다. 인간은 일정하고 안전한 위치에 고고하게 선 채, 온갖 몸짓으로 마치 자신이 남들과 거리를 유지할 권리를 가진 것처럼 주장한다. 인간은 광활한 평원 위에 우뚝 서 있는 풍차와도 같다. 풍차와 풍차 사이에는 간격이 있을 뿐, 다른 아무것도 없다. 모든 삶이 이 간격 속에서 펼쳐진다. 인간이 자기 자신과 재산을 넣어두는 집, 그가 차지한 지위, 그가 바라는 계급, 이 모든 것들이 간격을 만들고 확고하게 하며 확대시킨다. …… 인간은 함께 모임으로써 이러한 간격의 질곡에서 해방될 수 있는데, 이것이 바로 군중 속에서 일어난다. 방전을 통해 온갖 괴리가 사라지고 모든 구성원이 평등감을 느끼게 된다. 몸과 몸이 밀고 밀리는, 틈이라고는 거의 없는 밀집 상태 속에서 각 구성원은 상대를 자기 자신만큼이나 가깝게 느끼게 되며, 결국 커다란 안도감을 느끼게 된다. 아무도 남보다 위대할 것도 나을 것도 없는, 이 축복의 순간을 맛보기 위해 인간은 군중을 형성하는 것이다.

－카네티, 《군중과 권력(Masse und Macht)》 중에서

◆ ◆ ◆

14

질문하라, 대화하라, 토론하라!

가다머 《진리와 방법》

서울대 사상고전 100선에 선정된 핵심 포인트

현대 해석학의 고전으로 불리는 이 책은 해석학을 단순한 문헌 이해의 방법론에서 본격적인 존재론의 철학으로 한 단계 격상시킨 작품으로 평가되고 있다. 모든 이해 현상의 조건을 검토함으로써 근세 자연과학적 방법주의의 객관적 진리 주장이 일면적임을 밝히고 정신과학적 영향작용사의 보편성을 밝히려는 이 저술은 고대 이래 지속되어온 철학과 수사학 사이의 논쟁에서 수사학 전통의 새로운 이론적 근거를 해박하고 정치한 논의를 통해 제공하고 있다.

— 김남두 서울대학교 석좌교수

진리에 이르는 길은 없다

질문에는 긍정적 판단과 부정적 판단이 모두 포함되어 있다. 이런 사실이 질문과 지식의 근본적인 관계를 형성하는 기반이다. 왜냐하면 어떤 것에 대해 올바른 판단을 하는 것뿐만 아니라 잘못된 판단을 배제하는 것이 지식의 본질이기 때문이다. 그러므로 어떤 질문을 하느냐에 따라 지식이 결정된다. 질문을 질문답게 한다는 것은 어떤 가능성을 지지하면서 다른 가능성에 반대하는 근거를 제시하는 일이다. …… 지식이란 항상 그 반대편도 생각해보는 것을 의미한다. 지식은 가능성을 가능성으로 인식할 수 있다는 점에서 선입견보다 우월하다. 지식이란 철저히 변증법적인 것이다. 질문을 하는 사람만이 지식을 가질 수 있다.

가다머(Hans-Georg Gadamer, 1900~2002)는 질문을 통해 진리를 얻을 수 있다고 말한다. 질문을 통한 진리의 획득, 이것이 가다머 철학의 출발이자 결론이다. 가다머의 철학을 흔히 '해석학'이라고 한다. 그리고 가다머를 가리켜 20세기 최고의 철학적 해석학자라고 부른다. 해석학이란 말 그대로 무엇인가를 해석하는 학문이다. 가다머는 해석의 대상을 고전에 두었다. 가다머는 고전을 읽고 해석하면서 자신의 철학을 세워나

질문하라, 대화하라, 토론하라!
가다머 《진리와 방법》

갔다. 고전 해석의 출발이 질문이다. 고전을 읽으며 스스로 질문을 하고 답을 찾아가면서 진리를 알게 된다는 것이 가다머 철학의 핵심이다.

가다머는 하이데거의 제자로도 유명하다. 그는 1922년 프라이부르크 대학교에서 하이데거의 지도로 철학 박사 학위를 받았다. 하이데거는 개개인들이 자신을 되돌아보는 실존적 고민을 통해 본래적인 삶을 살아야 한다고 촉구했다. 가다머는 진리를 추구하는 자세로 하이데거의 철학을 확장했다. 개개인의 생각을 바탕으로 질문을 하고 그에 대한 답을 얻는 과정에서 진리를 추구하자는 것이다. 가다머는 12년간 방대한 양의 고전을 읽고 질문을 하면서 얻은 답을 정리하여 1960년에 《진리와 방법(Wahrheit und Methode)》을 썼다. 이 책의 제목만 보면 진리에 접근하는 방법을 다룬 것처럼 보인다. 하지만 오히려 그 반대다. 가다머는 이 책에서 진리에 접근하는 방법을 제시하는 철학을 비판했다. 진리에 접근하는 방법이 있는 것이 아니다. 단지 질문과 해석이 있을 뿐이다!

선입견은 정당하다

선입견이란 좋은 것일까, 나쁜 것일까? 보통 선입견에 대해 부정적인 인식을 한다. 그래서 우리는 책을 보든 사물을 대하든 선입견을 배제하고 있는 그대로 보아야 한다고 말한다. 이런 사고는 실증주의의 영향을 받은 것이다. 실증주의란 말 그대로 실제의 증거를 가지고 사물을 보자는 주장이다. 그 어떤 주관적 판단도 배제한 채 객관적으로 드러나는 것만으로 판단하고 파악해야 사물의 실체, 즉 진리를 알 수 있다는 것이다. 실증주의는 과학의 발전에 영향을 받아 생겨난 사고 방법이다. 사물을 있는 그대로 관찰하기 때문에 과학은 놀라운 발전을 이룩했다. 그러므로 자연과학의 방법을 모든 학문에 적용하여 과학적으로 진리를 추구하자는 과학주의가 생겨났다. 그 과학주의의 영향으로 나타난 학문의 한 경향이 실증주의다. 실증주의는 철학뿐만 아니라 모든 학문에 영향을 미쳤고 오늘날까지도 지배적인 흐름으로 자리 잡고 있다.

그런데 과연 일체의 주관을 배제한 학문이 가능할까? 가다머는 이 질문에서 출발한다. 그래서 주관성의 대명사와 같은 '선입견'을 재검토했다. 우리는 그 어떤 선입견 없이 사물을 바라볼 수 있을까? 가다머는 결코 그럴 수 없다고 말한다. 오히려 가다머는 선입견의 긍정적 역할에 주목했다. 가다머는 선입견에 대한 부정적인 사고가 '선입견에 대한 선입견'에 불과하다고 보았다. 가다머에 따르면 선입견은 이미 알고 있는 것, 즉 '선(先) 이해'다. 우리가 삼각 연필을 손에 들고 있는 경우를 생각해보자. 우리는 손에 들고 있는 것이 연필이라는 것을 안다. 누군가에게 들었든 책에서 보았든 이전에 직접 보았든 우리는 연필이라는 것이 무엇인지를 안다. 그런데 육각 연필만 있는 줄 알았는데 삼각 연필이 있다는 사실을 알게 되고, 그래서 연필에 대한 지식이 확장된다. 가다머는

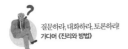

이미 알고 있는 것, 선입견이 있기 때문에 지식의 확장이 가능하다고 보았다.

이렇듯 가다머는 선입견을 정당한 것이라 보았다. 그리고 선입견의 정당성을 권위와 전통에서 찾았다. 가다머가 보기에 권위는 부정적인 것이 아니다. 우리는 전문가의 주장을 귀담아듣는다. 전문가의 주장을 귀담아듣는 이유는 전문가가 우리보다 나은 지식을 가지고 있기 때문이다. 가다머는 전문가의 주장 같은 것을 권위라고 보았다. 그러므로 권위는 명령에 무조건 따르는 맹목적인 복종을 요구하는 것이 아니다. 권위는 우리 자신의 한계를 인식하고 전문가가 우리 자신보다 나은 지식을 가지고 있음을 인정하는 것이다. 그런 권위의 대표적인 형식이 전통이다. 전통은 낡은 것, 시대에 뒤떨어진 것이 아니다. 전통은 과거의 것이지만 우리보다 나은 점이 있음을 인정하고 받아들여야 한다고 가다머는 말했다. 선입견은 권위와 전통을 받아들임으로써 생겨난 것이다. 이런 주장으로 가다머는 근대 철학의 고정관념을 깨뜨렸다.

가다머는 선입견과 권위 그리고 전통에 대한 긍정을 통해 인간이 시대적, 상황적 존재임을 말하고자 했다. 하이데거식 용어로 말하면 인간은 세계-내-존재라는 것이다. 따라서 인간은 어떤 세계에 사느냐에 따라 알고 있는 것, 생각하는 것이 달라진다. 우리나라 사람과 아프리카 오지의 원주민은 지식과 생각에서 같을 수 없다. 선입견은 자신이 살고 있는 세계의 문화, 전통, 지식 등에 의해 형성된다. 이 선입견을 가지고 사람들은 사건을 대하고 사물을 바라본다. 〈부시맨〉이란 영화에 등장하는 빈 콜라병을 보자. 콜라병은 서양인의 관점에서는 갈증 해소를 위해 마시고 버린 쓸모없는 빈 병에 불과하지만 그 병을 주운 부시맨들의 관점에서는 신의 선물이다. 각자의 선입견으로 콜라병을 바라본 것이다. 이 사례는 각자가 살고 있는 세계의 문화와 전통에 따라 선입견이 달라짐을 알려준다.

대화는 우리의 무지함을 알려준다

그러면 모든 선입견이 올바르다는 말인가? 가다머는 그렇지 않다고 말한다. 가다머는 선입견을 올바른 선입견과 잘못된 선입견으로 구분했다. 문제는 그 두 가지를 어떻게 구별할 것인가 하는 점이다. 가다머는 '시간적 거리 두기'를 통해 구별이 가능하다고 했다. "잘못된 이해로 인해 생겨난 잘못된 선입견과 정당한 이해를 통해 형성된 올바른 선입견을 구별하는 것은 시간적 거리를 둠으로써 가능하다." 지금 눈앞에서 벌어지고 있는 일에 대해 정당한 이해를 하는 것은 쉽지 않다. 그러나 시간적 거리가 있는 일에 대해서는 정당한 이해를 할 수 있다. 이렇게 시간적 거리를 두고 이해하는 일을 가다머는 '역사의식'이라고 했다.

　가다머가 전통을 긍정적으로 보는 이유도 여기에 있다. 전통은 시간

적 거리가 있는 것이므로, 전통에 대해 질문하고 해석함으로써 정당한 이해를 얻고 새로운 전통을 만들어갈 수 있다는 것이다. 우리는 선입견을 가지고 사물을 바라볼 수밖에 없다. 그러나 그 선입견이 올바른 것인지 잘못된 것인지를 검증해야 한다. 고전을 읽으면서 선입견에 따른 질문을 하고 그 질문에 대한 답을 얻어가는 과정을 통해 우리의 선입견이 정당한 것인지를 검증해야 한다.

가다머는 질문 못지않게 대화를 중요시한다. 사람마다 선입견이 다르기 때문이다. 같은 책을 읽더라도 서로의 해석이 다르다. 그러면 누구의 해석이 올바른가? 그것을 아는 길은 대화밖에 없다. 가다머는 이렇게 말한다. "이해란 무엇보다도 의견 일치다. 그래서 사람들은 통상 서로 직접적으로 이해하거나 의견 일치에 이를 때까지 의사소통을 계속한다. 따라서 이해에 도달한다는 것은 항상 무엇에 대한 이해에 도달하는 것이다."

대화를 통해 의견 일치를 이루면 정당한 이해가 된다. 그러나 의견 일치를 이루지 못한다면 대화를 계속해야 한다. 대화는 대화를 하는 당사자들이 서로 이해해가는 과정이다. 대화를 하려면 상대방의 관점을 고려할 만한 가치가 있는 것으로 인정해야 한다. 나와 대화를 하는 상대방의 주장은 내 입장에서는 이질적이거나 대립적이다. 그렇지만 상대방의 주장에 대해 그 가치를 인정해야 대화가 이루어지고 의견 일치가 가능해진다. 그래서 대화할 때는 열린 자세가 중요하다. "다른 사람이 말할 때 그의 주장을 간과하지 말고 귀 기울여 들어야 한다. 그러려면 개방적인 자세가 필요하다. 이 개방성은 말하는 사람에게나 듣는 사람에게나 모두 필요하다."

대화는 최종적인 결론을 얻고자 하는 것이 아니다. 대화는 항상 새롭고 보다 나은 이해를 도와주는 것이다. 가다머는 대화의 모범적인 사례로 소크라테스의 대화법을 들었다. 소크라테스는 대화를 통해 사람들을 보편적 진리 같은 완전한 결론에 이끌려고 하지는 않았다. 대신 대화를 통해 사람들이 이미 알고 있는 것을 의심해보게 했다. 사람들이 자신은 무지하다는 사실을 계속 확인하게 했다. 대화는 탐구의 종결이 아니라 탐구하고자 하는 문제에 대해 자신이 모른다는 사실을 깨닫고 계속 탐구하게 하는 원동력이다.

가다머는 진리에 이르는 가장 확실한 방법을 제시했다고 주장하는 실증주의에 반대한다. 이른바 과학적 방법을 통해 획득한 객관성이란 그 방법이 전제로 삼고 있는 선입견과 마찬가지로 부적절하다. 진리에 이르는 객관적 방법은 없다. 이미 가진 생각, 즉 선입견을 가지고 질문하고 대화하면서 진리를 알아갈 뿐이다. 그래서 가다머는 말한다. "질문과 대화와 토론은 그 자체가 이성의 진보를 촉진한다."

질문하라, 대화하라, 토론하라!
가다머 《진리와 방법》

생각 플러스

가다머는 '선입견'에 대한 선입견을 버리라고 말했다. 일체의 주관을 배제한 학문은 가능하지 않기 때문이다. 반면에 영국의 철학자 베이컨은 일체의 선입견, 즉 우상을 파괴하라고 주장했다. 다음의 두 글을 읽고 선입견을 어떻게 바라보아야 할지 생각해보자.

◆ ◆ ◆

가다머는 선입견을 정당한 것이라 보았다. 그리고 선입견의 정당성을 권위와 전통에서 찾았다. 가다머가 보기에 권위는 부정적인 것이 아니다. 우리는 전문가의 주장을 귀담아듣는다. 전문가의 주장을 귀담아듣는 이유는 전문가가 우리보다 나은 지식을 가지고 있기 때문이다. 가다머는 전문가의 주장 같은 것을 권위라고 보았다. 그러므로 권위는 명령에 무조건 따르는 맹목적인 복종을 요구하는 것이 아니다. 권위는 우리 자신의 한계를 인식하고 전문가가 우리 자신보다 나은 지식을 가지고 있음을 인정하는 것이다. 그런 권위의 대표적인 형식이 전통이다. 전통은 낡은 것, 시대에 뒤떨어진 것이 아니다. 전통은 과거의 것이지만 우리보다 나은 점이 있음을 인정하고 받아들여야 한다고 가다머는 말했다. 선입견은 권위와 전통을 받아들임으로써 생겨난 것이다.

－본문 중에서

◆ ◆ ◆

중세, 아리스토텔레스의 그림자가 드리우지 않은 곳은 없었다. 그의 그림자는 넓고 깊었다. 과학도 철학도 모두 아리스토텔레스의 사상에 기반하고 있었다. 그의 사상은 하나의 권위를 형성했고 그에 의존하지 않고는 논리를 전개하기 힘들었다. 학문과 사상에서 아리스토텔레스는 이미 독재자가 된 것이나 다름없었다. …… 여기에서 문제는 아리스토텔레스가 아닌 그 권위의 그늘 아래에서 나아가지 않으려는 철학자들이다. 모든 것을 아리스토텔레스로 설명하려 했기에 철학은 아리스토텔레스학으로 변모하기에 이르렀다. 그러므로 베이컨은 이제까지의 모든 철학에서 벗어나야 한다고 생각한다. …… 베이컨은 새로운 철학에 이르는 첫 단계를 '지성의 정화'라고 말한다. 지성의 정화는 곧 '우상'의 타파다. 베이컨이 말하는 우상은 현실로 착각된 그림, 사물로 착각된 사상을 의미한다. 여기에 오류의 원천이 있으며, 따라서 논리학의 첫 과제는 오류의 원천을 찾아 막아내는 것이다. 이런 우상을 베이컨은 네 가지로 들고 있다. 종족의 우상, 동굴의 우상, 시장의 우상, 극장의 우상이 그것이다.

－황광우, 《철학하라》 중에서

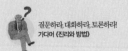

질문하라, 대화하라, 토론하라!
가다머 《진리와 방법》

15

'관심'에 관심을 갖자

하버마스 《인식과 관심》

서울대 사상고전 100선에 선정된 핵심 포인트

하버마스는 비판적 사회 이론가로서 현대 독일철학을 대표하는 철학자다. 《인식과 관심》에서 하버마스는 콩트(Auguste Comte)로부터 시작하여 20세기 논리실증주의에 이르기까지 서양의 인식론을 주도한 이른바 '실증적 인식론'을 강하게 비판하고 있다. 하버마스에 의하면 실증적 인식론의 문제점은 그것이 선진 산업사회에서 볼 수 있는 과학적 지식의 일방적 기능화를 초래했다는 점이다. 그는 이 문제가 극복되기 위해선 자기반성과 관심의 조화 속에서 지식이 추구되어야 한다고 주장한다.

― 김효명 전 서울대학교 명예교수

독일의
철학 전통과 갈라서다

표현주의의 세계로, 영문학의 세계로, 동시대의 사르트르와 프랑스 좌파 기독교 계열의 철학으로, 프로이트로, 마르크스로, 그리고 독일인들의 재교육에 결정적인 영향을 미친 제자들을 두었던 듀이의 실용주의로 들어가는 문들이 우리에게 갑자기 열렸다. 또한 현대 영화들이 우리에게 흥미로운 메시지를 던져주었다. 모더니즘의 해방 정신과 혁명 정신이 몬드리안의 구성주의 회화, 바우하우스 건축술의 기하학적 형상 그리고 순수한 산업디자인을 통해 모습을 드러냈다. 서방세계로의 문화적 개방이 서방세계로의 정치적 개방과 맞물려 진행되었다. 나에게는 자유주의보다 민주주의가 매력적인 말이었다. 나는 모더니즘의 개척자적 정신과 해방의 전망이 결합한 사회계약론의 정치적 구성물들이 대중적인 형태로 등장하고 있음을 알았다.

하버마스(Jürgen Habermas, 1929~)는 〈공공 영역과 정치적 공론장〉에서 제2차 세계대전 직후 독일의 지적, 문화적, 정치적 상황에 대해 썼다. 패전으로 나라는 초토화되고 전범들에 대한 단죄가 진행되는 어수선한 정세에 다양한 사조의 지적, 문화적, 정치적 경향들이 독일에 몰려들어

'관심에 관심을 갖자
하버마스 《인식과 관심》

왔다. 그 모든 것들은 새로운 독일에 대한 국민적 열망과 연결되었다.

그때 하버마스는 십대 후반의 청소년이었다. 불과 몇 년 전 열다섯 살의 소년 하버마스는 히틀러를 찬양하는 소년단인 히틀러유겐트(Hitler-Jugend)에 들어가 6개월가량 복무했다. 전쟁이 끝난 뒤 뉘른베르크 전범 재판이 열리자 하버마스는 자기 행동의 의미를 깨닫게 되었다. 소년 하버마스는 깊은 성찰과 자기반성을 하면서 비판적 지식인으로 성장하기 시작했다. 스물다섯 살 때 하버마스는 또 한 번 정신적 충격을 받았다. 그해에 하이데거의 《형이상학입문(Einfuehrung in die Metaphysik)》이 출판되었다. 하이데거는 히틀러 정권에 참여했다가 비판을 받고 절반쯤 은퇴했음에도 여전히 철학계에 상당한 영향력을 미치고 있었다. 하이데거의 책은 1935년 프라이부르크 대학교에서 했던 강의 내용을 모아놓은 것이었고 하버마스는 그 책에서 히틀러에 대한 옹호와 나치즘의 부활 의지를 읽을 수 있었다. 하버마스는 하이데거가 아무런 성찰과 반성 없이 그런 책을 출판했다는 사실을 이해할 수도 없었고 또한 인정할 수도 없었다.

하버마스는 신문 지상에 글을 발표하여 하이데거의 정치의식에 대해 준엄한 비판을 했다. 그와 동시에 하이데거 등으로 대표되는 독일의 철학적 전통과 갈라섰다. 하버마스는 독일의 철학적 전통을 계승했다는 자들이 대중을 경멸하고 절대자나 비범한 인물을 찬양하면서 대화, 평등, 자율적 결정을 거부하고 침묵과 명령 그리고 복종 등을 강요한다고 보았다. 하버마스는 하이데거에 대한 비판을 계기로 철학보다는 부르주아사회에 대한 분석과 비판에 치중하여 다량의 논문과 저서를 발표했다. 《인식과 관심(Erkenntnis und Interesse)》은 하버마스가 드물게 쓴 철학 저서로 1968년에 출판되었다.

생활세계 내의 의사소통

하버마스의 일차적 관심사는 부르주아사회의 변화였다. 하버마스는 부르주아사회의 변화를 세밀하게 추적하면서 변화의 원동력이 무엇인지 탐구했다. 하버마스는 탐구의 결과를 '공론장 이론'으로 체계화했다. 공론장이란 무엇인가? 하버마스는 국가적 사안을 토론하는 공간을 공론장이라고 불렀다. 이 공간에서 토론을 통해 여론이 형성되고 여론을 통해 부당한 공권력에 도전했다. 하버마스는 유럽에서 자본주의가 발전하면서 카페, 살롱 같은 모임 공간이 늘어났고 이 공간에서 다양한 문제들에 대해 토론하면서 공론장이 생겼다고 보았다. 하버마스는 《공론장의 구조 변동(Strukturwandel der offentlichkeit)》에서 정치적 기능을 하는 공론장이 18세기 영국에서 처음 생겨났다고 말했다. "정치적으로 기능하는 공론장은 18세기로 넘어가는 문턱에 영국에서 처음으로 생겨났다. 국가권력에 영향력을 행사하는 세력들이 공론장에서 토론하는 공중(公

衆)에 호소하여 자신들의 요구를 정당화했다."

그러나 하버마스는 20세기 후반에 들어서서 부르주아사회의 공론장
이 붕괴되었다고 했다. 국가의 역할이 확대되고 공론장의 여론에 귀 기
울이던 정당들이 자기 역할을 하지 못하면서 공론장이 사라졌다는 것
이다. 대중매체의 발전이 공론장을 확대한 것 아니냐는 시각에 대해서
도 하버마스는 비판적이다.

> 대중매체에 의해 만들어진 세계는 표면적으로만 공론장이다. 대중
> 매체가 그 소비자에게 보증하는 사적 영역의 고결함도 환상이다. 18
> 세기 부르주아 독서 대중은 친밀하게 서신 왕래를 했고 여기에서 생
> 겨난 심리소설과 단편소설을 읽음으로써 문학 능력을 갖추는 동시
> 에 주체성을 길렀다. …… 오늘날 대중매체는 시민들로부터 문학적
> 외피를 벗겨버렸다.

공론장이 붕괴했다면 미래에 대한 전망이 어두운 것인가? 하버마스
는 그렇지 않다고 말한다. 하버마스가 대안으로 제시한 것은 '생활세계
내의 의사소통'이다. 삶의 현장에서 토론을 하고 여론을 형성할 수 있다
는 것이다. 하버마스는 생활세계 내의 의사소통에 기초한 사회운동에
주목한다. 《의사소통행위이론(Theorie des kommunikativen Handelns)》에서
하버마스는 이렇게 썼다.

비판적인 사유를 통한 자기반성이 있다면 우리 사회는
희망적이다.

저항운동에는 전통적인 사회의 소유와 서열관계를 방어하려는 운동과 생활세계의 토대 위에서 새로운 형식의 협동과 공동생활을 시험하려는 운동이 있다. …… 후자의 예로는 생태와 평화에서 시작하여 성장에 대한 비판으로 발전한 청년운동과 대안운동 같은 것들이 있다.

하버마스가 주목하는 운동을 '신사회운동'이라 부른다. 하버마스의 공론장 이론과 생활세계 내의 의사소통 이론은 우리나라의 시민운동에도 영향을 미치고 있다.

인식은
관심에서 생긴다

《인식과 관심》은 하버마스의 사회 이론을 떠받치는 철학적 토대다. 하버마스는 이 책에서 '인식과 관심의 연관성'에 대해 다루면서 새로운 인식론을 정립하고자 했다. 하버마스는 칸트에 의해 정립된 인식론이 헤겔과 마르크스에 의해 붕괴되었다고 보았다.

헤겔은 칸트에 대립하여 인식의 현상학적 자기반성을 철저한 인식 비판의 필연성으로 증명할 수 있었다. 그러나 헤겔은 동일한 철학적 전제 때문에 편견에 사로잡혀서 일관성을 가지고 철저히 인식 비판을 하지 못했다. 마르크스는 헤겔적인 자기반성의 과정을 받아들여 역사적 유물론을 정립했다. 그러나 마르크스는 헤겔의 계획을 오해했으며, 결국 인식론을 붕괴시키고 말았다.

하버마스는 인식론이 붕괴한 후에 그 자리에 들어선 것이 실증주의라고 보았다. 실증주의는 자연과학의 방법을 인문학 등 모든 학문에 적용하자는 주장이다. 하버마스는 인문학에 자연과학적 방법을 적용할수 없다면서 실증주의에 반대했다. 하버마스는 《사회과학의 논리》에서 사회적 규범은 자연의 법칙에 의존하지 않는다는 점을 분명히 했다.

사회적 규범의 의미는 자연의 법칙에 의존하지 않으며, 자연의 법칙 또한 규범적 의미에 의존하지 않는다. 가치판단의 규범적 내용은 사실 확정의 기술적 내용에서 끄집어낼 수 없으며, 기술적 내용 또한 규범적 내용에서 끄집어낼 수 없다. 존재의 영역과 당위의 영역은 엄격히 분리되어 있다. 기술적 언어의 명제는 규범적 언어로 번역할 수 없다.

하버마스는 새로운 인식론을 정립해야 한다는 필요성을 느끼고 '관심'에 대해 다루었다. 하버마스는 인간의 모든 지식이 일상적 삶에서 발생하는 관심과 연결되어 있다고 보았다. 인간은 노동을 하면서 '기술(技術)적 관심'을 가진다. 기술적 관심을 통해 인간은 자연을 인간의 삶에 편리하도록 통제하려 한다. 실증적 경험과학이 이 영역에 속한다. 다음으로 인간은 일상적 삶 속에서 다른 사람에 대한 이해를 목표로 하는 '실용적 관심'을 가진다. 실용적 관심은 언어를 통해 나타난다. 역사학, 해석철학 등이 이 영역에 속한다. 하버마스는 기술적 관심과 실용적 관심을 구분함으로써 자연과학과 사회과학을 구분한다. 이 구분을 통해 하버마스는 다시 한 번 실증주의가 잘못된 주장임을 보여주고자 했다.

하버마스의 관심은 '기술적 관심'과 '실용적 관심'이 아니다. 하버마스는 '해방적 관심'에 관심을 기울였다. 해방적 관심은 모든 형태의 지배와 억압으로부터 벗어난 자유로운 존재로서의 인간을 꿈꾸는 것이다. 하버마스는 자신의 철학이 해방적 관심과 결부되어 있다고 말한다. 그렇다면 인간은 어떻게 억압에서 벗어날 수 있을까?

하버마스는 마르크스와 프로이트의 이론을 비교했다. 하버마스에 따르면 마르크스는 인간이 물질과 허위의식에 억압되어 있으므로 노동과 반성적 사유를 통해 물질과 허위의식에서 벗어날 수 있다고 보았다. 하버마스가 보기에 노동을 통해 물질적 구속에서 벗어날 수 있다는 주장은 해방적 관심이 아니라 기술적 관심이다. 반성적 사유를 통해 허위의

식에서 벗어나자는 주장은 해방적 관심이지만 반성적 사유의 측면에서 프로이트의 이론이 더 유용하다고 하버마스는 생각했다.

프로이트는 인간이 무의식적 억압 상태에 있다고 보았다. 그리고 무의식적 억압으로부터 벗어나는 길은 무의식을 의식의 차원으로 끌어낼 수 있는 의사와 환자 사이의 의사소통이라고 했다. 하버마스는 프로이트의 이론에 주목했다. 하버마스는 사회 이론가가 의사의 역할을 담당하여 인간이 사회에서 자신의 고유한 위치를 구성하도록 도와야 한다고 보았다. 그렇게 함으로써 인간은 모든 억압에서 벗어난 자유로운 존재가 될 수 있다는 것이다.

하버마스는 《인식과 관심》에서 비판적 사유의 힘과 의사소통을 강조했다. 비판적 사유를 통한 자기반성 그리고 의사소통을 통한 해방적 관심의 환기는 하버마스가 부르주아사회를 분석하고 비판하는 밑바탕이 되었다. 인간의 일상적 삶을 좌우하는 것은 사회다. 사회가 억압적이면 인간은 인간으로서의 일상적 삶을 살지 못하고 소외된 삶을 살 수밖에 없다. 그래서 하버마스는 부르주아사회에 관심을 가지고 그 사회의 변화를 추적했다. 인간 소외의 극복, 자유와 해방의 실현은 사회를 진보적 방향으로 변화시킴으로써 가능하기 때문이다.

생각 플러스

하버마스는 비판적 사유를 통한 자기반성, 그리고 의사소통을 통한 해방적 관심의 환기를 주장했다. 의사소통 행위가 중요한 이유는 아리스토텔레스가 말한 것처럼 인간은 정치적 동물이기 때문이다. 다음의 두 글을 읽고 진정한 의사소통이 무엇인지에 대해 생각해보자.

◆ ◆ ◆

인간은 태어날 때부터 정치적 동물이다. …… 어째서 인간이 다른 모든 동물들, 그리고 꿀벌이나 군집 생활을 하는 다른 동물들보다 한층 더 정치적인가 하는 점도 분명하다. …… 동물들 중에 언어를 가지고 있는 것은 오로지 인간뿐이기 때문이다. 단순한 소리라면 그것은 기쁨이나 괴로움을 표시하는 징표이기 때문에 다른 동물들도 마찬가지로 가지고 있다. …… 그러나 언어는 유리한 것이나 해로운 것, 따라서 올바른 것과 그렇지 못한 것을 분명하게 하기 위해서 존재하는 것이다. 왜냐하면 이 점, 즉 선, 악, 올바름, 사악함 등에 대해서 지각을 가진다는 점이 다른 동물에 비해서 인간에게만 고유한 것이기 때문이다. 그리고 가정이나 국가를 만들 수 있는 것은 이러한 선, 악 등에 관한 공통된 지각을 가지고 있다는 점에 의해서다.
　　　　　　　　　　　　　　－아리스토텔레스, 《정치학》 중에서

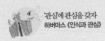
'관심에 관심을 갖자
하버마스 《인식과 관심》

사람은 누구나 자기 의견을 주장할 수 있는 능력을 지니고 있다. 이 점에서 사람은 누구나 혼자이면서 의사소통 공동체의 구성원으로 존재한다. 이것이 '이상적인 의사소통 공동체'가 의미하는 바다. 자기 의견의 주장자들 사이에 요구되는 합의는 현실적 공동체의 경계를 넘어서야 도달할 수 있다. 그럼에도 서로에 속하여 있음에서 오는 사회적 유대감은 토론 속에서 손상되지 않고 유지된다. 다음의 두 가지 사항에 의거하여 보면 토론에 의해 합의가 가능하다. 하나는 '예' 또는 '아니요'를 말할 수 있는 개인의 권리이고, 다른 하나는 자기중심적 관점을 극복할 수 있는 가능성이다. 비판 가능한 주장에 대해 '예' 또는 '아니요'라고 할 수 있는 개인의 자유가 없다면 동의는 진정으로 보편적인 것이 될 수 없다. 그리고 서로 공감할 수 있는 감수성이 없다면 오랜 토론을 거치며 심사숙고해도 보편적 동의에 도달할 수 없을 것이다. 이처럼 개인은 양도할 수 없는 자율성을 지닌 동시에 상호 주관적으로 공유되는 관계망의 구성원이다. 이 두 국면은 내적으로 연결되어 있으며, 토론을 통한 결정 절차에서는 바로 이런 연결관계가 고려되어야 한다.

－하버마스, 《도덕의식과 의사소통행위(Moralbewuβtsein und kommunikatives Handeln)》 중에서

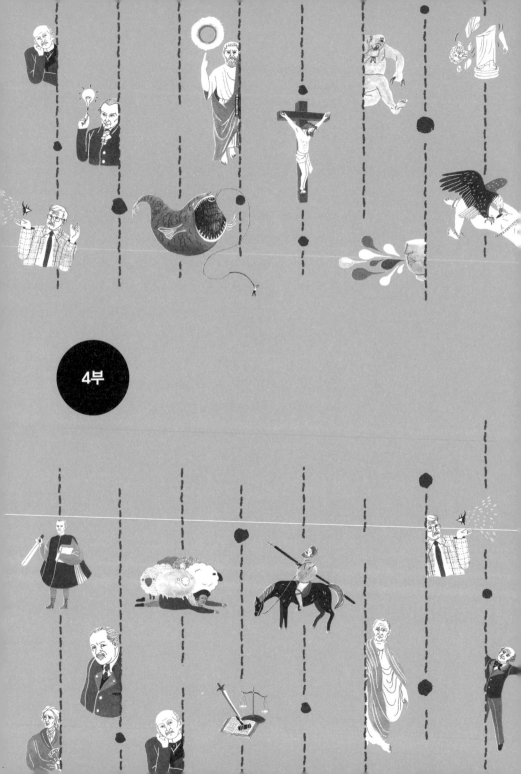

4부

국가의 탄생

국가의 탄생

〈변호인〉이란 영화에 나오는 한 줄의 대사가 대단한 화제를 불러일으킨 적이 있다. 주인공인 변호사가 법정에서 외쳤다.

"대한민국의 주권은 국민에게 있고 모든 권력은 국민으로부터 나온다. 국가란 국민입니다."

동양의 공자도 서양의 플라톤도 국가에 대해 많은 얘기를 했다. 그들 철학자의 주된 관심은 지도자였다. 공자는 지도자를 군자라 불렀고 플라톤은 철인이라 불렀다. 그 두 철학자는 공통적으로 인간의 도리를 아는, 철학적 능력이 있는 지도자가 다스리는 국가가 이상 국가라고 했다.

근대에 들어 국가에 대한 관심은 지도자가 아니라 국민으로 바뀌었다. 그래서 국가의 주권은 국민에게 있고 모든 권력은 국민으로부터 나온다는 정치철학이 탄생했다.

4부에서는 근대 국가 탄생의 기초가 된 다섯 편의 글을 해설했다. 토머스 모어의 《유토피아》, 존 로크의 《통치론》, 루소의 《사회계약론》, 존 스튜어트 밀의 《자유론》, 롤스의 《정의론》이 그것이다. 국가에 대한 글은 많지만 이 다섯 편을 선택한 이유는 이 글들이 제시하고 주장하는 내용이 오늘날 국가와 정치의 토대를 이루고 있기 때문이다.

토머스 모어는 이상적 사회, 이상적 국가란 무엇인지 보여주었다. 모어는 함께 노동하고 함께 나누는 사회를 이상적이라고 보았다. 로크와 루소는 모두 사회계약론을 주장했다. 자연 상태의 인간이 계약을 맺어 국가를 이루었다는 것이 그들의 공통된 논지다. 다만 로크는 권력의 분립을 주장하는 반면에 루소는 일반의지인 권력을 나눌 수 없다고 주장한 점에서 차이가 난다. 그렇지만 로크와 루소가 민주주의의 사상적 토대를 놓은 것만은 분명하다. 밀은 자유를 옹호한다.

밀은 타인에게 영향을 주지 않는 행동에 대해서는 완전히 자유가 인정되어야 한다고 했고, 특히 언론과 사상의 자유를 강력하게 옹호했다. 롤스는 정의에 입각한 국가를 주장한다. 롤스가 보기에 정의의 핵심은 공정이다. 롤스의 주장은 불공정, 불평등이 여전히 문제가 되고 있는 국가나 사회에 대한 강력한 비판이 되고 있다.

1789년 프랑스 대혁명 당시 제기된 자유, 민주, 박애는 인류의 보편적 가치로 자리 잡고 있다. 자본주의의 발전에 따라 불평등이 확대되고 정의에 대한 관심이 높아지면서 정의 역시 보편적 가치로 자리 잡아가고 있다. 자유, 민주, 정의! 이들이 인류의 보편적 가치로 자리매김했지만 인류는 여전히 자유, 민주, 정의를 향한 투쟁을 하고 있다.

16

찾아야 할 곳에 대한 영원한 손짓

모어 《유토피아》

서울대 사상고전 100선에 선정된 핵심 포인트

유토피아 문학의 실질적인 시작이고 모델인 이 작품에서 모어는 모든 문학 행위의 기본적 충동이기도 한 이상 세계에 대한 지향과 현실 세계에 대한 비판을 구조적 원칙으로 삼아 그 둘이 서로 불가분의 관계에 있음을 극명하게 보여주고 있다. 이 작품이 보여주는 '유토피아적 비전'은 르네상스와 종교개혁의 격동기였던 16세기 유럽에서 활동하던 한 휴머니스트가 보여주는 새로운 국가형태와 종교, 새로운 인간상과 가치체계의 구체적인 청사진으로서 후대의 개혁 사상에도 창조적인 영향력을 행사해왔다.

―이종숙 서울대학교 영문학과 교수

유토피아라고 불리는
새로운 섬

> 그 섬은 중앙 지대가 가장 넓으며 그 폭은 약 200마일(1마일은 약 1.6
> 킬로미터)입니다. 섬 전체는 양쪽 끝을 제외하고는 대개 폭이 비슷하
> 며 양쪽 끝으로 갈수록 좁아지고 굴곡이 져서 마치 컴퍼스로 둘레가
> 500마일인 원을 그려놓은 것과 같습니다. 그러므로 이 섬은 초승달
> 모양이고 그 끝은 약 11마일 넓이의 해협에 의해 갈라져 있습니다.
> …… 이 섬에는 같은 언어, 법률, 관습, 제도를 가진 54개의 훌륭한
> 도시가 있습니다. …… 그들은 토지를 경작해야 할 땅으로 생각하지
> 소유하는 재산으로 생각하지 않습니다.

모어(Thomas More, 1478~1535)는 《유토피아(Utopia)》의 2부를 이렇게 시
작했다. 유토피아란 말은 원래 그리스어 '유(ou: 없다)'와 '토포스(topos:
장소)'의 복합어로서 '어디에도 없는 땅'이라는 말이었다. 그런데 모어의
《유토피아》가 발표된 이후 유토피아는 '이상향(理想鄕)'을 뜻하는 말이
되었다. 《유토피아》는 이상적인 섬에 관한 이야기였기 때문이다. 그곳
은 땅이 기름지고 경관이 아름다운 곳이 아니라 누구나 살고 싶은 사회
적 환경과 제도가 펼쳐지는 곳이다.

그러면 모어는 왜 이상향을 그렸을까? 사실 모어는 이상향을 그릴 필

요가 없는 삶을 살았다. 모어는 영국에서 태어나 옥스퍼드 대학교를 졸업하고 스물한 살 때 변호사가 되었다. 그리고 정부 요직을 두루 거쳐 쉰세 살에 대법관이 되었다. 모어가 맡은 대법관은 요즘 말로 하면 국회의장과 대법원장과 국무총리를 모두 합한 최고 권력이었다. 당시 영국에서 성직자가 아닌 사람으로 이 직위에 오른 것은 모어가 처음이었다.

모어가《유토피아》를 집필한 것은 1515년이었다. 당시 모어는 영국의 양털 수출을 위해 플랑드르에서 협상 중이었다.《유토피아》의 원제목은 '사회생활에서 최선의 상태에 대한, 그리고 유토피아라고 불리는 새로운 섬에 대한 유익하고 즐거운 저서'다.

모어가 이 세상 어디에도 없는 유토피아에 대해 쓴 것은 현실 때문이었다. 유토피아 사람들은 "토지를 경작해야 할 땅으로 생각하지 소유하는 재산으로 생각하지 않습니다"라는 대목에는 현실에 대한 비판이 담겨 있다. 당시 영국의 영주와 대지주는 자신들의 사유지를 넓히는 데 혈안이 되어 있었다. 그들은 개방지, 공동 방목지, 황무지 등 어떤 토지든 가리지 않고 토지의 경계에 벽과 울타리를 쌓으며 사유지를 넓혔다. 농민들은 토지에서 쫓겨났다. 쫓겨난 농민들은 걸식하며 유랑하는 빈민으로 전락했다. 이런 사태가 일어난 이유는 양(羊) 때문이었다. 그래서 모어는 "양이 사람을 잡아먹는다"고 말했다.

양이 사람을 잡아먹는다

모어는 《유토피아》 1부에서 당시 농민들이 처한 처참한 삶의 현장을 고발했다. 당시 영국과 플랑드르에서 모직공업이 발전하면서 양털 값이 폭등했다. 영국의 영주와 대지주들은 밀밭을 초지로 바꾸어 양 떼를 키우기 시작했다. 그들은 자신들의 사유지에 울타리를 치고 둘러막았다. 그래서 그런 현상을 울타리치기 운동, 즉 인클로저 운동(enclosure movement)이라고 불렀다. 영주와 대지주들이 울타리를 치기 시작하면서 수많은 농민들이 토지에서 쫓겨났다. 농민들은 기만, 협박, 학대에 못 이겨 자신의 토지를 포기했다.

빈털터리로 쫓겨난 농민들은 살 곳을 찾지 못하고 떠돌이 생활을 했다. 그러나 떠돌이 생활도 쉬운 일이 아니었다. 떠돌이 생활을 하다 붙잡히면 태형을 당했다. 달구지 뒤에 묶여 피가 나도록 매를 맞아야 했다. 두 번째로 잡히면 귀가 잘렸다. 세 번째로 잡히면 공동체의 적으로 간주되어 사형을 당했다. 모어가 살았을 당시 떠돌이 생활을 하다 사형당한 사람이 7만 2000명이나 되었다. 먹고살 길이 없는 사람들은 도둑질을 했다. 도둑질하다 잡히면 사형을 당했다. 매년 300명 이상이 절도죄로 사형을 당했다.

모어는 탄식했다. 가혹한 형벌을 가한다고 해도 효과가 없었다. 선량한 농민들이 떠돌이가 되고 절도범이 되는 이유는 영주와 대지주들의 탐욕 때문이었다. 농민들의 비참한 삶을 개선할 대책을 세우지 않는다면 농민들은 계속 떠돌 수밖에 없고 절도범이 될 수밖에 없었다. 실제로도 가혹한 처벌을 했음에도 떠돌이와 절도범은 더욱 늘어났다.

그래서 모어는 분노하며 외쳤다. "이런 병폐를 없애십시오. 농장과 농촌을 파괴하는 자들에게 농장과 농촌을 복구하게 하십시오. 아니면 농장과 농촌을 파괴하는 자들에게 땅을 넘기지 못하게 하십시오. 부자들이 모든 것을 매점하여 독점하지 못하도록 규제하십시오."

그러나 현실은 변하지 않았다. 기득권층의 힘은 공고하다. 그들은 자신이 가진 것을 내놓으려 하지 않았다. 현실에서 현실을 바꾸는 것은 불가능했다. 그래서 모어는 새로운 세계를 그려내는 방법을 선택했다. 모어는 현실과 다른 새로운 세상을 보여주기 위해 유토피아로 여행을 시작했다.

여섯 시간만
일하면 되는 나라

모어가 그린 '유토피아'는 영국의 절반 크기의 섬이다. 유토피아의 인구는 6000세대다. 유토피아 사람들은 어떤 생활을 할까? 유토피아에서는 덕(德)이 존중되기 때문에 몇 개 안 되는 법률로 만사가 순조롭게 운영

된다. 그리고 모든 것을 공동소유하기 때문에 사람들은 결핍의 두려움이 없다.

> 유토피아에서는 모든 것이 공동소유이기 때문에 공동 창고가 가득 차 있는 한, 결핍을 두려워할 필요가 없습니다. 누구나 공정한 분배를 받기 때문에 가난한 사람이나 거지가 있을 수 없습니다. 재산을 가진 사람은 하나도 없으나 누구를 막론하고 부자입니다. 이런 나라에서 쾌활함, 마음의 평화, 불안으로부터의 해방보다 더 큰 재산이 무엇일까요? 식량 공급을 걱정하거나 아내의 애처로운 요구에 마음이 상하거나 딸의 지참금을 마련하기 위해 애쓸 필요가 없습니다. 따라서 유토피아 사람들은 자신과 아내, 자식, 손자, 증손자, 고손자, 그리고 귀족 집안에서 바라는 대로 기나긴 가계도의 모든 후손들이 대가 이어지더라도 항상 먹을 것이 충분하고 언제나 행복할 것임을 확신할 수 있습니다. 나이가 들어 일을 못하게 되더라도 아직 일하고 있는 사람들과 마찬가지로 장래가 보장됩니다.

유토피아에서 추구하는 것은 단지 생활의 안정만이 아니다. 오히려 사람들의 정신세계를 계발하는 활동을 장려한다. 경제활동은 사회적 필요를 충족시키는 것으로 족하다. 유토피아에서는 노동시간을 최대한 줄여 자유 시간을 늘리고, 자유 시간에 덕에 대해서 그리고 행복에 대해서 토론을 하라고 한다.

유토피아 사람들은 오전에 세 시간, 오후에 세 시간 등 하루 여섯 시간 노동을 한다. 나머지 시간은 취미에 따라 자유롭게 보낸다. 하루 여섯 시간만 노동하면 충분한 이유는 무엇일까? 유토피아는 농업을 근간으로 한다. 남녀에 관계없이 누구나 농사를 배워야 한다. 농사는 어린이 교육의 필수과목이기도 하다. 그래서 유토피아에는 일을 하지 않는 자, 게으른 자가 없다. 이렇듯 사회 구성원 모두가 노동에 참여하기 때문에 하루 여섯 시간 노동으로 충분하다.

여섯 시간만 노동하면 필수품이나 안락한 생활에 필요한 모든 것을 공급하는 데 충분하고도 남습니다. 다른 여러 나라에서 얼마나 많은 사람들이 일하지 않고 있는가를 생각해보면 이해할 수 있을 것입니다. 다른 나라들을 보면 첫째로 인구의 반을 차지하는 여자가 거의 일을 하지 않습니다. 또 여자들이 바빠 일하면 남자들이 놀고먹습니다. 성직자들이나 이른바 수도사의 무리가 얼마나 많습니까. 그들은 엄청난 게으름뱅이들입니다. 게다가 부자들, 귀족이라 알려진 지주들, 빈둥거리기만 하고 아무 데도 쓸모없는 시종들, 마지막으로 구실을 만들어 놀고먹는 흉측한 거지들, 이런 것을 생각해보면 사람이 살아가는 데 필요한 것을 생산하는 사람의 수가 의외로 적다는 것에 놀라지 않을 수 없습니다.

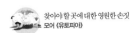

유토피아 사람들은 소박한 생활을 한다. 유토피아에서 금(金)은 배척된다. 금은 변기를 만드는 데 사용될 뿐이다. 모어는 《유토피아》에서 단순히 몇 개의 제도에 대해서만 논하지 않는다. 생활 전반에 걸친 문제를 거론한다. 빈부의 문제에서 의료와 육아의 문제까지 거론하는 문제가 다양하다. 의료 문제를 보자. 유토피아에서 환자는 누구보다 먼저 배려를 받는다. 환자들은 교외에 있는 공공 병원에서 생활하는데, 그 병원들은 조그마한 마을이라 불릴 정도로 넓다.

이런 유토피아의 세계는 사회에서 억압받고 고통받는 사람들의 염원을 담은 세계다. 유토피아의 세계는 수천 년간 이어져 내려온 인류의 오랜 염원이기도 하다. 비록 유토피아가 실현 가능성이 없음을 전제하지만 거기 담긴 메시지는 분명하다. 한 시대에 불가능한 것이 영원히 불가능한 것일 수는 없다. 모어가 그린 유토피아는 그 당시에는 불가능했지만 유토피아를 향한 인류의 염원은 계속되고 있다. 그 염원을 실현하기 위한 역사의 수레바퀴는 지금 이 순간에도 굴러가고 있다. 하루 여섯 시간만 일하고 자유롭게 살자고 제안한 모어의 유토피아는 결코 인간이 '갈 수 없는 곳'이 아니었다. 지금 네덜란드의 주당 근무시간은 32시간이다.

생각플러스

토머스 모어는 '이 세상 어디에도 존재하지 않는 곳'이란 뜻의 유토피아 섬에 대해 썼다. 유토피아는 기름진 땅과 아름다운 경관이 있는 곳이 아니라 누구나 살고 싶은 사회적 환경과 제도가 펼쳐지는 곳이다. 조선시대의 화가 안견(安堅)이 세종대왕의 셋째 아들인 안평대군의 꿈 이야기를 듣고 그렸다는 〈몽유도원도〉는 당대 사람들이 꿈꾸었던 이상향이다. 다음의 글과 그림을 비교하며 동서양의 유토피아에 대해 생각해보자.

◆ ◆ ◆

그 섬은 중앙 지대가 가장 넓으며 그 폭은 약 200마일입니다. 섬 전체는 양쪽 끝을 제외하고는 대개 폭이 비슷하며 양쪽 끝으로 갈수록 좁아지고 굴곡이 져서 마치 컴퍼스로 둘레가 500마일인 원을 그려놓은 것과 같습니다. 그러므로 이 섬은 초승달 모양이고 그 끝은 약 11마일 넓이의 해협에 의해 갈라져 있습니다. 이 해협을 통해 바닷물이 들어와 커다란 호수로 퍼집니다. 따라서 섬 내부 전체가 실제로 항만 구실을 하고 섬 어디서나 배로 건널 수 있기 때문에 주민들에게는 매우 편리합니다. ……이 섬에는 같은 언어, 법률, 관습, 제도를 가진 54개의 훌륭한 도시가 있습니다. 이 도시들은 모두 동일한 계획에 의해 세워졌고 지형이 허락하는 한, 똑같은 모양으로 건설되었습니다.

－모어, 《유토피아》 중에서

안견, 〈몽유도원도〉

이 세상 어디에 꿈속 무릉도원이 있는가?
신선이 입었던 산관야복이 항상 눈에 보듯 뚜렷하다.
그림으로 보게 되었으니 정녕 호사로구나.
이로부터 천 년 동안 서로 전해졌으면.
3년 뒤 정월 어느 날 밤 치지정에서 〈몽유도원도〉를 보며 시를 짓다.

-안평대군, 〈서시(序詩)〉 중에서

17

행복하기 위해 정부가 생겨났다

로크 《통치론》

서울대 사상고전 100선에 선정된 핵심 포인트

로크가 시민혁명의 정당성을 옹호하기 위해 작성한 이 책은 정치사회의 성립이 각자의 생명, 자유, 재산을 보호하기 위한 개인들의 상호 합의적인 사회계약에 기초한다는 점을 논증하고 있다. 이 책에 개진되어 있는 로크의 정치 이론은 최초의 본격적인 근대 유산자적 정치 이론으로서, 그리고 법치국가, 대의제 민주주의, 권력분립, 입법권의 우위, 저항권 등을 주창하고 있는 현대 자유민주주의 이론의 선구적 시도로서 의의를 지닌다.

－김세균 서울대학교 정치학과 교수

새로운 체제를
떠받치는 사상

인간은 이 세상에 태어날 때부터 모두 자유롭고 평등하며 독립적이
다. 어느 누구도 스스로 동의하지 않는 한, 다른 사람의 정치적 권력
에 예속되지 않는다.

우리는 언제부터 이런 삶을 살았을까? 아주 오래전부터 지금과 같은
삶을 영위했다고 착각한다. 하지만 인간의 존엄성이 인정되고 국민에
의해 권력이 구성되는 시대는 그리 오래되지 않았다. 국민이 권력의 주
인이 될 수 있었던 것은 인간의 자각과 그 자각을 뒷받침하는 사상이 있
었기 때문이다. 그 대표적인 사상이 로크(John Locke, 1632~1704)의 국민
주권 사상이다.

로크는 영국의 서머싯 주 링턴에서 태어났다. 로크는 어린 시절 영국
시민전쟁(1642~1651년)을, 쉰일곱 살 때 명예혁명(1688년)을 경험했다.
청교도혁명으로 절대 왕정이 무너지고 공화정이 수립되었지만 오래가
지 못하고 국왕 중심 체제로 회귀했다. 서른다섯 살 때 외과병원을 개원
하고 있던 로크는 섀프츠베리를 만나면서 정치에 뛰어들었다. 섀프츠
베리는 찰스 2세와 맞서던 거물 정치인이었다. 섀프츠베리가 찰스 2세
와의 투쟁에서 패배하자 로크는 네덜란드로 망명했다. 명예혁명이 일

어나 사면을 받은 후에야 로크는 귀국할 수 있었다.

　명예혁명으로 절대왕정은 다시 무너졌고 국민주권과 제한군주제가 성립했다. 그러나 시민전쟁에서 보듯 혁명이 세상을 바꾸는 것처럼 보이지만 새로운 체제가 굳건하지 않으면 언제든 혁명은 뒤집어질 수 있다. 새로운 사상이 있어야 새로운 체제를 굳건히 할 수 있다. 《통치론(Two Treatises of Government)》은 새로운 체제를 떠받치는 새로운 사상이었다. 《통치론》은 명예혁명 다음 해인 1689년에 출판되었지만 로크는 이미 1681년경에 이 책을 완성해놓고 있었다. 당시 로크는 새프츠베리의 비서로 일하고 있었다. 따라서 이 책은 새로운 체제를 만들기 위한 계획으로 집필되었다.

하느님은 아담에게 지배권을 주지 않았다

로크가 《통치론》을 쓸 당시 의회파와 왕당파가 첨예하게 대립하고 있었다. 왕당파는 '왕은 신으로부터 권력을 받았다'는, 이른바 '왕권신수설'을 내세워 찰스 2세의 통치권을 강화하려고 했다. 당시 영국에서 왕당파의 대표적인 이론가는 로버트 필머(Robert Filmer)였다. 필머는 국왕의 권리가 최초의 인간인 아담으로부터 이어받은 것이라고 주장했다. 로크는 필머의 이론을 조목조목 반박했다. 특히 신이 아담에게 나라를 다

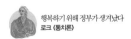

스릴 권리를 준 적이 없다면서 필머 이론의 뿌리를 비판했다.

첫째, 아담에게 자식들을 지배할 권위나 이 세계를 다스릴 지배권이 있는 것처럼 말하지만 그렇지 않다. 그와 같은 권위나 지배권은 아버지라는 신분으로부터 생겨나는 권리가 아니고 신이 아담에게 그런 권위나 지배권을 수여했다는 흔적도 없다. 둘째, 아담이 그와 같은 권위나 지배권을 가지고 있었다고 가정해도 아담의 상속자들에게는 그런 권리가 없다. 셋째, 아담의 상속자들이 그런 권리를 가지고 있었다고 가정해도 누가 정당한 상속자인지를 결정하는 그 어떤 자연법도 명문의 법도 존재하지 않는다. 따라서 지배권을 확실히 결정할 수 없다. 넷째, 만약 그런 것이 결정되었다고 해도 아담의 자손들 중 누가 그 직계인지 분명치 않다.

신은 아담에게 나라를 다스릴 지배권을 주지 않았다. 그러므로 국왕은 아담으로부터 지배권을 물려받을 수 없다. 따라서 국왕의 권력은 신이 준 것이 아니라는 것이 로크의 주장이었다.

자연 상태에서 국가로

그러면 권력은 어디에서 나오는가? 로크는 정치권력의 기원을 자연 상태에서 찾았다. 자연 상태란 국가가 생기기 이전의 상태를 말한다. 로크는 자연 상태를 자유롭고 평등한 상태라고 말한다. 이 지점에서 로크의 주장은 자연 상태에서 만인의 만인에 대한 투쟁이 일어난다는 홉스의 주장과 달라진다. 홉스의 주장과 달리 로크는 자연 상태에서 인간은 자연법의 범위 안에서 자기의 행동을 규율한다고 말한다. 그리고 자연 상태에서는 누구나 똑같이 평등한 권리를 가진다고도 했다.

> 자연 상태는 평등한 상태다. 자연 상태에서 일체의 권력과 지배권은 상호적인 것이며, 어느 누구도 다른 사람들보다 더 많은 것을 갖지 않는다. 인간은 조금도 다름이 없는 똑같은 종류와 등급의 피조물로서 이 세상에 태어나면서부터 아무런 차별 없이 똑같이 자연의 혜택을 누리고 똑같은 능력을 행사할 수 있다.

그런데 화폐가 생기면서 달라지기 시작했다. 화폐는 썩지 않고 얼마든지 축적할 수 있다. 사람들 사이에는 근면함의 차이가 있어서 재산의 많고 적은 정도에 차이가 생기게 되었다. 소유물에 차이가 생기면 다른

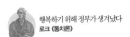

사람의 소유권을 침해하는 자도 생겨나게 된다. 그런데 자연 상태에서는 그런 행위를 처벌할 공통의 권력이 없기 때문에 여러 가지 불편이 생기게 된다.

　로크는 자연 상태의 결함을 세 가지로 요약한다. 첫째, 자연 상태에는 옳고 그른 것의 표준이 되고 사람들 사이의 싸움을 판결할 공통의 척도로서 일반의 동의에 의해 승인된 법률이 없다. 둘째, 자연 상태에는 확립된 법률에 따라 온갖 분쟁을 해결해야 할 권위 있고 공평한 재판관이 없다. 셋째, 자연 상태에는 판결이 정당했을 때 그 판결을 지지하고 집행해줄 권력이 없다. 이와 같이 자연 상태에는 법률, 재판관, 권력이 없기 때문에 사람들이 자유와 평등을 누리려 해도 매우 불확실하다. 끊임없이 타인으로부터 침해를 받을 위험 앞에 놓이기 쉽다. 이런 자연 상태의 불편, 불확실성에서 벗어나기 위해 하나의 정치사회가 성립한다. 생명과 자유와 자산이라는 자연권을 안전하게 누리기 위해, 서로 간의 분쟁을 해결하고 범죄를 처벌할 수 있는 권위를 가진 법률과 재판소에 호소하기 위해 사람들은 개인적 처벌권을 포기하고 정부에 일임하게 된다.

　정치권력은 자연 상태에서 모든 개인의 동의에 의해 성립한다. 그래서 로크는 정치권력을 공공의 복지를 위해 사용해야 한다고 말한다.

> 정치권력은 재산을 규제하여 보유하기 위해 형벌을 가할 수 있는 법률을 만드는 권리다. 또한 법률을 시행하기 위해, 외적의 침략으로

부터 나라를 방어하기 위해 사회의 힘을 사용하는 권리다. 또한 이 모든 권리를 오로지 공공의 복지만을 위해 행사하게 하는 권리다.

국민주권의 탄생

정치권력의 성립에 관한 로크의 설명은 국민주권론의 원형을 이룬다. 로크는 정치권력이 생명과 자유와 자산의 보호를 위해 개인들의 자발적 동의로 성립했다고 보았다. 정치권력의 목적은 국민들의 생명과 자유와 자산의 보호다. 이 목적을 이루려면 통치기관이 있어야 한다. 로크는 주요한 통치 기관으로 입법권, 행정권, 연합권(외교권)을 제시했다. 이 세 가지 중에서 입법권이 최고의 권력을 가진다. 국민들이 생명과 자유와 소유의 안전을 얻을 수 있는 수단은 법이기 때문이다. 로크는 행정권과 연합권을 군주의 권한으로 귀속시키지만 행정권과 연합권은 입법권에 종속된다고 보았다. 입법권을 가진 기관이 군주보다 우위에 있기 때문이다.

그렇지만 안심할 수 없는 것이 권력이다. 권력은 개인을 통제하고 침해하려는 속성이 있다. 이때 국민의 저항, 나아가 혁명이 필요하다. 로크는 저항권과 혁명권을 모두 인정한다. 그러나 저항권과 혁명권의 범위는 매우 제한적이다. 혁명은 통치가 해체되기 전까지 일어나서는 안

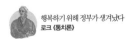

된다. 통치의 해체란 군주가 의회를 방해하거나 선거법을 바꾸거나 국민을 외국의 지배 하에 두는 경우 등을 뜻한다.

로크의 이런 사상은 《통치론》의 말미에 요약되어 있다.

각 개인이 사회에 가입할 때 그 사회에 위임한 권력은 그 사회가 존속되는 한, 재개인의 손으로 다시 되돌아오지 않는다. 권력은 언제까지나 그 사회의 수중에 머물러 있을 것이다. 그렇지 않으면 어떤 사회도 존립할 수 없기 때문이다. 마찬가지로 사회가 그 입법권을 특정 기구에 위임했을 경우 입법권은 국민의 수중으로 되돌아오지 않는다. 국민은 자기의 정치적 권력을 입법부에 위임했으므로 다시 되찾을 수 없다. 그러나 국민이 입법부의 존속 기간에 제한을 둔 경우 또는 권한을 갖고 있는 사람들의 실정으로 말미암아 권력이 상실된 경우 권력의 상실이나 정해진 기간의 종료에 따라 권력은 다시 사회로 돌아가게 된다.

로크의 사상은 민주주의의 모태가 되었다. 로크의 사상은 영국의 정치체제에 머물러 있지 않았다. 미국의 〈독립선언문〉은 모든 사람이 평등하게 태어났음을 천명했다. 또한 로크는 창조주가 생명과 자유와 행복의 권리를 인간에게 부여했고 이 권리를 확보하기 위해 정부가 생겨났다고 말한다. 그리고 정부의 권력은 국민의 동의로부터 온다고도 했다. 미국의 〈독립선언문〉은 로크 사상의 축소판이다. 현대의 민주주의는 로크의 사상을 자양분으로 삼아 자라났다. 대한민국은 정도전(鄭道傳)의 《조선경국전(朝鮮經國典)》이 아니라 로크의 《통치론》에 토대한 나라다.

행복하기 위해 정부가 생겨났다
로크 《통치론》

생각 플러스

로크는 인간이 자연 상태에서 계약을 맺어 정부가 탄생했다고 하여 현대 민주주의의 이론적 기초를 마련했다. 또한 로크는 자연 상태에서 소유권이 어떻게 생겨났는지, 그리고 소유의 한계가 무엇인지를 밝혔다. 고려시대 학자 이곡(李穀)은 말(馬)을 빌려 타는 것에 비유하여 인간에게는 자기 것이 없고 모든 것은 빌려 쓰는 것이라고 말했다. 다음의 두 글을 읽고 최근 부각되고 있는 '공유경제'에 대해 생각해보자.

◆ ◆ ◆

대지에 속하는 모든 것은 인간의 생활과 편리함을 위해서 모든 인간에게 주어진 것이다. 그리고 대지에서 자연스럽게 자라난 모든 과실과 대지에서 자라는 짐승들은 자연 발생적인 작용에 의해서 생산되기 때문에 인류에게 공동으로 속한다. 따라서 그러한 것들이 자연적인 상태로 남아 있는 한, 어느 누구도 다른 사람을 배제하는 개인적인 지배권을 가지지 않았다. …… 그러나 인간이 자연 상태의 것에 자신의 노동을 섞어 보태면 그것은 그의 소유가 된다. 그것은 공유의 상태에서 벗어나 노동이 부가된 것으로 인해 타인의 공통된 권리가 배제된다. …… 이러한 견해에 대해 대지의 도토리나 다른 과실 등을 주워 모으는 것에 권리를 준다면 누구든지 원하는 만큼 많은 양을 독점하게 될 것이라는 반론이 있을 수 있다. 이에 대해서 나는 그렇지 않다고 답변하겠다. 우리에게 노동을 통해서 소유권을 부여하는 동일한 자연법이 그 소유권을 제한하기 때문이다. "하느님은 우리에게 모든 것을 풍성히 주셔서 즐기게 해주시는 분이십니다(《디모테오에게 보낸 첫째 편지》6장 17절)"라는 성경 구절은 이성의 목소리다. ……인간이 자신의 노동에 의해 자신의 소유로 확정할 수 있는 만큼 주셨던 것이다. 그것보다 많은 것은 그의 몫을 넘어서며, 다른 사람의 몫에 속한다. 하느님은 그 어떤 것도 인간이 썩히거나 파괴해버리도록 만들지는 않았다.

－로크, 《통치론》 중에서

* * *

내가 집이 가난해서 말이 없으므로 빌려서 타는데, 여위고 둔하여 걸음이 느린 말이면 급한 일이 있어도 감히 채찍질을 하지 못하고 조심조심하다가 개울이나 구렁을 만나면 곧 내려 걸어가므로 후회하는 일이 적었다. 잘 달리는 준마에 올라타면 의기양양하게 마음대로 채찍질하여 언덕과 골짜기가 평지처럼 보이니 심히 장쾌했다. 그러나 어떤 때는 위태로워서 떨어지는 근심을 면치 못했다. 사람의 마음이 바뀌는 것이 이와 같을까? 남의 물건을 빌려서 잠깐 사용하는 것도 이와 같은데 하물며 자기가 가지고 있는 것이랴. 그러나 사람이 가지고 있는 것은 어느 것이나 빌리지 아니한 것이 없다. 임금은 백성으로부터 힘을 빌려서 높고 부귀한 자리를 가졌고, 신하는 임금으로부터 권세를 빌려 은총과 귀함을 누리며, 아들은 아비로부터, 지어미는 지아비로부터, 노비는 상전으로부터 힘과 권세를 빌려서 가지고 있다. 그 빌린 바가 또한 깊고 많아서 대개는 자기 소유로 하고 끝내 반성할 줄 모르고 있으니, 어찌 미혹(迷惑)한 일이 아니겠는가? 그러다가 잠깐 사이에

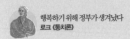

행복하기 위해 정부가 생겨났다
로크 《통치론》

빌린 것이 도로 돌아가게 되면 만방(萬邦)의 임금도 외톨이가 되고 백승(百乘)을 가졌던 집도 외로운 신하가 되니, 하물며 그보다 더 미약한 자야 말할 것이 있겠는가?

-이곡, 〈차마설(借馬說)〉 중에서

◆ ◆ ◆

18

인간은 자유롭게 태어났다

루소 《사회계약론》

서울대 사상고전 100선에 선정된 핵심 포인트

프랑스 대혁명의 여명기에 쓴 이 책에서 루소는
'일반의지'의 관철을 통해 개인들 간의 사회적
결합이 동시에 각자의 사회적 자유와 평등 실현
의 가장 직접적인 보증책이 되는 정치체제를 탐
구한다. 이 책은 근대 초기의 서민정치 이론에서
발전된 '인민주권론'을 직접민주제 구현의 문제로
까지 끌어올린 저술로서 이후의 급진 민주주의 운
동 및 정치를 전유하려는 밑으로부터의 인민운
동에 커다란 영향력을 미치게 된다.

– 김세균 서울대학교 정치학과 교수

키클롭스의 동굴

호메로스의 《오디세이아》에는 폴리페모스라는 키클롭스가 등장한다. 오디세우스는 부하 12명과 함께 시칠리아 해변에서 폴리페모스에게 붙잡힌다. 폴리페모스는 오디세우스와 부하들을 동굴에 가두고 매일 두 명씩 잡아먹었다. 루소(Jean Jacques Rousseau, 1712~1778)는 《사회계약론(Du contrat social)》에서 노예의 삶을 키클롭스의 동굴에 갇힌 그리스인의 삶으로 묘사한다.

어떤 인간도 자신과 같은 인간을 지배할 권위는 없다. 힘은 어떤 권리도 만들지 못한다. 인간 사이에 인정되는 정당한 권위는 오직 계약을 통해서만 이루어진다. 그로티우스는 한 개인이 자신의 자유를 팔아 스스로 어떤 주인의 노예가 될 수 있다면 국민 전체도 자신의 자유를 팔아 국왕의 신하가 될 수 있지 않느냐고 묻는다. …… 어떤 국민은 전제군주가 사회적 안정을 보장해준다고 말할지 모른다. 그러나 전제군주의 야심과 탐욕이 불러온 고통이 국민들 사이의 다툼으로 인한 고통보다 크다면 얻는 것이 무엇인가? 키클롭스의 동굴에 갇힌 그리스인들도 그 안에서 편안하게 살고 있었지만 실상은 자기가 잡아먹힐 차례를 기다리고 있었던 것이다.

탈출하는 오디세우스 일행에게 바위를 던지는 폴리페모스

루소가 보기에 자유를 포기하는 것은 곧 자신의 권리와 의무를 포기하는 것이었다. 루소는 스위스 제네바에서 태어났다. 어머니는 루소를 낳고 9일 만에 세상을 떠났다. 열네 살 때 아버지가 재혼하자 아버지와도 영원히 결별했다. 루소는 이탈리아, 프랑스 등지를 떠돌아다니다 악보 필경사 일을 하게 되면서 파리에 정착했다. 루소는 정규 교육을 받지 못했다. 그리고 악보 필경사, 인쇄소 필경사 등을 하며 매우 가난한 삶을 살았다. 그럼에도 독학으로《인간불평등기원론(Discours sur l'origine de l'inégalité parmi les hommes)》,《사회계약론》,《에밀(Émile ou de l'éducation)》과 같은 문제작을 발표했다. 정치철학서인《사회계약론》은 1762년에 출판되었다.《사회계약론》은 루소가 그린 원대한 구상의 일부였다. 그러나 이 책만으로도 세상에 충격을 주기에 충분했다.

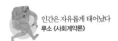

숲 속에서 강도를 만난다면

루소는《인간불평등기원론》을 발표한 이후 정치제도에 관한 포괄적인 글을 구상했다.《인간불평등기원론》은 사유재산에 대한 비판서다. 루소는 홉스나 로크와 마찬가지로 자연 상태를 설정한다. 그런데 루소의 주장은 홉스의 주장과 다르다. 홉스는 자연 상태에서 만인의 만인에 대한 투쟁이 일어난다고 했지만 루소는 자연 상태에서 인간은 자유롭고 평등했다고 말한다. 루소의 자연 상태는 로크의 자연 상태보다도 더 자유롭고 평등하다. 인간의 본성에 대해 루소는 원래 착하다고도 했다. 그런데 자연 상태에서 사회 상태로 이행하면서 정치사회적으로 불평등이 생겨났다. 불평등이 생겨난 이유는 사유재산 때문이다.

루소는 이런 생각을 발전시켜 정치제도에 관한 포괄적인 글을 쓰려고 했다. 인간의 선량한 본성과 자연 상태의 자유와 평등을 토대로 올바른 정치 질서를 정립할 수 있다면 정치적 불평등은 해소될 것이다. 루소는 이런 구상 전체를 완성하지는 못했지만《사회계약론》에서 어떻게 올바른 정치 질서를 세울지에 대한 답을 내놓았다.

루소가 생존하던 시대의 프랑스는 '짐이 곧 국가'라는 구호로 상징되던 절대왕정 말기였다. 전체 국민의 5퍼센트도 안 되는 지배층이 각종 특권을 독점하면서 온갖 낭비와 부패를 일삼았다. 이 때문에 국가 재정은 파탄 났고 민중에 대한 세금 착취가 심했다. 국민의 절대 다수를 차지하는 시민계급과 농민들은 아무런 권리도 갖지 못한 채 오직 특권계급의 사치와 낭비의 비용을 부담하는 신세였다. 전체 인구의 90퍼센트를 차지하는 농민의 처지가 가장 비참했다. 국가와 영주 그리고 교회에 여러 종류의 세금을 내야 했고 영주를 위해 각종 부역을 해야 했다. 심지어 여름밤이면 영주의 편안한 수면을 위해 밤새도록 개구리를 쫓아야 했다.

루소는 권력의 정당성을 문제 삼았다. 정당성에 대한 문제 제기는 절대왕정과의 싸움이었다.

권력에 복종하라! 이 말이 만일 힘에 대한 굴복만을 의미한다면 논의할 필요가 없을 것이다. 어쩌면 사람들은 두려움에 이를 거부하지 못할지도 모른다. 모든 권력이 신에게서 나온다는 것을 나는 인정한다. 그렇지만 거기에서 모든 사회의 병이 시작된다. 병을 고치기 위해 우리가 의사를 부르면 안 되는가? 숲 속에서 강도를 만났을 때 강도의 폭력 때문에 지갑을 빼앗길 상황에서 지갑을 감출 수 있음에도 양심적으로 지갑을 내놓을 의무가 있다고 말할 수 있는가? 강도의 권총은 하나의 힘이다. 힘이 권리를 정당화하는 것이 아니다. 인간은 오직 정당성을 갖춘 권력에만 복종할 의무가 있다.

인간은 자유롭게 태어났다
루소 《사회계약론》

인간은 오직 정당한 권력에만 복종할 의무가 있다. 정당성 없이 힘만 휘두르는 절대왕정은 숲 속에서 만난 강도와 같다. 강도가 폭력을 쓴다고 순순히 따라야 하겠는가. 그렇지 않다. 강도에게 복종할 의무는 없다.

그러면 어떤 권력이 정당한 권력인가? 인간은 자연 상태에서 계약을 맺는다. 자연 상태가 자유롭고 평등한 상태이기는 하지만 다른 세력의 위협 때문에 개인의 자유와 평등이 안전하지 못하기 때문이다. 그래서 사람들은 신체와 재산을 보호하기 위해 계약을 맺는다. 이 계약으로 생겨난 것이 국가다. 그러므로 국가는 사람들의 신체와 자유를 보호함으로써 사람들의 자유와 평등을 안전하게 지켜주어야 한다. 그런 역할을 제대로 하는 국가가 정당한 권력이다.

프랑스 대혁명을 이끈 사상

루소는 정당한 국가권력과 관련하여 '일반의지'라는 개념을 사용했다. 일반의지란 사람들이 맺은 계약에 의해 성립된 의지를 말한다. 사람들은 계약을 통해 자신의 모든 것을 일반의지에 위임한다. 국가권력은 계약에 따라 이 일반의지를 실현하는 것이다. 그런데 일반의지는 결코 나눌 수 없다. 따라서 일반의지를 실현하는 국가권력 역시 나눌 수 없다.

그래서 루소의 주장은 삼권분립을 주장하는 로크나 몽테스키외의 주장과 다르다. 루소는 국가권력을 나누려는 것을 여러 개의 몸체로 인간을 조립하려는 것과 같다고 했다.

루소가 삼권분립에 반대한 이유는 권력이 국민으로부터 나온다는 확고한 신념 때문이었다. 국민의 뜻과 의지가 나뉠 수 있다는 주장은 국민주권의 개념을 명확히 하지 않은 탓에 나온 것이다. 루소는 국민주권을 누군가가 대표하거나 대신할 수도 없다고 보았다. 루소가 영국의 정치를 평가한 유명한 말이 있다. 당시 영국은 선거인이 대표를 뽑으면 그들이 의회와 내각을 구성해서 통치했다.

영국의 민중은 스스로를 자유롭다고 생각하지만 그 생각은 잘못된 것이다. 영국의 민중이 자유로운 것은 오직 의회의 의원을 선거하는 기간뿐이다. 선거가 끝나는 순간부터 영국의 민중은 다시 노예가 되어버리고, 아무런 가치도 없는 존재가 되어버린다.

오늘날 우리도 많이 듣는 이야기다. 루소는 민중이 직접 다스리는 일종의 '직접민주주의'를 염두에 두었는지 모른다. 직접민주주의를 관철하려면 국가의 규모가 커서는 안 된다. 소규모의 도시국가라야 직접민주주의를 실현할 수 있다. 루소는 스위스 출신이다. 그래서 스위스의 도시들에서 이루어지고 있는 자치(自治)를 자신의 생각을 실현할 모델로

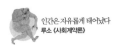

보았는지도 모른다. 혹은 고대 그리스의 도시국가를 염두에 두었을 수도 있다.

루소는 일반의지의 실현을 위해 어느 정도 경제적 평등이 있어야 한다고 주장했다. 경제적 평등이 이루어지지 않으면 일반의지가 만들어질 수 없기 때문이다. 국가는 경제적 평등을 위해 노력해야 한다. 루소는 《사회계약론》에서 "국민은 다른 사람을 살 수 있을 정도로 부유해서도 안 되고, 자신을 팔아야 할 정도로 가난해서도 안 된다"고 주장했다.

루소가 죽고 11년 뒤에 프랑스 대혁명이 일어났다. 루소의 사상은 시민계급과 지식층을 각성시켰다. 인간의 처지에 관한 다음의 말은 그 자체가 혁명의 선동이었다.

> 인간은 자유로운 존재로 태어났다. 그러나 인간은 모든 곳에서 쇠사슬에 매여 있다. 자기가 다른 사람들의 주인이라고 생각하는 사람도 사실은 그들보다도 훨씬 심한 노예 상태에 놓여 있다.

자유롭게 태어난 인간이 심한 노예 상태에 처해 있다. 이 한마디는 모든 양심적인 사람들의 마음을 뒤흔들어놓았다. 그래서 루소가 죽은 후 그의 사상은 더 널리 퍼져나가 프랑스 대혁명의 이념이 되었다. 프랑스 대혁명의 지도자 중 한 명인 로베스피에르는 루소를 자신의 스승이라고 말했다. 무엇보다 프랑스 대혁명의 깃발에는 루소의 사상이 그대로 적혀 있었다.

제1조 인간은 태어나면서 자유로우며 권리에 있어서 평등하다.

제3조 모든 주권의 원리는 근본적으로 인민에게 있다.

- 1789년 프랑스 대혁명 당시 선포된 〈인간과 시민의 권리 선언〉 중에서

인간은 자유롭게 태어났다
루소 (사회계약론)

루소의 사상은 '자유', '평등', '박애'를 내건 프랑스 대혁명의 이념이었다. 루소의 사상은 인간의 본성이 선하다는 '성선설'을 기초로 한다. 프로이트는 인간의 원초적 본능이 선하지도 악하지도 않다고 했다. 다음의 두 글을 읽고 인간의 본성이 무엇인지, 그리고 인간의 이타적 행위가 어떻게 가능한지에 대해 생각해보자.

◆ ◆ ◆

연민은 우리가 고통받는 자의 입장에 서서 느끼게 되는 감정이다. 이 감정은 미개인에게는 형체가 뚜렷하지 않지만 강렬하게 나타나고, 문명인에게는 그 윤곽이 선명하지만 미약하게 나타난다. 연민은 고통을 목격하는 동물이 고통을 당하는 동물과 동일시하면 할수록 더욱 강해질 것이다. 그런데 이 동일시하는 성향이 이성이 지배하는 상태보다 자연 상태에서 훨씬 깊었으리라는 것은 분명한 사실이다. 이기심을 낳는 것은 이성이다. 그리고 이성을 반추하는 것은 이기심을 강화시킨다. …… 연민이 자연스러운 감정이라는 것은 분명하다. 연민은 각 개체 안에 있는 자기애의 수위를 조절함으로써 종 전체가 보존될 수 있게 해주는 감정인 것이다. …… '남이 해주길 바라는 대로 남에게 행하라'는 합리적이고 숭고한 정의의 원리 대신에 인간은 본래 선하다는 믿음에 기초한 또 다른 원리인 '타인의 불행을 적게 하여 너의 행복을 이룩하라'를 마음속에 품게 하는 것이 연민이다.

-루소, 《인간불평등기원론》 중에서

· · ·

정신분석학적 연구에 따르면 인간성의 가장 깊은 본질은 원초적 성격을 가진 본능적 충동이다. 인간은 기본적 욕구를 충족시키려 충동을 가진다. 그 충동 자체는 선하지도 악하지도 않다. 개인의 충동이 공동체의 욕구와 어떤 관계를 갖느냐에 따라 선과 악이 구분된다. ······ '악한' 본능을 변화시키는 요인에는 내적 요인과 외적 요인이 있다. 내적 요인은 사랑에 대한 욕망이 악한(이기적인) 본능에 행사하는 영향력이다. '사랑' 요소가 섞여들면 이기적 본능은 '사회적' 본능으로 바뀐다. 남에게 사랑받는 것을 커다란 이익으로 평가하는 법을 배우고, 사랑받기 위해서라면 다른 이익은 기꺼이 희생해도 좋다고 생각하게 된다. 외적 요인은 가정교육의 영향력이다. 가정교육은 문화적 환경의 요구를 나타내며, 성장한 뒤에도 그 환경의 직접적인 영향이 계속해서 외적 요인을 이룬다. 문명은 본능의 만족을 포기함으로써 얻어진 것이다. 개인이 살아가는 동안 외적 요인은 끊임없이 내적 요인으로 대치된다. 문명의 영향은 이기적인 경향에 사랑의 요소를 첨가하여 이기적인 경향을 이타적이고 사회적인 경향으로 바꾼다. ······ 오늘날 태어나는 사람은 이기적 본능을 사회적 본능으로 바꾸는 경향을 어느 정도는 유전적 소질로 가지고 있다. 이 유전적 소질에 조금만 자극을 가해도 이기적 본능을 사회적 본능으로 바꾼다. 본능을 변화시키는 일은 개인이 인생을 살아가면서 이룩해야 하는 일이다. 인간은 당면한 문화적 환경의 압력을 받을 뿐만 아니라 조상들의 문화적 역사에도 영향을 받고 있다.

－프로이트, 〈전쟁과 죽음에 대한 고찰〉 중에서

· · ·

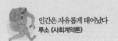

인간은 자유롭게 태어났다
루소 〈사회계약론〉

19

자유의 범위와 한계를 논하다

밀 《자유론》

서울대 사상고전 100선에 선정된 핵심 포인트

밀은 사회주의적 자유주의체제를 '옹호한 최초의 자유주의 이론가다. 그는 자유주의의 민주적 개혁과 노동자 소유 기업에 기초한 경쟁적 경제체제로서의 사회주의에 찬성하지만 그가 자유에의 위협이라고 본 '순수한 다수 지배'에는 반대한다. 자유를 자연법적 원리가 아니라 공리주의적 원리에 의거해 정초 지우고 있는 이 책은 자유주의에서 발전된 자유의 가치를 가장 웅변적으로 옹호하고 있는 저술에 속한다.

— 김세균 서울대학교 정치학과 교수

자유를 포기할 자유는 없다

사람이 그 자신을 노예로 팔아버리는 행위는 자신의 자유를 포기하는 것이다. …… 그는 자신이 자신을 결정한다는 지위를 스스로 파괴한다. 그의 몸은 자유롭지 못하고 스스로의 선택에 의해 자신을 결정할 수 없는 처지에 놓이게 된다. 자유의 원리는 자유를 포기하는 것 역시 자유라는 것이 아니다. 자신의 자유를 포기하는 행위가 허용되는 것은 자유가 아니다.

존 스튜어트 밀(John Stuart Mill, 1806~1873)은 《자유론(On Liberty)》에서 이렇게 말했다. 유럽에서 17세기와 18세기는 자유와 평등을 얻기 위한 투쟁의 시기였다. "인간은 자유롭게 태어났다!"는 루소의 주장은 혁명적 구호였다. 프랑스 대혁명으로 자유, 평등, 박애는 누구도 거스를 수 없는 보편적 이념이 되었다. 그러나 19세기에 들어서면서 보편적 이념과 현실의 괴리가 문제되기 시작했다. 마르크스(Karl Heinrich Marx)는 노동자에게 자유란 계약을 맺을 때의 자유뿐이라며 자유의 허구성을 신랄하게 비판했다. 밀은 다른 측면에서 자유를 문제 삼았다. 밀은 자유가 어느 범위까지 허용될 수 있는가를 탐구했다. 그래서 자신의 자유를 포기할 자유는 없다고 했다.

자유의 범위와 한계를 논하다
밀 《자유론》

밀은 영국 런던에서 태어났다. 밀의 아버지는 대표적인 공리주의 철학자 벤담(Jeremy Bentham)의 친구였다. 아버지는 아들의 교육에 몹시 신경을 썼다. 밀은 세 살 때 그리스어를 배웠다. 아버지는 아들의 그리스어 교육을 위해 집안 하인들에게도 그리스어를 사용하게 했고 그리스어를 못 하는 하인은 아예 말을 하지 못하게 했다. 밀은 일곱 살 때 플라톤의 저작을 읽었고 여덟 살 때 라틴어를 배웠다. 열두 살 때부터는 논리학과 경제학을 배웠다. 밀의 스승은 아버지였다. 아버지의 엄격한 교육으로 밀은 또래 친구가 없었고, 또래 친구들의 놀이 문화를 알지 못했다.

스무 살 때 밀은 "인생의 목적이 모두 실현되었다면 나는 행복하다고 할 수 있는가?"라는 심각한 고민에 빠졌다. 밀은 부유한 가정에서 태어나 조기교육을 받고 이미 학문적으로도 경지에 올라섰지만 자기 인생에 대해 회의했다. 밀은 스물네 살 때 테일러 부인(Harriet Taylor)을 만나면서부터 마음을 가라앉히기 시작했다. 밀은 유부녀인 테일러 부인과 20년 동안 교제하다가 테일러 씨가 사망하자 결혼했다. 밀, 테일러 부인, 테일러 씨의 삼각관계는 큰 화제를 불러일으켰다. 밀은 말년에 국회의원에 당선되어 노동자와 여성의 권익 향상을 위한 의정 활동을 하기도 했다.

《자유론》은 밀이 테일러 부인과 결혼한 후인 1859년에 출판되었다. 밀은 이 책에 대해 테일러 부인과의 공저라고 밝히며, 주의 깊게 저술하고 철저히 수정한 책이라고 말했다. 우리는 지금도 여전히 '자유'라는 주제에 대해 논쟁 중이다. 만약 밀의 《자유론》이 없었다면 우리는 더 소모적인 논쟁의 늪에 머물러 있었을지도 모른다.

│ 민주주의와
│ 자유를 혼동해선 안 된다

자유는 어느 범위까지 허용될까? 밀은 다른 사람의 자유를 침해하지 않는 한, 자유가 허용된다고 말한다. 자유에 대한 적극적 해석이다. 이 명제는 오늘날까지도 '자유'에 대해 토론할 때 기초가 된다. 밀의 말을 들어보자.

> 적어도 '자유'라고 불릴 만한 유일한 자유는 우리가 다른 사람들의 자유를 빼앗지 않는 한, 자유를 얻으려고 하는 다른 사람들의 노력을 방해하지 않는 한, 우리가 좋아하는 방식으로 자신의 행복을 추구하는 자유다. 각자는 육체적, 정신적, 영적인 의미에서 자기 건강의 정당한 관리자다. 다른 사람에 대해 자기가 좋다고 생각하는 것을 강요하는 것보다 각자 좋다고 생각하는 바를 자유롭게 행할 수 있게 하는 것이 인류 전체로 보아 얻는 것이 더 많다.

그런데 자유는 한 개인의 문제가 아니다. 자유는 개인과 개인의 관계,

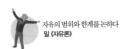

자유의 범위와 한계를 논하다
밀 《자유론》

집단과 집단의 관계, 국가와 개인의 관계 등 여러 관계에 걸친 복잡한 문제다. 특히 국가와 개인의 관계가 중요하다. 우리는 종종 민주주의와 자유를 혼동하는 경우가 있다. 민주주의에서 권력은 국민에게서 나오기 때문에 민주국가에서 개인은 자유롭다고 생각한다. 밀은 그렇지 않다고 말한다.

> 권력을 행사하는 국민이 권력을 행사당하는 국민과 반드시 동일하지는 않다. 또한 자치 역시 각자가 그 자신에 의해 통치하는 것이 아니라 다른 사람들에 의해 통치를 당하는 일이다. 뿐만 아니라 국민의 의사란 실제로는 국민 가운데 가장 활동적인 부분의 의사, 즉 다수자나 또는 다수자로 인정받은 사람들의 의사를 의미한다. 따라서 국민이 그 성원의 일부를 억압하려는 일이 있을 수 있으며, 이것에 대해서 다른 일체의 권력 남용과 마찬가지로 철저한 경계가 필요하다.

다수가 소수의 의견에 재갈을 물리는 경우가 많다. 어떤 경우 소수는 올바른 사실조차도 발표할 자유를 갖지 못한다. 올림픽에서 반칙으로 우리 선수가 이긴 경우를 생각해보자. 반칙이 분명하지만 그 말을 꺼낼 수가 없다. 반칙이라고 말하는 순간 지탄받거나 심할 경우 매국노로 몰리기 때문이다. 민주국가에서 국민과 국민 사이에 암묵적인 폭력이 분명 존재한다. 그래서 밀은 언론과 사상의 자유에 주목한다.

언론과 사상의 자유는
왜 중요한가

언론과 사상의 자유에 관한 밀의 주장을 들어보자.

가령 한 사람을 제외한 전 인류가 동일한 의견을 가지고 있더라도 인류가 그 한 사람에게 입을 다물고 말을 못하게 하는 것은 부당하다. 그 한 사람이 권력을 장악했을 때 전 인류에게 말을 못하게 하는 것이 부당한 것과 조금도 다를 바 없다. 의견의 발표를 억제하는 것에 따르는 해악은 그 억제가 전 인류로부터 행복을 빼앗는다는 점에 있다. 그것은 지금의 사람뿐 아니라 후세 사람들의 행복을 빼앗는다. 그 의견을 지지하는 사람들뿐만 아니라 반대하는 사람들의 행복 역시 빼앗는다.

밀은 언론과 사상의 자유에 대해 둘로 나누어서 고찰한다. 첫째, 박해받는 사상이 정당할 경우다. 정당한 사상을 권력이나 부당한 힘으로 억압해서는 안 된다. 둘째, 박해받는 사상이 잘못되었을 경우다. 그 사상이 잘못되었더라도 탄압해서는 안 된다. 정당한 사상이라 할지라도 상대의 사상을 탄압하다 보면 '죽어버린 독단'이 되어 생생한 진리가 될 수 없다. 형식상 정당하더라도 생기를 잃어버린 사상은 진리를 잃게 된

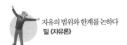

다. 그러므로 반대 의견과 진지한 토론이 중요하다.

개성은 존중받아야 한다

행위의 자유는 어떤가? 밀은 개인의 행위를 '자기 자신에게만 관계되는 행위'와 '다른 사람에게 관계되는 행위'로 나눈다. 이 중에서 자기 자신에게만 관계되는 행위는 일체 자유로워야 한다. 그러나 다른 사람에게 관계되는 행위에 대해서는 사회가 간섭할 권한이 있다. 예를 들면 상행위, 독약 매매, 술주정꾼의 주정, 매음과 도박 등이 이런 경우에 해당한다. 밀은《자유론》을 통해 두 개의 공리를 말하고 있다. 첫 번째 공리는 개인은 그 행위가 그 자신 이외에 누구의 이해에도 관계되지 않는 한, 사회의 제재를 받지 않는다는 것이다. 두 번째 공리는 다른 사람의 이익을 해치는 행위에 관해서 개인은 당연히 사회에 대해 책임을 가지며, 사회는 다른 사람의 이익을 옹호해주기 위해 사회적, 법률적 형벌을 가해야 한다는 것이다.

그러나 개인에 대한 제재는 다수가 소수를 억압하거나 다수가 소수에게 강요하는 일이어서는 안 된다. 일체의 고귀하고 어진 것은 모두 개인의 독립성에서 싹터 나오기 때문이다. 다수의 견해도 결국은 한 사람으로부터 시작되는 것이다.

일차적으로 다른 사람과 관계없는 일에 있어서는 개인이 자기를 주장하는 것이 바람직하다. 자기 자신의 성격이 아니라 다른 사람들의 전통이나 습관이 행위의 기준이 되어 있는 곳에서는 인간 행복의 주요한 요소이자 실제로 개인과 사회의 진보에 가장 중요한 요소가 결여되게 된다. …… 모든 사람의 성격이 사회의 성격을 본받도록 강요하려는 사회의 경향, 그 자체에 대한 방위도 필요하다. 개인의 독립성에 대해 집단의 의견이 정당하게 간섭하는 데는 한계가 있다. 이와 같은 한계를 찾아내 그것이 침해되지 않도록 강구하는 것은 정치적 압제를 막는 것과 마찬가지로 바람직한 인간의 상태를 유지하기 위해 필수 불가결하다.

밀은 애덤 스미스(Adam Smith)나 벤담과 다르다. 그 기본적인 차이는 인간에 대한 인식에 있다. 애덤 스미스나 벤담은 인간의 이기심에 주목한다. 애덤 스미스와 벤담에 의하면 인간은 쾌락을 추구하고 고통을 피하려는 존재다. 그러나 밀은 인간을 다르게 인식한다. 자신이 추구하는 것에 따라 자신을 결정할 수 있는 존재가 인간이다. 밀에게 인간은 쾌락적 동물이 아니라 이성적 존재다. 그렇다고 밀이 인간을 전적으로 신뢰한 것은 아니다. 그래서 밀은 자유의 중요성과 아울러 자유의 범위를 논한 것이다.

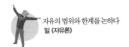

밀은 타인에게 해가 되지 않는 한, 개인의 자유를 제한해서는 안 된다고 말했다. 특히 사상과 출판의 자유를 강조했다. 반면에 오스트리아의 신부이자 철학자인 에머리히 코레트(Emerich Coreth)는 인간의 자유가 상대적이라고 말했다. 인간의 자유는 선의 인정과 실현이 전제되어야 한다는 것이다. 다음의 두 글을 읽고 진정한 자유란 무엇인지 생각해보자.

◆ ◆ ◆

의견을 발표하고 출판하는 자유는 타인과 관계되는 개인의 행동이지만 사상의 자유와 거의 같은 정도로 중요하다. 출판의 자유와 사상의 자유는 실제로 분리할 수 없다. 그리고 우리의 행동이 바보스럽거나 기이하거나 잘못된 것으로 보일지라도 우리가 하는 행동이 타인에게 해를 끼치지 않는 한, 박해받지 않으면서 우리 자신의 개성에 맞는 인생 계획을 설계할 수 있고, 그 계획에서 초래되는 결과를 감수한다는 조건 하에 우리가 좋아하는 것을 행할 수 있는 자유가 요구된다. 자유라는 이름에 합당한 유일한 자유는 우리가 타인의 행복을 탈취하려고 시도하거나 행복을 성취하려는 타인의 노력을 방해하지 않는 한, 우리 자신의 방법으로 우리 자신의 선을 추구하는 자유다. 각자가 자신에게 좋다고 생각되는 방식대로 살도록 내버려두는 것이 각 개인을 타인에게 좋다고 생각되는 방식대로 살도록 강제하는 것보다 인류에게 큰 혜택을 준다. 가령 한 사람을 제외한 전 인류가 동일한 의견을 가지고 있더라도 인류가 그 한 사람에게 입을 다물고 말을 못 하게 하는 것은 부당하다. 그 한 사람이 권력을 장악했을 때 전 인류에게 말을 못 하게 하는 것이 부당한 것과 조금도 다를 바 없다.　　－밀, 《자유론》 중에서

◆ ◆ ◆

인간의 자유는 절대적인 자유가 아니라 상대적이고 조건 지워진 자유다. 인간의 자유는 이미 인간의 유한한 본질에 의해 그리고 구체적이고 역사적인 상황에 의해 제약받고 있다. 이 구체적이고 역사적인 상황 안에서 인간은 각각 제한된 가능성들과 대결해야 하고 결단을 내려야 한다. 인간의 자유는 인간의 자유로운 결단에 당위와 가치의 규범이 미리 주어져 있다는 의미에서 또한 제한된 자유다. 그러므로 인간의 자유는 의미가 없는 자유가 아니라 오히려 선의 인정과 실현 안에 발생하는 의미 있는 자기 발전이다. 자유는 선과 존재 당위에 예속되어 있다. 바로 여기에서 인간의 자유는 참된 의미를 갖게 된다. ……
이렇듯 인간의 자유는 근본적으로 인간 현존재의 본질을 구성하는 기본 요소다. 개별적인 결단이 자유로운 선택 안에서 이루어진다면 이 결단은 그 가능성의 조건으로서 자유를 전제한다. 이 자유를 통하여 우리의 현존재는 근본적이며 본질적으로 자유롭게 된다. 기본 자유는 선택의 자유를 조건 지우면서 선재(先在)하고 있다. 이 기본 자유는 우리의 전체 행동이 자연의 예속성으로부터 해방되고 자기 처리에 책임을 지는 한, 우리의 전체 행동을 규정짓는다. 기본 자유를 통해 질료적이고 감각적인 속박에서 벗어나 존재의 개방성 안으로 자유롭게 되는 정신적 인식이 비로소 가능하게 된다.　－에머리히 코레트, 《인간이란 무엇인가》 중에서

◆ ◆ ◆

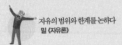

자유의 범위와 한계를 논하다
밀 《자유론》

20

정의란공정성이다

롤스 《정의론》

서울대 사상고전 100선에 선정된 핵심 포인트

롤스의 《정의론》은 현대 미국의 도덕철학과 정치철학에 새로운 시각과 방법을 제
공한 저서로서 사회과학 내지 사회철학의 전 분야에서 이미 현대적 고전의 자리를
차지했다. 사회계약론을 보다 일반화시키고 그 이론에 함축되어 있는 정의관의 중
요한 구조적 특성을 밝혀냄으로써 새로운 정의관을 발전시킬 길을 열어놓았다.

— 김효명 전 서울대학교 명예교수

'정의'가
철학 주제가 되다

고대 그리스의 철학자 플라톤은 주저인 《국가》를 '정의란 무엇인가'로부터 시작했다. 플라톤은 한 국가를 이루는 세 계급, 즉 통치계급, 수호계급, 생산계급이 각자 자기 역할을 충실히 하는 것을 정의라고 했다. 정의에 대한 이런 정의는 오늘날 결코 만족스러운 것이 아니다. 외형적으로 신분에 따른 계급이 없어진 사회에서 플라톤의 정의는 통용되기 어렵다.

최근 미국의 법학자 마이클 샌델(Michael Sandel)이 《정의란 무엇인가》라는 책으로 우리 사회에 하나의 '신드롬'을 일으켰다. 샌델의 책이 신드롬이 되었던 이유는 다수의 사람들이 우리 사회가 정의롭지 못하다고 보았기 때문이다. 사회적, 경제적 불평등이 심화되고 정치적 의사 표현조차 제약하는 국가는 결코 정의롭지 못하다. 그러나 막연하게 공동체 내에서의 정치적, 도덕적 합의를 주장하는 샌델의 주장에서 '정의란 무엇인가'에 대한 답을 찾기는 어려웠다. 그럼에도 샌델 신드롬으로 '저스티스(justice)', 즉 정의는 우리 사회의 유행어가 되었다.

샌델 신드롬과 함께 한 권의 책이 주목받기 시작했다. 바로 롤스(John Rawls, 1921~2002)의 《정의론(A Theory of Justice)》이다. 롤스는 미국에서 태어나 프린스턴 대학교에서 철학 박사 학위를 받고, 코넬 대학교와 매사추세츠 공과대학교를 거쳐 하버드 대학교 철학 교수를 역임했다.

정의란 공정성이다
롤스 《정의론》

1958년에 〈공정으로서의 정의(Justice as Fairness)〉라는 논문을 발표한 이후 〈분배적 정의(Distributive Justice)〉, 〈정의감(The Sense of Justice)〉 등 정의와 관련된 주제를 다룬 논문을 계속 발표했다. 롤스는 20여 년간의 탐구 결과를 모아 1971년에 《정의론》을 발표했다. 이 책은 오랫동안 철학의 뒷전으로 밀려나 있던 정의의 문제를 플라톤이 구상했듯이 철학의 주요 주제로 부각시켰다.

좋은 것보다 옳은 것이 먼저다

롤스는 《정의론》 서문에서 글을 쓴 의도를 설명하면서 자신이 토대로 하고 있는 철학이 무엇인지를 밝혔다. 롤스 당대에 도덕학과 윤리학에서 지배적인 철학은 공리주의였다. 공리주의는 "최대 다수에게 최대 행복을 보장하는 행위는 최선의 것이고 불행을 가져오는 행위는 최악의 것이다"라고 주장한다. 한 개인의 행위가 가져오는 쾌락과 고통의 양을 측정하여 쾌락의 양이 많으면 좋은 것이고 반대로 고통의 양이 많으면 불행이라는 것이다. 공리주의자들은 이런 원리를 사회에도 적용한다. 한 사회를 구성하는 모든 개인의 쾌락과 고통의 양을 측정하여 쾌락의 양이 많으면 좋은 사회이고 고통의 양이 많으면 불행한 사회라는 것이다.

롤스는 공리주의를 비판했다. 롤스는 공리주의가 '좋음'과 '옳음'을 구분하지 않았다고 했다. 분배를 예로 들어보자. 열 개의 물건을 한 사람에게는 아홉 개, 다른 사람에게는 한 개를 나누어주었다. 두 사람이 느낄 쾌락의 양과 고통의 양을 비교해본 결과 쾌락의 양이 많다면 공리주의자들은 좋은 일이라고 할 것이다. 그러나 롤스는 그런 분배는 결코 올바르지 않다고 말한다. 분배의 '정의'가 무시되고 개개인의 만족도만으로 행복과 불행을 비교하는 일은 결코 올바르지 않다.

그러므로 롤스의 정의론은 사회적이다. 개개인의 행불행보다 정의가 우선한다. 그래서 롤스는 자신의 철학이 '사회계약론'의 전통을 잇는다고 말한다.

> 지금까지 내가 시도해왔던 일은 로크나 루소 그리고 칸트가 제시한 사회계약의 전통을 보다 일반화하는 것이었다. …… 나아가 이런 이론이 공리주의에 비해 정의에 관한 보다 체계적인 설명을 해줄 것이라 생각하고 논의를 전개해왔다. 결과적으로 도달한 결론은 그 성격상 지극히 칸트적인 것이다.

원초적 입장과 무지의 장막

그렇다면 롤스는 사회계약론의 전통에서 무엇을 이어받았을까? 사회계약론은 자연 상태의 인간이 계약을 맺어 국가가 생겨났다고 주장한다. 롤스는 자연 상태라는 말 대신에 '원초적 입장'이란 말을 사용한다. 그러나 전통적인 사회계약론과 달리 롤스는 자연 상태에서의 계약을 특정 사회 혹은 특정 형태의 국가를 세우기 위한 것이 아니라고 말한다. 원초적 합의의 대상은 정의의 원칙이다. 즉 자신의 이익 증진에 관심을 가진 자유롭고 합리적인 사람들이 최초의 평등한 입장에서 공동체의 기본 조건을 규정하기 위한 원칙을 찾는 것이 원초적 합의라는 것이다.

원초적 입장은 실제 존재했던 상태가 아니다. 롤스 역시 그 점을 인정한다. 그런데 왜 원초적 상황을 가정하는가?

> 원초적 입장을 역사상 실재했던 상태로 생각해서는 안 된다. 더욱이 문화적 원시 상태라고 생각해서도 안 된다. 원초적 입장은 일정한 정의관에 이르도록 규정된 순수한 가상적 상황이다. 이런 상황에서는 아무도 자신의 사회적 지위나 계층상의 위치를 모른다. 또한 누구도 자기가 어떤 소질, 능력, 지능, 체력 등을 천부적으로 타고났는지를 모른다. 정의의 원칙들은 무지의 장막에서 선택된다. 그러므로 아무도 타고난 우연의 결과나 사회적 여건으로 인해 유리하거나 불리해지지 않는다. 모든 사람이 유사한 상황에 처하게 되어 아무도 자신의 특정 조건에 유리한 원칙들을 구상할 수 없기 때문에 공정한 합의와 약정의 결과 정의의 원칙들이 선택된다. 상호 동등한 관계인 원초적

입장은 도덕적 인격체, 즉 자신의 목적과 정의감을 가진 합리적 존재로서의 개인들에게 공정하다.

롤스는 원초적 입장을 가정함으로써 정의란 무엇인가를 말하고자 했다. 롤스가 말하는 정의는 '공정성'이다. 원초적 입장은 원초적 평등을 전제로 한다. 그래서 롤스에게 무지의 장막이 필요했다. 무지의 장막에서는 어느 누구도 자신의 사회적, 경제적, 계층적 지위를 알지 못한다. 또한 소질, 능력, 지능, 체력 등 태어날 때부터 가지는 천부적 능력 역시 알지 못한다. 이런 상태가 되어야 원초적 평등이 이루어진다. 이런 원초적 평등의 상태에서 선택이나 결정을 해야 공정한 선택 혹은 결정이 된다고 롤스는 보았다. 자기 자신을 알지 못하므로 자신 자신의 이해에 입각한 선택을 하지 않는다. 그러므로 무지의 장막에 있는 사람들은 자신의 이해를 가지고 다투지 않음으로써 최소의 노력으로 최선의 합리적 선택을 할 수 있다. 그래서 정의로운 선택이 이루어진다.

롤스의 정의론을 '공정으로서의 정의'라고 부른다. 롤스는 자신의 정의론이 칸트의 정언명법(定言命法)에 따른 것이라고 했다. 칸트의 정언명법은 방법이나 결과를 위한 것이 아니라 그 자체가 목적인 것이다. 즉 롤스는 '공정으로서의 정의'가 수단이나 방법이 아니라 목적으로 추구되어야 한다고 주장했다.

정의의 두 원칙

그렇다면 원초적으로 평등한 상태에서 사람들은 어떤 선택을 할까? 롤스는 사람들이 선택하는 원칙을 두 가지로 제시했다.

> 나는 원초적 입장에서 사람들이 다음과 같은 두 개의 상이한 원칙을 선택할 것이라 주장한다. 첫 번째 원칙은 기본적인 권리와 의무의 할당에서 평등을 요구하는 것이다. 두 번째 원칙은 사회적, 경제적 불평등, 예를 들면 재산과 권력의 불평등을 허용하되 모든 사람, 그중에도 사회의 최소 수혜자에게 불평등을 보상할 만한 이득을 가져오는 경우에만 정당하다고 인정하는 것이다. 이런 원칙들은 소수자의 노고가 전체의 선에 의해 보상된다는 이유로 어떤 제도를 정당화하는 일을 배제한다. 다른 사람의 번영을 위해 일부가 손해를 입는 것이 편의적일지는 모르나 정의로운 것은 아니다.

롤스가 말하는 첫 번째 원칙이란 시민권의 평등을 의미한다. 선거권과 피선거권, 언론과 집회의 자유, 양심과 사상의 자유, 재산권과 신체의 자유, 부당한 체포와 구금을 당하지 않을 자유 등 시민의 기본적인 자유가 모든 사람에게 평등하게 주어져야 한다는 것이다. 첫 번째 원칙에서 주목할 점은 시장의 자유가 배제되어 있다는 점이다.

첫 번째 원칙에 대해서는 큰 논란이 없지만 두 번째 원칙과 관련해서는 논란이 많다. '차등의 원칙'이라고도 불리는 두 번째 원칙은 롤스가 도입한 독특한 개념이다. 차등의 원칙을 최소 수혜자 원칙이라고도 한다. 최소 수혜자 원칙이란 사회적 약자에게 최대한 이익을 줌으로써 사회적 강자와 약자 사이의 차이를 최대한 좁혀야 한다는 원칙이다. CEO와 평사원을 예로 들어보자. CEO는 평사원보다 많은 월급을 받는다. 그러면 CEO와 평사원의 월급 차이는 어느 선까지 인정될 수 있는가? CEO가 경영 능력을 발휘하여 평사원에게 이익이 돌아가게 할 수 있는 선까지다. 그러므로 CEO와 평사원의 월급 차이가 무한대로 커지면 안 되고 오히려 최대한 그 차이가 좁혀져야 한다.

물론 롤스는 두 원칙 중에 첫 번째 원칙을 우선해야 한다고 주장한다.

> 이렇게 순위를 매긴 이유는 첫 번째 원칙이 요구하는 평등한 자유의 제도로부터 벗어나면 어떤 사회적, 경제적 이득으로도 보상할 수 없기 때문이다. 부와 소득의 분배와 권력의 계층화는 반드시 동등한 시민권의 자유와 기회 균등을 보장하는 선에서 생각해야 한다.

정의란 공정성이다
롤스 《정의론》

생각플러스

롤스는 '최대 다수의 최대 행복'이라는 공리주의의 원칙에 반대하여 소수가 다수의 이익을 위해 희생당해서는 안된다고 했다. 영국의 철학자 존 스튜어트 밀은 공리주의를 지지하고, 인간의 가치는 동물의 가치보다 높기 때문에 인간이 추구하는 쾌락은 정당하다고 했다. 다음의 두 글을 읽고 진정한 사회 정의가 무엇인지 생각해 보자.

◆ ◆ ◆

진리가 사상체계의 으뜸 덕목이라면 정의는 사회제도의 으뜸 덕목이다. …… 사회 전체의 복지를 도모한다는 빌미로 정의를 어길 수 없다. 정의는 다수의 이익을 위해 소수에게 희생을 짐 지우는 것을 용납하지 않는다. 따라서 동등한 시민적 자유가 이미 자리 잡은 사회는 정의롭다고 간주된다. 그 사회에서는 정치적 거래나 사회적인 이해타산이 정의가 수호하는 권리들을 좌우하지 않기 때문이다. …… 일반적인 정의관에 따르면 불평등한 분배가 모든 사람에게 이익을 가져오지 못한다면 분배는 평등하게 이루어져야 한다. 다시 말해 불평등이 모든 사람의 이익이 된다면 그 불평등은 허용되어야 한다는 것이다. …… 일반적인 정의관의 문제점은 노예제도마저 찬성하는 극단적인 예에서 선명하게 드러난다. 따라서 일반적인 정의관을 고치고 다듬는 방향으로 정의의 원칙을 수립해야 한다. …… 정의의 원칙을 세울 때는 기본적 자유를 먼저 고려하고 사회경제적 분배의 문제를 고려해야 한다. 사회경제적 분배의 경우 사회계층들 사이에 존재하는 차이를 도외시할 수 없다. 예를 들어 자본주의국가에서 기업가에 속하는 사람은 미숙련 노동자에 속하는 사람보다 훨씬 나은 미래를 기대할 것이다. …… 그렇다면 미래의 전망에서 나타날 불평등을 정당화하는 것은 무엇인가? 정의의 원칙은 미숙련 노동자와 같이 열악한 처지에 있는 사람이 미래에 이익을 얻을 수 있는 경우에 불평등을 인정한다.

-롤스, 《정의론》 중에서

• • •

공리성 또는 최대 행복의 원리를 도덕의 기초로 받아들이는 사람들은 행복을 촉진하는 행위가 올바른 행위이고, 행복의 반대 결과를 낳는 행위가 잘못된 행위라고 말한다. 행복은 쾌락이자 고통을 없애는 것이고, 불행은 고통이자 쾌락을 상실하는 것이다. 그런데 이러한 공리주의의 원리가 많은 사람들로부터 천하고 야비하며 돼지에게나 어울리는 학설이라고 비판받는다. …… 그 비판자들은 인간의 품위를 떨어뜨리는 관점에서 인간성을 파악하는 것에 불과하다. …… 인간은 동물적 욕구보다 더 높은 여러 능력을 가지고 있으며, 그 능력을 만족시키지 않는 한, 어떠한 것도 행복으로 간주하지 않는다. …… 고급의 능력을 가지고 있는 존재는 행복하기 위해 하급의 능력을 가진 존재보다 더 많은 것을 필요로 한다. …… 자신을 존엄하게 여기는 마음이 강한 사람들은 그 마음이 행복의 본질이기 때문에 그 마음과 다른 어떤 것도 욕망의 대상으로 보지 않는다. 쾌락을 누릴 수 있는 능력이 낮은 사람은 그 능력을 충분히 만족시킬 수 있는 기회를 가지는 반면, 고도

의 능력을 갖춘 사람은 모든 행복을 언제나 불완전하다고 느낄 것이다. 그러나 그 사람은 행복의 불완전성을 극복하는 것을 배울 수 있다. …… 만족한 돼지보다는 불만이 있는 인간이 낫다. 만족한 사람보다는 불만족인 소크라테스가 낫다.

－밀, 《공리주의》 중에서

◆ ◆ ◆

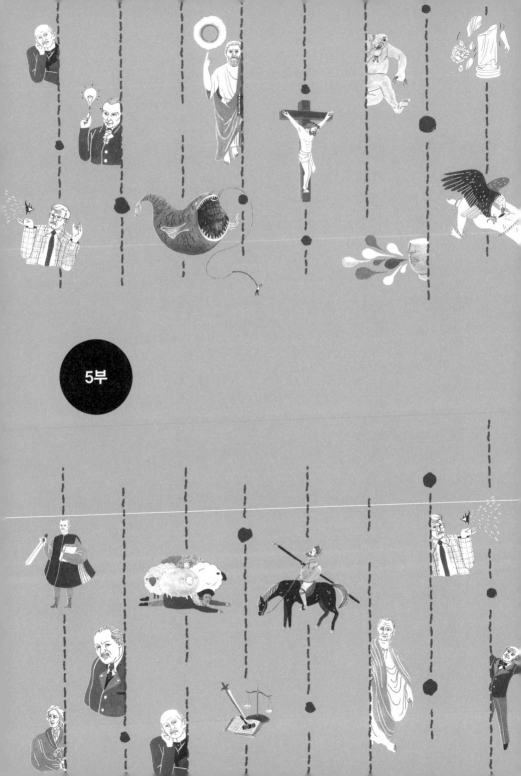

5부

인간 삶의 지혜

러시아 작가 도스토옙스키가 쓴 《죄와 벌》의 주인공 라스콜리니코프는 백해무익한 사람의 돈을 빼앗아 훌륭한 사람을 위해 쓴다면 아무런 죄가 되지 않는다고 생각하여 고리대금업자인 노파를 살해한다. 그러나 그는 결국 죄의식을 느끼고 자수를 하여 시베리아 유형을 떠난다. 도스토옙스키는 이 소설에서 인간의 삶이란 무엇인가를 다루었다.

어떻게 살 것인가? 이 주제를 다루는 철학의 한 분야를 윤리학이라고 한다. 사실 모든 철학의 결론은 이 주제로 모아진다. 세계의 근원을 밝히자는 존재론, 세계를 어떻게 알 수 있는지를 다루는 인식론 역시 결론은 인간이 어떻게 살아야 하는가 하는 문제다. 어떤 삶이 인간적인 삶인가? 동서고금, 남녀노소를 가리지 않고 누구나 이 문제에 대해 고민한다.

5부에서는 어떻게 살 것인가를 주제로 다섯 편의 글을 해설한다. 키케로의 《의무론》, 베르그송의 《창조적 진화》, 우나무노의 《생의 비극적 감정》, 엘리아데의 《성과 속》, 요나스의 《책임의 원리》가 그것이다.

모든 철학자들이 이 주제를 다루었지만 오늘날에도 여전히 윤리학의 핵심적인 문제에 해당하는 내용을 중심으로 다섯 편을 묶었다. 키케로는 '좋은 것'과 '옳은 것' 중에서 '옳은 것'을 선택하라고 한다. '좋은 것'이 좋은 것이 아니라 '옳은 것'이 좋은 것이라고 했다. 베르그송은 인간을 일종의 기계장치로 보거나 인간의 운명이 예정되어 있다는 주장을 배격하고 자유로운 인간의 행동을 옹호했다. 우나무노는 어려운 현실을 당하면 실의에 빠지거나 좌절하지 말고 돈키호테처럼 도전에 도전을 거듭하라고 권고했다. 엘리아데는 성스러운 것과 속된 것이 따로 떨어져 있는 것이 아니므로, 속된 것 속에서 성스러운 것을 찾으라고 했다. 누구나 가지고 있는 특별한 장소, 특별한 기억을 성스럽게 생각하라는 것이다. 요나스는 기술문명의 발전으로 인한 생태의 위기 시대에 자연까지 포괄하는 새로운 윤리학을 세우자고 했다. 인간은 자연에 대해 책임을 져야 하고 그것이 미래 세대를 위한 일이라고 했다.

격변하는 시대에 어떻게 살 것인가는 쉽게 답을 얻을 수 없는 질문이다. 이순신 장군은 "살고자 하면 죽을 것이고 죽고자 하면 살 것이다"라고 했다. 안중근 의사는 맹자의 말인 '견리사의(見利思義:이익을 보면 반드시 의를 생각하라)'를 크게 써서 남겼다. 좋은 것, 이로운 것을 추구하는 시대에 옳은 것, 대의(大義)를 따르는 삶을 살라는 말씀이다.

21

도덕의 실천은 의무다

키케로 《의무론》

서울대 사상고전 100선에 선정된 핵심 포인트

키케로는 그리스 정신에 강하게 영향을 받았으면서도 비교적 독
창적인 사유를 한 로마 철학자로 알려져 있다. 여러 저술을 통하
여 키케로가 의도했던 바는 다양한 분야를 잘 융합하는 하나의
정돈된 체계를 세우려는 것이라기보다는 철학적 견해와 입장의 풍
부함과 다양함을 로마 시민들에게 제시하는 것이었다. 기원전 44년
에 나온 《의무론》은 스토아철학의 원리에 입각하여 실천 윤리의 문제
를 다룬 저서다.

─ 김효명 전 서울대학교 명예교수

선함과 현명함,
그것이 문제로다

퀸투스 스카이볼라는 사고 싶은 농장의 가격을 알아보았다. 농장 주인이 농장 값을 불렀을 때 퀸투스는 그 농장이 그 이상의 값어치가 있다고 생각했다. 그래서 농장 주인이 부른 가격보다 10만 세스테르케스를 더 주었다. 이 농장 주인이 선하고 정직한 사람이란 것을 부정할 사람은 아무도 없다. 그러나 농장 주인이 팔 수 있었던 가격보다 더 작은 돈을 받고 팔았다면 현명한 처사가 아니었을 것이라고 사람들은 말한다. 바로 여기에 선한 사람과 현명한 사람은 서로 다르다고 평가하는 위험한 생각이 도사리고 있다. 엔니우스의 말도 그러하다. "공허하구나, 자기 자신에게 이익이 되는 것을 취하지 않는 현인의 현명함이라니." 이익이 된다는 말의 의미가 무엇인지에 대해 엔니우스와 내가 의견을 같이하기만 한다면 엔니우스의 말은 옳다.

키케로(Marcus Tullius Cicero, BC 106~BC 43)는 《의무론(De Officiis)》에서 이런 문제를 제기했다. 키케로가 제기하는 문제는 이렇다. 농장 주인은 자신이 생각한 가격보다 더 많은 돈을 받고 농장을 팔았다. 이때 농장 주인의 태도는 올바른 것인가? 사람들은 만약 농장 주인이 퀸투스가 주는 대로 받지 않고 농장을 넘겼다면 현명하지 않은 것이라고 말한다.

그러나 키케로는 농장 소유주가 현명할지는 모르지만 선하지는 않다고 보았다.

선함과 현명함, 이 가운데 우리는 어떤 것을 선택해야 할까? 이 문제는 농장을 판매하는 경우에만 해당하는 것이 아니다. 우리는 살아가면서 수많은 선택의 기로에 선다. 명예냐 부냐, 정직이냐 이익이냐, 사랑이냐 돈이냐 등등. 수많은 선택의 기로에서 철학자들은 자신의 입장에 따라 다른 대답을 내놓는다. 고대 로마의 에피쿠로스학파나 근대의 공리주의자들은 쾌락을 따르라고 한다. 어떤 행위에서 생겨나는 쾌락과 고통을 비교하여 쾌락이 크면 그 행위를 하라는 것이다. 부가, 이익이, 돈이 고통보다 쾌락을 준다면 서슴없이 그것들을 선택하라고 말한다. 동양의 맹자라면 전혀 다른 이야기를 들려줄 것이다. 맹자는 견리사의, 즉 이익을 보거든 의를 생각하라고 한다. 이익이 아니라 도덕적 올바름을 선택하라는 것이다. 독일의 철학자 칸트 역시 마찬가지다. 칸트는 정언명법을 주장한다. 칸트는 도덕법칙이 수단으로 추구되어서는 안 되고 목적으로 추구되어야 한다고 했다.

키케로는 이상의 두 가지 흐름 중에서 한 흐름의 선구자다. 키케로는 현명함이 아니라 선함을 선택하라고 한다. 키케로는 한 발 더 나아가 선한 행동이 현명한 행동이고 선하지 못한 행동이 현명하지 못한 행동이라고 말한다.

도덕의 실천은 의무다
키케로 《의무론》

공화정의 수호자

키케로는 고대 로마 아르피눔의 부유한 집안에서 태어났다. 로마와 그리스에서 교육을 받고 폼페이우스 트라보 밑에서 군 복무를 했다. 기원전 81년에 처음으로 법정에 등장하여 퀸크티우스를 변호한 것에 이어기원전 80년에는 존속살인이라는 날조된 혐의로 기소된 섹스투스 로스키우스를 훌륭하게 변호하여 법조계에서 명성을 얻었다. 기원전 75년에는 시칠리아 섬 서부에서 재무관으로 공직 생활을 시작했고 기원전 64년과 63년에는 집정관으로 선출되었다. 기원전 60년 카이사르가 카이사르, 크라수스, 폼페이우스의 정치 동맹에 참가하라고 권유했지만키케로는 그 동맹이 위헌이라며 거절했다. 기원전 59년에는 카이사르가 갈리아 원정을 앞두고 자신의 참모로 일할 것을 권유했지만 이 또한거절했다. 키케로는 공화정을 옹호했기 때문에 공화정을 폐지하려는카이사르에 반대했던 것이다.

키케로는 기원전 58년에 정적 클로디우스가 호민관이 되자 목숨의위협을 느껴 마케도니아로 탈출했다. 그는 그다음 해에 로마로 돌아와카이사르, 크라수스, 폼페이우스의 정치 동맹에 가담했지만 곧 공직에서 물러났다. 키케로는 기원전 51년에 로마를 떠나 소아시아 남부의 시칠리아 지방을 다스리다가 로마로 다시 돌아왔다. 그 무렵 카이사르와 폼페이우스는 권력투쟁을 벌이고 있었다. 키케로는 카이사르를 저지하기 위해 폼페이우스의 편을 들었다. 그러나 이 싸움은 카이사르의 승리로 끝났다. 키케로는 카이사르가 암살되자 로마로 돌아와 옥타비아누스와 손을 잡고 안토니우스와 전쟁을 벌이고자 했다. 그러나 옥타비아누스가 안토니우스, 레피두스와 삼두정을 수립하면서 키케로는 체포되어 처형당했다.

키케로가 권력자 안토니우스를 피해 도망 다니던 시절 아테네에 유학 중이던 아들이 '도덕적 선과 유익함'에 대해 묻는 편지를 보내왔다. 기원전 44년 키케로는 아들의 편지에 대한 답신 형태로 《의무론》을 썼다. 키케로가 죽기 1년 전이었다. 키케로는 이 책에서 도덕적 선의 실천이 인간의 의무라고 말했다. 그래서 책의 제목 역시 《의무론》이라고 했다.

키케로의 네 가지 덕

키케로가 말하는 도덕적 선이란 무엇인가? 키케로는 네 가지 덕에 대해 말한다.

> 너는 플라톤이 말한 것처럼 "육안으로 구별할 수 있다면 지혜에 대한 놀라운 사랑을 일으킬" 도덕적으로 명예로운 것의 형상과 모습을 보

도덕의 실천은 의무다
키케로 《의무론》

고 있다. 도덕적으로 선하고 명예로운 것은 다음 네 가지 중의 하나에서 나온다. 첫째, 지혜에 대한 통찰과 이해에서 나오거나 둘째, 인간 사회를 유지하고 각자의 것을 나누어주며 계약된 것에 대한 신의에서 나오거나 셋째, 굽히지 않는 고귀한 정신의 위대함과 강고함에서 나오거나 넷째, 행동이나 말에 절도와 인내가 내재해 있는 질서와 온건함에서 나온다. 네 부분은 비록 서로 중복되거나 혼합되어 있지만 어떤 유의 의무는 단일 부분에서 나오기도 한다.

키케로는 지혜, 정의, 용기, 인내를 네 가지 덕이라고 했다. 키케로가 주장한 네 가지 덕은 플라톤을 연상시킨다. 플라톤은 지혜, 용기, 절제를 덕이라고 했다. 정의가 더 첨가되기는 했지만 키케로의 주장은 플라톤의 주장과 다르지 않다. 플라톤은 세 가지 덕이 실행되는 것을 정의라고 했다. 키케로는 친구에게 보낸 편지에서 《의무론》에 대해 "이 책은 남의 책을 베낀 사본이다. 나는 거기에 낱말을 공급했을 뿐이다"라고 썼다. 그런 점에서 이 책은 윤리 철학에 관한 백과사전적 지식을 전해준다고 할 수 있다.

그렇다고 키케로가 베끼기만 한 것은 아니었다. 그는 이전 철학자들의 주장과 다른 독창적 주장을 펼쳤다. 키케로의 주장은 플라톤의 주장과 다르다. 플라톤은 각각의 덕을 계급과 연관 지었다. 다시 말해 플라톤은 이상적 국가의 구성원을 세 계급, 즉 통치계급, 수호계급, 생산계급으로 나누고 통치계급은 지혜, 수호계급은 용기, 생산계급은 절제의 덕을 가져야 한다고 했다. 그러나 키케로는 네 가지 덕을 계급과 연관시키지 않고 모든 사람이 실천해야 할 의무이자 규범이라고 했다. 그래서 칸트는 윤리학에 관한 한, 플라톤에게서 배우지 않고 키케로에게서 배웠다고 했다.

윤리학의 선구자

키케로는 네 가지 덕 중에 지혜가 가장 중요하다고 했다. 왜냐하면 인간의 본질과 가장 밀접하기 때문이다. 인간은 누구나 새로운 것을 듣고 배우기를 원한다. 인간은 비밀스러운 일이나 신기한 일에 대해 알고자 하는 호기심과 욕망을 가진다. 키케로는 인간이 지혜를 가짐으로써 선과 악을 구별할 수 있다고 했다. 키케로는 지혜와 관련하여 두 가지 오류를 피해야 한다고 말한다. 첫째, 알지 못하는 것을 아는 체하며 맹목적 동의를 해서는 안 된다. 둘째, 애매모호하고 어려우며 필요하지 않은 것에 너무 많은 정력과 노력을 쏟아서는 안 된다. 우리가 깊이 되새겨야 할 덕목이다.

키케로는 또한 정의를 매우 중요시한다. 정의는 덕의 광채를 빛나게 한다. 키케로는 정의로운 사람이 선한 사람이라고 했다. 자선, 친절, 관

대함이 모두 정의와 결부된 말이라고도 했다. 키케로는 정의의 기능에 대해 이렇게 썼다. "정의의 일차적 기능은 정의롭지 못한 것으로 인해 해를 입지 않는 한, 다른 사람을 해치지 않으며, 공공물은 공공을 위해 사용하고 개인의 사유물은 개인을 위해 사용하는 것이다." 키케로에 의하면 본래 자연 상태에서는 모든 것이 공공물이었다. 그 뒤에 공공물이 개인에게 할당되었는데 누군가 자기 몫보다 더 많은 것을 탐낸다면 그 사람은 인간 사회의 법을 위반한 것이 된다. 이런 키케로의 주장은 훗날 사회계약론과 정의론에 이론적 토양을 제공했다. 키케로는 이렇게 말했다.

> 자연 상태인 인간의 본성을 우리 안내자로 하고, 공동의 이익을 위해 공동의 이익을 중심 문제로 생각하며, 서로 간의 의무를 교환해야 한다. 때에 따라 기술, 노동, 재능을 주고받음으로써 인간 사회를, 인간과 인간의 결속을 공고하게 해야 한다.

키케로는 용기와 인내란 마음의 혼란과 동요를 억제하고 본능적인 요구를 이성으로 복종시키는 능력이라고 했다. 욕망은 사람을 충돌질한다. 욕망을 통제하지 않으면 한계를 넘어서게 되어 정신적 혼란뿐만 아니라 신체적 이상이 생길 수도 있다. 이성으로 욕망을 통제해야 모든 정신적 혼란에서 벗어나 마음의 안정을 찾을 수 있다. 그러기 위해 특히 쾌락을 멀리해야 한다.

키케로는 자신이 제시한 덕을 인간이 실행해야 할 의무라고 했다. 이렇게 주장함으로써 그는 이후 등장하는 윤리학의 한 흐름을 이끄는 선구자가 되었다. 좋은 것이 아니라 옳은 것을 추구하고 도덕을 수단이 아니라 목적으로 추구해야 한다. 이런 주장은 오늘날까지도 윤리학의 한 흐름으로 이어지고 있다. 프랑스의 계몽철학자 볼테르(Voltaire)는 키케로의 《의무론》에 대해 이렇게 썼다. "아무도 이 책보다 현명하고 진실하며 유용한 것을 쓰지 못할 것이다. 사람들에게 교훈을 주거나 훈시하려는 야심을 가진 작가가 만약 키케로의 《의무론》보다 더 잘 쓰기를 원한다면 그는 허풍쟁이이거나 아니면 이 책을 베끼는 책을 쓰게 될 뿐이다."

키케로는 도덕의 실천이 의무라고 말했다. 올바름과 이로움이 부딪히는 상황에서는 올바름을 선택하라고 했다.《의무론》에는 옳게 판단하고 선택해야 하는 수많은 사례가 제시되어 있다. 다음의 글도 그중 하나인데, 누구의 말이 옳은지 생각해보자.

◆ ◆ ◆

곡물 부족으로 곡가가 폭등하여 기아에 허덕이고 있는 로도스 섬에 어떤 상인이 알렉산드리아로부터 곡물을 배에 가득 싣고 왔다고 가정해보자. 그리고 많은 곡물 상인들이 배에 곡물을 가득 싣고 알렉산드리아를 출항하여 로도스 섬으로 오고 있다는 사실을 이 상인만 알고 있었다고 가정해보자.

이 상인은 로도스 사람들에게 그 사실을 그대로 말하겠는가, 아니면 침묵한 채로 자신의 곡물을 가능한 한, 비싼 값으로 많이 팔겠는가? 이제 이 사람이 현명하고 선하다고 가정하자. 만약 이 사람이 그 사실을 숨기는 것이 도덕적으로 옳지 못하다는 판단을 내린다면 그 사실을 로도스 사람들에게 숨기지 않을 것이다. 그렇지만 그 사실을 숨기는 것이 도덕적으로 나쁜지에 대한 확신이 서지 않는 경우라면 그 상인은 어떤 고민을 할지 살펴보자.

이 문제를 두고 스토아학파의 대(大)철학자인 바빌로니아의 디오게네스와 그의 제자로서 매우 예리한 판단력을 지녔던 안티파테르는 견해가 서로 달랐다.

안티파테르는 그 상인이 상품에 대해 자신이 알고 있는 모든 것을 구매자에게 밝혀야 한다고 주장한다. 반면 디오게네스는 그 상인이 시민법이 정한 범위 안에서만 상품의 결함을 알려도 된다고 주장한다. 또한 상인이 속임수를 쓰지 않는 한, 장사를 하는 사람으로서 최대의 이윤을 남기고 팔아도 된다고 한다. 디오게네스가 생각하는 상인은 이렇게 말할 것이다.

"나는 다른 경쟁자들보다 내 상품들을 더 비싸게 팔지 않는다. 시장에 물건이 많이 나오면 아마 더 싸게도 팔 것이다. 나에게 무슨 잘못이 있다는 말인가?"

이에 대해 안티파테르는 다른 견해를 피력한다.

"무슨 말씀을 하시는 겁니까? 선생님께서는 사람들을 돌보셔야 하고 인간 사회에 기여할 의무가 있습니다. 그리고 선생님께서는 자연의 법칙에 따라 이 세상에 태어나셨고, 선생님께서 지키고 따라야 할 자연의 원리를 가지고 계십니다. 그러므로 선생님의 유익함은 공동체의 유익함이고, 거꾸로 공동체의 유익함은 선생님의 유익함입니다. 그런데도 선생님께서는 공동체의 구성원들에게 필요한 곡물이 풍족하게 공급될 것이라는 사실을 사람들에게 알리지 않겠다는 말씀이십니까?"

디오게네스는 아마 이렇게 대답할 것이다.

"숨기는 것과 침묵하는 것은 별개의 문제라네. 지금 곡물 가격보다 자네가 더 중요시하는 최소의 선인 신(神)들의 본질에 대해 내가 말하지 않는다고 해서 그것을 숨기는 것은 아닐세. 무엇이든지 자네에게 유익하다고 해서 내가 자네에게 꼭 말해야 할 의무는 없는 것일세."

안티파테르는 다음과 같이 말할 것이다.

"물론 그렇습니다. 그러나 사람들 사이에는 자연에 의해 맺어진 사회

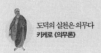

공동체가 있다는 사실을 선생님께서 정말 기억하신다면 말할 필요가 있다고 인정하실 것입니다."

이에 대해 디오게네스는 다음과 같이 답변할 것이다.

"나도 그 점을 잊지 않고 있네. 그러나 자네가 말하는 사회란 각자에게 자기 개인의 사유재산이란 전혀 없는 그런 사회란 말인가? 만약 그런 사회라면 아무것도 판매해서는 안 되고 단지 공짜로 주어야 할 걸세."

– 키케로, 《의무론》 중에서

◆ ◆ ◆

22

생명은 기계가 아니다

베르그송 《창조적 진화》

서울대 사상고전 100선에 선정된 핵심 포인트

베르그송의 철학이 갖는 역사적 의의는 정태적 존재를 위주로 하는 종래의 형이상학과는 근본적으로 다르게 생성과 변화를 근원적인 것으로 파악하는 역동적 형이상학을 제창했다는 데 있다. 《창조적 진화》는 생명과 물질에 대한 실증적 사실을 토대로 해서 존재하는 전체를 하나의 통일된 관점에서 질서 지우려 한 저서다.

— 김효명 전 서울대학교 명예교수

철학,
자연과학에 의존하다

사실에 대한 고찰을 실증과학에 맡기는 것이 신중한 것처럼 보일 수 있다. 물리학과 화학이 무기물질을 다루고 생물학과 심리학이 생명의 현상을 다룬다. 그때 철학자의 임무는 명백히 한정된다. 철학자는 과학자의 손으로부터 사실들과 법칙들을 건네받는다. 사실들과 법칙들을 넘어서서 심층적인 원인에 도달하려고 하든 혹은 더 멀리 가는 것이 불가능하다고 믿고 과학적 인식의 분석 자체로 심층적 원인을 증명하려고 하든 철학자는 과학자가 건네준 사실들과 관계들에 대해서 이미 판결이 내려진 사태를 대하듯 존경심을 가지게 된다. 철학자는 과학적 인식에 인식능력 비판을 올려놓거나 그것이 잘 안 되면 형이상학을 올려놓을 것이다. 인식 그 자체, 인식의 구체성은 과학이 할 일이지 철학이 할 일이 아니라고 생각한다. 그러나 이런 작업 분담이 모든 것을 뒤섞어 혼란에 빠지게 한다는 것을 왜 알지 못하는가?

베르그송(Henri Louis Bergson, 1859~1941)은《창조적 진화(L'evolution creatrice)》에서 당대의 과학과 철학의 관계에 대해 이렇게 진단했다.《창조적 진화》는 1907년에 출판되었다. 그러므로 베르그송 당대 철학의 상황을 이해하려면 19세기 후반의 상황을 살펴보아야 한다. 1781년에 독일 철학자 칸트가 《순수이성비판》을 발표한 이후 철학의 중심 주제는 인식론이었다. 즉 진리를 어떻게 알 수 있는가에 대한 탐구가 주요 주제를 이루었다. 칸트는 진리를 알 수 있는 틀, 예를 들면 개념들이 선험적으로 존재한다고 했다. 칸트는 자연과학의 급속한 발전에 깊은 감명을 받았다. 그래서 자연과학의 성과를 검토하면서 철학의 고유한 영역이 무엇인가에 대해 오랫동안 사색한 결과 자신의 학설을 내놓았다. 그런데 칸트의 제자를 자처한 철학자들은 칸트와 달리 인식론에 대한 탐구에서 세계 혹은 사물에 대한 탐구를 배제한 채 선험적 개념에 대한 탐구에 매달렸다. 그래서 세계와 사물에 대한 탐구를 자연과학에 미루어놓았다.

한편 칸트와 다른 방향에서 철학을 추구하는 학파가 나타났다. 그 학파 역시 자연과학의 급속한 발전에 큰 영향을 받았다. 그 대표적인 예가 영국의 철학자 스펜서(Herbert Spencer)였다. 스펜서는 경험과 관찰을 중시하는 경험주의 전통을 이어받아 자연과학의 성과를 철학에 반영하고자 했다. 그리하여 '사회적 진화론'을 주장하기에 이르렀다. 사회적 진화론은 다윈의 진화론을 사회에 적용하여 '적자생존의 법칙'으로 사회를 설명하고자 하는 이론이다. 그런데 스펜서의 철학 역시 칸트 제자들의 철학과 마찬가지로 세계와 사물에 관한 탐구를 자연과학에 미루었다.

생명은 기계가 아니다
베르그송 《창조적 진화》

베르그송이 활동하던 시기에 철학은 대부분 세계와 사물에 대한 탐구를 자연과학에 미루어둔 채 자연과학의 성과를 논리적으로 분석하거나, 아니면 그 성과를 그대로 가져오는 상황이었다. 베르그송의 철학은 이런 경향에 대한 도전이었다.

공부 잘하는 유대인

베르그송은 프랑스 파리에서 폴란드계 유대인 아버지와 영국인 어머니 사이에서 태어났다. 베르그송은 어려서부터 과학에 소질이 있어서 대학에서 수학과 물리학을 전공했다. 그러나 과학의 배후에 숨어 있는 형이상학의 문제에 직면하게 되었고 자연히 철학으로 방향을 전환했다. 스물두 살에 철학 교수 자격을 획득하여 고등학교와 대학에서 철학을 강의했다. 베르그송은 대학 시절부터 스펜서의 철학을 연구했다. 스펜서의 진화론은 베르그송에게 감명을 주었을 뿐만 아니라 그가 극복해야 할 과제가 되어주었다. 베르그송이 자신의 주저에 '창조적 진화'라는 제목을 붙인 이유도 여기에 있다.

우선 책의 제목인 '창조적 진화'부터 살펴보아야 한다. '창조'와 '진화'는 얼핏 모순된 개념처럼 보인다. 오늘날까지도 생명의 기원과 관련해 창조론과 진화론이 대립하고 있지 않은가. 베르그송이 말하는 창조는 무에서 유를 만들어내는 것이 아니라 연속적인 변화 속에서 일어나는 질적 비약을 의미한다. 베르그송이 진화 앞에 창조를 붙인 이유는 진화론을 그대로 사회 이론과 철학에 적용하려 했던 스펜서의 철학에 반대한다는 의미였을 것이다. 그만큼 스펜서의 철학은 당대에 커다란 영향을 미치고 있었다. 진화론을 그대로 사회 이론과 철학에 가져오면 결정론이 된다. 인간의 삶과 사회의 변화가 진화의 법칙에 따른 것이라면 개인적 차원에서 자유를 위한 노력도, 사회적 차원에서 삶을 개선시키기 위한 수많은 사람들의 노력도 아무런 의미가 없게 된다. 인간의 운명과 사회의 진행 방향은 결정되어 있기 때문이다. 더욱이 스펜서의 철학에 따르면 적자생존의 법칙에 의해 어떤 수단을 쓰든 승리한 자가 정당화된다. 스펜서의 철학은 제국주의자들의 논리에 철학적 토대가 되어주었다. 제국주의가 우월하고 식민지로 전락한 국가들은 열등하므로 제국주의의 지배는 정당한 것이 된다.

베르그송은 《창조적 진화》를 저술한 목적을 이렇게 쓰고 있다.

인식론과 생명론을 서로 분리할 수 없다. 생명론은 인식비판을 수반하지 않으면 지성이 위임해준 개념을 그대로 받아들이게 된다. 생명론은 하나의 메커니즘을 움직이지 않는 것으로 보고, 이 메커니즘 속에 여러 가지 사실을 덮어놓고 밀어 넣는 일밖에 못한다. 이리하여 안성맞춤의 부호법이 얻어진다. 그것은 실증과학에서는 필요할지

생명은 기계가 아니다
베르그송 《창조적 진화》

모르지만 대상의 직접적인 관찰은 아니다. 다른 한편으로 인식론은 지성을 생명의 일반적 진화 속에 되돌리지 않는다면 인식의 틀이 어떻게 형성되었는지, 어떻게 하면 지성을 확장하거나 초월할 수 있는지를 우리에게 가르쳐주지 않을 것이다. 인식론과 생명론이라는 이 두 가지 탐구는 합류하지 않으면 안 된다.

베르그송은 인식론과 생명론을 분리해서는 안 된다고 말한다. 생명론은 주어진 개념에 사실들을 끼워 맞추려고 하는 한계가 있다. 즉 생명 현상에 대한 탐구 결과를 반성적 고찰 없이 그대로 모든 현상에 적용하려는 문제가 있다. 인식론은 생명론에 대한 탐구가 없다면 지성의 확장을 가져올 수 없다. 인식론은 반성적 고찰을 하지만 세계와 사물에 대한 새로운 고찰은 하지 않기 때문이다. 그러므로 생명현상에 대한 탐구 결과를 반성적으로 고찰하고, 그것을 바탕으로 새로운 현상을 탐구하는 자세가 필요하다. 그러므로 인식론과 생명론은 긴밀하게 연결되어야 한다.

창조적 진화란 생명의 자유로움

베르그송이 비판의 대상으로 삼은 이론은 기계론과 목적론이다. 기계론은 생명을 일종의 기계장치로 보는 사고다. 이런 사고방식은 프랑스 철학자 데카르트로부터 시작하여 베르그송 당대에까지 널리 퍼져 있었다. 베르그송은 생명의 진화를 통해 인간과 같은 유기체가 결코 단순한 기계장치가 아니라는 사실을 알 수 있다고 말한다. 특히 베르그송은 시간의 개념을 도입하여 기계론에 반대한다.

> 기계론적 설명은 우리의 사유가 전체로부터 인위적으로 분리시키는 체계들에 대해 유효하다. 그러나 전체 그 자체와 전체 속에서 그 이미지를 따라 자연적으로 형성되는 체계들을 기계적으로 설명하는 것은 선험적으로 인정할 수 없다. 왜냐하면 그 경우 시간은 불필요할 것이고 심지어 실재하지 않을 것이기 때문이다. 기계적 설명의 본질은 과거와 미래를 현재의 함수로 계산할 수 있다고 간주하고 그렇게 해서 모든 것이 주어졌다고 주장하는 것이다. 이 가설에서 계산을 할 수 있는 초인간적 지성이 있다면 그는 단번에 과거, 현재, 미래를 볼 수 있게 될 것이다.

목적론은 세계 안에서 일어나는 모든 일을 목적과 연결시켜 설명하는 이론이다. 그 대표적인 예가 독일 철학자 라이프니츠(Gottfried Wilhelm Leibniz)의 예정조화설(豫定調和說)이다. 예정조화설은 인간을 포함한 우주 질서의 조화가 신에 의해 예정되어 있다고 주장한다. 만약 그렇다면

사물과 존재는 미리 그려진 계획을 실현하는 것에 불과하다는 의미다. 그래서 베르그송은 목적론에 대해 이렇게 비판한다. "만약 예측 불가능한 것이 없다면 우주에는 발명도 없고 창조도 없으며 시간도 불필요하게 된다. 기계적 가설처럼 여기서도 모든 것이 주어졌다고 가정한다. 이와 같이 이해된다면 목적론은 거꾸로 된 기계론에 불과하다."

베르그송은 기계론과 목적론을 동시에 넘어서고자 했다. 그것은 생명론과 인식론의 관계를 재정립하는 것이었다. 베르그송은 과학과 철학, 즉 생명론과 인식론의 관계에 대해 이렇게 정식화했다. "철학은 과학을 따라가면서 과학의 진리 위에 형이상학이라고 부를 수 있는 아주 새로운 종류의 인식을 겹쳐놓아야 한다. 그러면 과학적이든 형이상학적이든 우리의 모든 인식은 되살아난다. …… 우리는 과학과 철학을 결합하여 점진적으로 발달시키면서 존재 자체의 심층에 도달한다."

이런 관점에서 베르그송은 다윈의 진화론을 검토한다. 다윈은 유리한 변이의 자연선택으로 새로운 기관과 기능, 새로운 유기체와 종이 발생했다고 주장한다. 베르그송은 진화란 지속, 생명력의 축적, 생명과 정신의 발명력, 절대적으로 새로운 것의 끊임없는 전개라고 하여 다윈과 다른 진화 개념을 사용했다. 다윈의 학설을 그대로 사회에 적용하는 사회진화론은 올바르지 않다. 진화는 기계적 메커니즘에 의해 이루어지는 것이 아니고 생명은 기계장치 이상의 것이다. 생명은 성장하고 자신을 회복하며 환경을 어느 정도 만들어낼 수 있는 힘이다.

베르그송은 생명의 진화가 세 가지 방향을 갖고 있다고 말한다. 하나는 생명이 거의 물질적인 식물의 무감각에 빠져서 나태하게 안전만을 찾으며 수천 년 동안 비겁하게 살아남는 것이다. 다른 하나는 생명의 정신과 노력이 개미나 벌의 경우처럼 본능으로 응결되는 것이다. 또 다른 하나는 척추동물의 경우처럼 생명이 자유를 추구하여 본능을 벗어버리고 용감하게 사고의 무한한 모험을 감행하는 것이다. 생명은 지성에 관심을 갖게 되고 지성에서 희망을 찾게 된다. 그러므로 진화는 자연의 선택에 의해 일어나는 것이 아니다. 또한 생명 외적인 어떤 계획에 따라 일어나는 것도 아니다. 창조적 진화란 생명의 자유로운 활동에 의해 일어나는 것이다.

생명은 기계가 아니다
베르그송 《창조적 진화》

베르그송은 인간을 기계와 유사한 것으로 보는 기계론 그리고 인간의 운명이 정해져 있다는 목적론을 배격했다. 인간은 생명을 가진 자율적 존재이지만, 또한 사회적 관계에 의존하는 존재이기도 하기 때문이다. 미국의 경제학자 토드 부크홀츠(Todd G. Buchholz)는 베블렌(Thorstein Bunde Veblen)의 과시적 소비를 심도 있게 파헤치고 있다. 다음 두 글을 읽고 사회적 의존에 따르는 부정적 측면을 생각해보자.

◆ ◆ ◆

우리는 자기 자신에게 속할 뿐만 아니라 사회에도 속한다. 우리는 마음의 심층으로 내려가면서 본래의 자기 자신이 되어 본래의 인격을 드러낸다. 그리고 우리는 표층에서 다른 사람들과 연결되어 있다. …… 만약 우리가 자아 속에서 안정을 찾을 수 있다면 표층에서 얻는 안정보다 바람직한 안정을 얻게 될 것이다. 물 위에 떠 있는 수생식물들은 끊임없이 물결에 흔들리면서도 잎들이 수면 위에서 서로 결합하고 얽힘으로써 서로에게 안정을 준다. 물론 땅속에 든든하게 박혀 있는 뿌리가 있어 더욱 안정되어 있다. 그러나 인간이 자신의 마음 심층까지 파고들어 가는 것은 매우 어려운 일이어서 소수의 예외자만이 할 수 있다. 그러므로 우리의 자아가 매달리는 곳은 일반적으로 표층, 즉 다른 인격체와의 사회적 관계다. 사회적 관계의 견고성은 사회적 연대성의 정도에 따라 달라진다. …… 이론적으로 우리는 다른 사람들에게만 의무감을 갖는 것 같지만 실제로는 우리 자신에게도 의무감을 갖는다. 왜냐하면 사회적인 연대성이란 사회적 자아가 우리 각자의 마음속에서 개인적 자아에 덧붙여지는 순간에만 존재하기 때문이다. 이러한 사회적 자아를 개발하는 것이 사회에 대한 우리 의무의 본질이다.

– 베르그송, 《도덕과 종교의 두 원천(Les deux sources de la morale et de la relision)》 중에서

◆ ◆ ◆

베블렌은 과시적 여가뿐만 아니라 과시적 소비에 대해서도 부정적인 견해를 피력했다. 현대 사회에는 과시적 소비자들이 많다. 얼마 전만 해도 옷 상표가 옷 안에 감춰져 있었지만 오늘날 디자이너의 이름은 셔츠, 넥타이, 블라우스, 바지 등의 바깥쪽에 표시되어 있다. …… '랄프 로렌' 상표의 옷을 입은 사람은 자신이 부자라는 사실을 은연중에 과시하고 있다. 자동차의 경우도 예외는 아니다. '캐딜락'은 고급차로 알려져 있지만 미국의 고급 주택가 '비벌리힐스'의 주민들은 누구나 '메르세데스 벤츠'를 가지고 있다. 그들에게 캐딜락은 수치요 모욕이다. 자기 집 앞 도로에 캐딜락이 세워져 있을 경우 그 집 주인의 반응을 우리는 충분히 예상할 수 있다.

"저건 내 차가 아냐. 누구 것인지 모르겠는데! 천박한 이웃집 차일지도 모르지. 누군가 간밤에 세워둔 모양이군. 당장 청소부를 불러 치우라고 해야지!"

베블렌에 따르면 특정 재화의 수요는 소비자가 얼마를 지불했을 것이라고 다른 사람이 생각하는 가격(과시적 가격)에 비례해서 결정된다. 만약 '구찌' 핸드백의 가격이 떨어져 흔하게 될 경우 수요는 증가하지

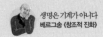

생명은 기계가 아니다
베르그송 《창조적 진화》

않고 오히려 감소할 것이다. 왜냐하면 베블렌식의 과시적 매력을 상실

했기 때문이다.

－토드 부크홀츠, 《죽은 경제학자의 살아 있는 아이디어(New Ideas from Dead Economists)》 중에서

◆　◆　◆

23

돈키호테처럼 싸워라

우나무노 《생의 비극적 감정》

서울대 사상고전 100선에 선정된 핵심 포인트

이 에세이는 1898년 미국과 스페인의 전쟁 이후 식민제국에서 몰락한 조국의 암담한 현실을 전향적으로 극복하려는 당대 스페인 지성의 철학적 성찰을 담고 있다. 서구의 근대사에서 낙오한 스페인의 지식인이 기독교 신앙과 신앙에 저항하는 실증주의적 이성 사이에서 고뇌하는 모습을 읽어볼 수 있다. 우나무노는 불멸에의 생래적 갈증을 갖는 인간은 육적인 동시에 정신적인 존재이며 신에 대한 믿음은 인간의 불가피한 선택이라고 기술하고 있다.

— 김춘진 서울대학교 서어서문학과 교수

지조 있는 철학자

사실상 그는 이성을 상실했기 때문에 세상 그 어떤 미치광이도 생각하지 않았던 이상한 생각을 하기 시작했다. 조국을 위해 헌신하는 기사가 되어 세상 곳곳을 돌아다니며, 지금까지 읽었던 소설에 나오는 기사의 모험을 직접 실행에 옮김으로써 자신의 이름과 명성을 길이 남겨야겠다고 생각했던 것이다. …… 그가 가장 먼저 한 일은 오래전 증조부님이 사용했던 낡은 무기들을 꺼내 깨끗하게 손질하는 것이었다. 그런데 투구는 있었지만 투구의 얼굴 가리개가 없었다. 그는 솜씨를 발휘하여 판지로 투구의 절반을 가리는 얼굴 가리개를 만들어 끼워 넣었다. …… 투구를 해결하고 야윈 말을 보러 갔다. 피골이 상접한 말이었지만 훌륭한 기사에 걸맞은 이름을 지어주고 싶었다. …… 수많은 이름을 지었다 버리고 다시 지었다가 버리기를 반복한 끝에 말의 이름을 로시난테라고 정했다. 말에게 마음에 꼭 드는 이름을 붙여주고 나자 이번에는 자신의 이름을 짓고 싶었다.

그래서 탄생한 이름이 돈키호테다. 세르반테스(Miguel de Cervantes)의 소설《돈키호테》는 이렇게 시작한다. 우리는 엉뚱한 생각과 이상한 행동을 하는 사람을 흔히 돈키호테에 비유한다. 그러나 우나무노(Miguel de

인간이 창조한 영웅, 돈키호테

Unamuno y Jugo, 1864~1936)의 생각은 달랐다. 우나무노는 돈키호테에게서 영웅성을 발견했다. 돈키호테를 이때까지 인간이 창조한 영웅 중에서 가장 위대한 영웅의 이상을 가진 인물이라고 주장했다.

우나무노는 스페인의 북부 공업도시 빌바오에서 태어났다. 스무 살에 마드리드 국립대학교를 졸업한 후 모교에 남아달라는 은사들의 요청을 뿌리치고 고향인 빌바오로 돌아가 개인 교수를 하며 후진 양성에 힘썼다. 스물여덟 살에 살라망카 대학교의 교수가 되고 서른여덟 살에 살라망카 대학교의 총장으로 임명되었다. 1914년 제1차 세계대전이 일어나자 우나무노는 연합군 측을 두둔하며 독일을 맹렬히 공박했다. 우나무노는 반독일 행위로 인해 총장직에서 물러나야 했다. 예순한 살 때 프리모 데리베라(Miguel Primo de Rivera y Orbaneja) 장군이 쿠데타를 일으켜 정권을 장악했다. 데리베라는 스스로를 독재자라고 말하며 독재 정

권에 반대하는 지식인을 탄압했다. 우나무노는 추방되었다가 탈출하여 프랑스로 망명했다. 데리베라 정권이 무너진 후 우나무노는 귀국하여 다시 살라망카 대학교의 총장으로 선출되었다. 그런데 당시 스페인에서는 전국적으로 파업, 태업, 데모, 테러가 발생하여 국민들이 안심하고 생업에 종사할 수가 없는 상황이었다. 이런 상황을 틈타 독재 세력이 부활을 기도하고 있었다. 우나무노는 젊은이들에게 조국의 미래를 위해 일어날 것을 호소하며, 독재 세력에 맞섰다. 우나무노는 평생 자신의 사상을 굳건히 지키며 행동에 나섰던 철학자로 평가받고 있다.

삶에 대한 고민이 삶의 활력이다

우나무노가 1912년에 출간한 《생의 비극적 감정(Del sentimiento trágico de la vida)》의 본래 제목은 '인간과 국민에 있어서 생의 비극적 감정'이다. 이 책이 쓰일 당시 스페인은 어려운 상황이었다. 스페인은 한때 세계 최강의 국가로서 막강한 해군력을 바탕으로 광범위한 식민지를 두었다. 그러나 산업혁명에 성공한 영국에 주도권을 빼앗기면서 쇠퇴하기 시작했다. 결정적으로 1898년 미국과의 전쟁에 패배하면서 열강의 대열에서 미끄러졌다. 스페인 국민들은 스스로 스페인이 4등 국가로 전락했다고 생각했다. 스페인 왕정은 무능했다. 과거의 영광을 재현하는 것은 한갓 꿈에 불과했다. 그러나 과거의 영광을 재현한다는 것이 열강의 대열에 다시 합류해 식민지를 확대하는 것이라면 절대 올바른 것이 아니다. 그것은 식민지로 전락하는 국가의 국민들에게 고통일 뿐이기 때문이다. 우나무노는 과거의 영광을 재현하기 위해 이 책을 쓴 것이 아니었다. 우나무노는 현실을 살아가는 인간이 부닥칠 수 있는 패배와 실의에 맞서 끊임없이 결단하고 싸우라고 말한다.

우나무노는 《생의 비극적 감정》을 살과 뼈를 가진 인간으로부터 시작한다. 인간은 관념적인 존재가 아니다. 살과 뼈를 가지고 일상의 삶을 살아가는 존재다. 그러므로 인간은 언젠가 죽을 수밖에 없다. 그런데 이 세상 모든 생물이 죽는데, 왜 인간만이 죽음에 대한 관념을 갖게 되는 것일까? 우나무노는 인간이 이성을 가진 동물이기 때문이라고 대답한다. 인간은 자기 앞에 죽음이 놓여 있다는 것을 안다. 그리고 아무리 발버둥쳐도 죽음을 피할 수 없다는 사실을 안다. 그렇기 때문에 심각한 고민을 하고 때로는 인생 그 자체를 무의미하게 생각하기도 한다. 그렇지만 뼈와 살로 이루어진 인간은 심각한 고민을 하면서도, 때로는 삶이 무의미하다는 생각을 하면서도 살아간다. 왜 그럴까? 우나무노는 인간이 '영원한 삶'에 대한 희망을 갖기 때문이라고 말한다. 영원한 삶에 대한 희망을 가질 수 있는 이유도 인간이 이성을 가지고 있기 때문이다. 이렇듯 이성은 인간에게 죽음을 알게 해주는 동시에 희망도 안겨준다.

인간이 가진 희망은 반드시 구체적이거나 합리적인 것이 아니다. 인

간의 희망이란 감정에서 우러나오는 막연한 현상일 뿐이기 때문이다. 뼈와 살로 이루어진 구체적인 인간이 추상적인 희망에 매달려 살아간다는 엄연한 현실은 하나의 비극이라고 우나무노는 말한다. 이런 현실을 마땅히 설명해줄 말이 없어서 우나무노는 '생의 비극적 감정'이라고 부른다.

이성은 죽음을 인간에게 알려주지만 이성이나 철학은 인간에게 아무런 해결책도 제시해주지 못한다. 인류의 역사가 시작된 이래 수많은 철학자들이 삶의 본질에 대해 말하고 연구해왔지만 그 누구도 그 문제에 대해 만족할 만한 답을 주지 못했다. 인간은 답을 얻지 못한 채 불확실한 삶을 살아간다. 또한 죽음을 의식하면서 일생을 살아가지 않으면 안 된다. 그러나 우나무노는 바로 이런 사실이 삶에 활력을 불어넣어 준다고 생각했다. 인간이 삶에 대해 고민하지 않는다면 그 어떤 힘이 인간의 삶을 지탱해주겠는가. 우나무노는 삶이 한정되어 있음을 엄연한 기정사실로 받아들이자고, 아울러 삶에 대한 고민을 삶의 활력소로 이용하자고 제안한다. 우나무노는 말한다. "인간이여, 기운을 내라! 죽은 이후의 일은 죽은 다음에 걱정하자. 지금은 '나는 살고 싶다. 영원히 살고 싶다'는 열망 속에서 몸부림치고 있는 살과 뼈의 구성체를 에너지의 원천으로 이용하자."

사막에서 외치리라

우나무노는 인간 존재에 대한 인식을 이용해 스페인 국민들에게 활력을 되찾아주고 싶어 했다. 어떻게 활력을 찾을 것인가? 우나무노는 인류의 역사가 시작된 이래로 등장한 철학 사상과 종교에 대해 검토한다. 그리고 그런 사상과 종교가 스페인 국민들에게 활력을 줄 수 없다고 말한다. 우나무노는 돈키호테에게서 활력을 찾자고 했다. 돈키호테는 온갖 고민을 하면서도 조금도 굴하지 않고 과감하게 앞으로 나아가려고 했다. 돈키호테가 가진 삶에 대한 의욕이야말로 인간이 이때까지 창조한 영웅들 중에서 가장 위대한 영웅의 기상이다. 우나무노는 돈키호테를 사상적 영웅으로 삼아 돈키호테와 같은 삶을 살자고 했다. 우나무노는 이렇게 말했다.

우리는 사상 속에서 영웅을 찾는다. 그러나 우리가 원하는 영웅은 뼈와 살이 있는 철학자가 아니라 가공적이지만 행동을 보여주었던 존재다. 이런 존재야말로 모든 철학자들을 합친 것보다 더 실재적이라고 할 것이다. 이런 인물이 도대체 누구냐고 되물을 필요가 없다. 그 인물은 바로 우리의 돈키호테다. 왜냐하면 돈키호테는 철학적인 돈키호테주의를 확실히 가지고 있기 때문이다. 다시 말해 돈키호테적

철학자는 살과 뼈로 이루어진 우리와 똑같은 인간일 뿐이다. 그러므로 그들의 사상에서 활력을 찾을 수 없다. 활력은 가공적 인물에게서 찾아야 한다. 그 인물이 바로 돈키호테다.

우나무노는 감정이 비록 비극성을 띠긴 하지만 고귀한 운명의 발로라고 말한다. 그래서 감정이 있는 민족은 삶의 비극성을 절감하지 않는다고 주장한다. 왜냐하면 삶의 비극적 고민으로 인해 비극적 감정이 생겨나지만 이 비극적 감정이야말로 삶의 고민을 말살시키고 삶에 대한 의욕을 북돋워주는 요소이기 때문이다. 우나무노는 이런 비극적 감정을 신앙이라고 말한다. 그래서 우나무노는 이성이 신앙보다 우위에 있으면 희극적 죽음을 초래하고, 신앙이 이성보다 우위에 있으면 비극적 죽음을 불러온다고 말한다.

인간은 불멸을 갈망한다. 물론 인간의 이성은 불멸에 대한 열망이 아무런 소용이 없음을 말해준다. 그렇지만 인간은 결코 그 열망을 포기하지 않는다. 이것은 분명 모순이지만 우나무노는 이런 모순을 합리적으로 지탱해주는 것이 감정이라고 말한다. 인간은 모순 속에서 살고, 또

모순에 의해 살고 있기 때문에 항상 생의 비극적 감정을 맛본다는 것이다. 그리고 이 비극적 감정은 아무런 희망 없이 영속된다고 말한다.

이 굴레를 벗어나려고 발버둥친 것이 돈키호테주의다. 우나무노에게 돈키호테주의는 승리 없는 싸움을 영원히 계속하는 절망을 나타낸다. 그러나 승리가 없더라도 싸움은 계속되어야 한다. 우나무노는 스스로를 돈키호테라 생각했다. 그래서 스페인 사회에 횡행하는 온갖 철학과 종교에 맞서 싸웠다. 왜 돈키호테처럼 엉뚱한 싸움을 계속하는가? 우나무노는 말한다. "오늘날 이 세계에서 돈키호테의 사명은 무엇인가? 사막에서 외치는 일이다. 그렇다. 인간들은 비록 돈키호테의 목소리를 못 듣더라도 사막은 듣는다. 어느 날 이 사막은 반향이 있는 밀림으로 변할 것이다. 또한 돈키호테가 홀로 지르는 소리는 사막에 심어진 씨로 남을 것이다. 급기야 거대한 삼나무로 자랄 것이다. 그리하여 이 삼나무는 100개나 되는 혀로 삶과 죽음의 신에게 영원한 환희의 호산나를 부를 것이다."

돈키호테처럼 싸워라
우나무노 《생의 비극적 감정》

우나무노는 인간의 삶이 한정되어 있음을 받아들이고, 삶에 대한 고민을 삶의 활력소로 이용하자고 했다. 러시아의 소설가 도스토옙스키는 인간이 이성도 이익도 아닌 자유로운 의욕에 따라 행동한다고 했다. 다음의 두 글을 읽고 인간의 삶에 대해 생각해보자.

◆ ◆ ◆

이성은 죽음을 인간에게 알려주지만 이성이나 철학은 인간에게 아무런 해결책도 제시해주지 못한다. 인류의 역사가 시작된 이래 수많은 철학자들이 삶의 본질에 대해 말하고 연구해왔지만 그 누구도 그 문제에 대해 만족할 만한 답을 주지 못했다. 인간은 답을 얻지 못한 채 불확실한 삶을 살아간다. 또한 죽음을 의식하면서 일생을 살아가지 않으면 안 된다. 우나무노는 바로 이런 사실이 삶에 활력을 불어넣어 준다고 생각했다. 인간이 삶에 대해 고민하지 않는다면 그 어떤 힘이 인간의 삶을 지탱해주겠는가. 우나무노는 삶이 한정되어 있음을 엄연한 기정사실로 받아들이자고, 아울러 삶에 대한 고민을 삶의 활력소로 이용하자고 제안한다. 우나무노는 말한다. "인간이여, 기운을 내라! 죽은 이후의 일은 죽은 다음에 걱정하자. 지금은 '나는 살고 싶다. 영원히 살고 싶다'는 열망 속에서 몸부림치고 있는 살과 뼈의 구성체를 에너지의 원천으로 이용하자."

– 본문 중에서

◆ ◆ ◆

나는 병적인 인간이다. 나는 심술궂은 인간이다. 더욱이 나는 극단적인 미신가다. 이성도 명예도 안일도 행복도, 한마디로 말해서 이런 모든 아름답고 유익한 것에 역행하는 한이 있더라도 오직 자기에게 가장 귀중한, 이 근본적이며 진정한 이익을 획득하기만 하면 되는 것이다. 인간이란 언제 어디서든 이성이나 이익이 명령하는 것에 따르기보다는 하고 싶은 짓을 제멋대로 하고 싶어 하는 성질이 있기 때문이다. 설사 자기 자신의 이익에 반대되더라도 하고 싶은 것을 어쩌겠는가. 뿐만 아니라 천하 없는 일이 있어도 꼭 그렇게 해야만 할 경우도 있다. 자기 자신의 자유로운 의욕, 아무리 엉뚱한 것일지라도 하여튼 자기 자신의 변덕, 미치광이 같은 것이라도 좋으니 하여튼 자기 자신의 공상, 이것들이야말로 세상 사람이 간과하고 있는 가장 유익한 이익이다. 이것들만은 어떤 분류에도 속하지 않는 이익이며 또 이것들 때문에 일체의 이론이 박살 나버리는 것이다. 저 현인이란 자들이 인간에겐 무언가 도덕적인 훌륭한 의욕이 필요하다고 확신하고 있는 것은, 도대체 어디에 근거를 두고 계산해낸 판단인가? 어째서 그들은 판에 박은 듯이, 인간에겐 반드시 합리적인 유익한 의욕이 필요하다는 따위의 망상을 지니고 있을까? 인간에게 필요한 것은 오직 독자적인 자유로운 의욕뿐이다. 이 자유로운 의욕의 대가가 아무리 비싸더라도, 그리고 그것이 어떤 결과를 초래하더라도 문제가 되지 않을 것이다. 참으로 이 의욕만큼 억누를 수 없는 것도 다시 없을 것이다.

— 도스토옙스키, 《지하생활자의 수기》 중에서

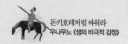

24

속됨 속에 성스러움이 있다

엘리아데 《성(聖)과 속(俗)》

서울대 사상고전 100선에 선정된 핵심 포인트

루마니아 태생의 종교학자인 저자는 인간의 삶이 경험하는 두 차원, 곧 성과 속을 준거로 하여 문화를 재서술하고 있다. 직접적으로 '종교의 본질'을 탐구하고 있는 것이지만 그의 이러한 접근은 기존의 모든 개념들, 아를테면 공간, 시간, 자연, 인간 등을 근원적으로 되묻게 하고 있다. 물음의 철저함과 이에 상응하는 상상력의 펼침이 우리를 새로운 세계와 만나게 한다.

— 정진홍 서울대학교 명예교수

종교는
인민의 아편일까

교회나 사찰에 가면 무언가 다른 곳이라는 느낌을 받게 된다. 신성한 공간이라는 생각에 옷매무시도 고치고 행동 하나하나도 조심하려고 한다. 왜 우리는 교회나 사찰에서 그런 느낌을 가지게 될까? 교회나 사찰은 무언가 다른 장소이기 때문일까? 아니면 단지 느낌의 문제일까? 엘리아데(Mircea Eliade, 1907~1986)는 1957년에 발표한《성과 속(Das heilige und das profane)》에서 이 문제를 다룬다.

엘리아데는 루마니아의 부쿠레슈티에서 태어났다. 부쿠레슈티 대학교에서 철학 석사 학위를 받고 인도의 콜카타 대학교로 가서 인도 철학과 산스크리트어를 공부하는 한편, 6개월 동안 히말라야에서 요가를 수련했다. 귀국 후 요가를 주제로 박사 학위를 받았다. 엘리아데는 제2차 세계대전 중에 외교관으로 활동했다. 전쟁이 끝나고 루마니아에 사회주의 정권이 들어서자 귀국을 포기하고 프랑스, 미국 등에서 학생들을 가르쳤다. 1961년에 〈종교들의 역사(History of Religions)〉라는 국제 간행물을 창간했다. 이 잡지에 실린 논문에서 엘리아데는 이렇게 썼다. "이 학술지 〈종교들의 역사〉는 오늘날의 문화적 삶에서 중요한 역할을 담당하게 될 것이다. 종교적 현상에 문화적인 접근을 할 때 종교에 대한 이해가 도움이 되기 때문이 아니다. 종교에 대해 앎으로써 새로운 휴머니

즘이 범세계적인 규모로 발전할 수 있을 것이기 때문이다."

엘리아데는 종교를 알아야 휴머니즘을 발전시킬 수 있다고 했다. 이런 발언은 종교에 대한 그 이전의 이해와 다르다. 이전에는 종교는 인간의 개성과 자유를 억압하고 현실의 모순을 은폐하는 역할을 한다는 인식이 있었다. 중세 서양에서 종교는 인간의 개성을 억압했고, 이에 반발해 르네상스 운동이 일어났다. 마르크스는 종교가 노동자를 착취하는 자본주의의 현실을 은폐한다고 비판하며 종교를 '인민의 아편'이라고 불렀다. 그런데 왜 엘리아데는 종교에 대한 이해가 새로운 휴머니즘을 발전시킬 것이라고 했을까?

두 개의 공간

우선 '성과 속'이라는 제목을 이해해야 한다. 성과 속, 즉 성스러움과 속됨은 어떤 관계에 있을까? 엘리아데는 성스러움이란 속됨의 반대라고 했다. 속됨은 우리가 항상 경험하는 일상이고, 성스러움은 특별한 경험을 하는 일상이다. 그래서 엘리아데는 성스러움과 속됨을 분리하지 않는다. 똑같은 경험에 대해 어떤 사람은 일상적인 일이라고 느끼는 반면 어떤 사람은 특별한 경험이라고 느낀다. 성스러움과 속됨은 그런 관계에 있다. 성스러움과 속됨은 별개의 것이 아니다. 엘리아데는 같은 현상에 대해 종교적 인간들이 느끼는 것과 비종교적 인간들이 느끼는 것을 비교하며 자신의 주장을 펴나간다.

엘리아데는 전통 사회와 현대 사회에서 일어나는 종교적 체험을 신빙성 있는 현상으로 간주한다. 엘리아데는 성스러움이 세상에 나타나는 현상을 성현(聖顯)이라고 했다. 《성과 속》을 쓴 이유에 대해 엘리아데는 이렇게 썼다.

> 우리의 주된 관심사는 다음의 주제를 밝히는 일이다. 종교적 인간이 어떤 방식으로 성스러운 곳에 머무르려고 하는가. 종교적 인간의 총체적 경험이, 종교적 감정을 갖지 않은 인간 혹은 탈신성화된 세계에 사는 혹은 살기를 바라는 인간의 경험과 비교해서 어떤 성격을 지니게 되는가.

먼저 엘리아데는 종교적 인간들이 어떻게 성스러운 공간을 발견하는지, 어떻게 자신이 사는 곳을 성스러운 공간으로 여기게 되는지, 그리고 종교적 인간들의 공간 경험과 비종교적 인간들의 공간 경험이 어떻게 다른지 등을 다룬다. 종교적 인간들은 공간을 크게 둘로 나눈다. 종교적 인간들에게 공간은 균질하지 않다. 어떤 공간은 다른 공간과 질적으로 다르다고 느낀다. 종교적 인간들이 느끼는 두 개의 공간이란 성스러운 공간과 성스럽지 않은 공간이다. 종교적 인간들이 느끼는 이런 공간 구

분은 원초적이며, 어느 종교에나 공통적이다.

종교적 인간들이 성스러운 공간을 발견하려는 태도에 대해 엘리아데는 이렇게 말한다.

> 성스러운 공간의 발견이 종교적 인간들에게 얼마나 깊은 실존적 가치를 가지는가는 명백하다. 미리 존재하는 방향성이 없으면 어떤 것도 시작할 수 없고, 또 성취할 수 없다. 방향성이란 하나의 고정점에 대한 요구다. 종교적 인간들이 언제나 자신의 거주지를 '세계의 중심'으로 고정시키고자 애쓰는 이유다.

종교적 인간들은 교회, 성당, 수도원, 사원은 물론 심지어 자신들이 살고 있는 거주지까지도 성스러운 곳으로 여기려고 한다. 종교적 인간들은 자신과 관계된 모든 공간을 성스러운 곳이라 생각한다. 엘리아데는 비종교적인 인간들도 공간이 균질하지 않음을 경험한다고 말한다. 예를 들어 누구나 자신이 태어난 곳, 첫사랑의 장소, 처음으로 방문했던 외국의 도시 등을 다른 공간과 다른 특별한 곳으로 여기려는 경향이 있다.

세례식 때
물을 붓는 이유

엘리아데는 다음으로 두 가지 시간에 대해 다룬다. 성스러운 시간과 세속적인 시간, 즉 일상적인 시간이다. 성스러운 시간이란 태초의 창조, 예수의 수난과 죽음과 부활, 부처의 득도 등등 어떤 종교의 처음이 생겨나는 시간이다. 성스러운 시간은 세속적인 시간과 달리 흘러가지 않는다. 따라서 없어지거나 사라지지도 않는다. 축제, 예배, 기도 등을 통해 항시 재현되고 되살아나는 시간인 것이다. 그런데 성스러운 시간은 기독교가 생겨난 이후 달라졌다. 기독교가 생겨나기 이전 성스러운 시간은 역사 속에서 발견되지 않는 시간, 즉 신화적 시간이었다. 어떤 시간도 신화 속의 실재가 출현하는 것보다 먼저 존재할 수는 없으므로 성스러운 시간은 갑자기 출현한 것이다. 그러나 기독교의 성스러운 시간은 하느님의 아들이 인간의 몸으로 태어났다는 사실, 즉 그리스도의 역사성에서 유래한다. 그것은 역사적 시간 속에서 일어난 것이다. 그래서 종교적 인간은 성스러운 시간과 세속적인 시간 속에서 살아간다. 이런 상황에서 종교적 인간들이 취하는 태도에 대해 엘리아데는 이렇게 말한다.

> 종교적 인간은 두 종류의 시간 속에서 살아가는데, 성스러운 시간은

속됨 속에 성스러움이 있다
엘리아데 《성(聖)과 속(俗)》

순환적이고 회복 가능한 시간이라는 역설적 양상으로 나타난다. 그것은 제의(祭儀)라는 수단에 의해 주기적으로 회귀하는 일종의 영원한 신화적 현재다. 종교적 인간은 역사적 현재라고 불리는 시간 속에서만 살아가는 것을 거부한다. 어떤 면에서 보면 영원과 동일시할 수 있는 성스러운 시간을 회복하려고 시도한다.

엘리아데는 비종교적인 인간도 시간에 있어서 단절성과 비균질성을 경험한다고 말한다. 예를 들어 일상적인 작업이 이루어지는 단조로운 시간은 축제와 놀이의 시간과 구분된다. 비종교적인 인간도 좋아하는 음악을 듣거나 애인을 만날 때와 노동하거나 권태로울 때 분명히 다른 시간적 리듬을 체험하게 된다.

엘리아데는 자연과 우주에 대해서도 다룬다. 종교적 인간들에게 자연과 우주는 종교적 가치로 가득한 성스러운 공간이다. 우주 만물이 신에 의해 창조되었기 때문이다. 그러므로 자연적인 것은 초자연적인 것과 연결되어 있다. 종교적 인간들이 자연을 대하는 태도에 대해 엘리아데는 이렇게 표현한다. "우리는 종교적 인간에게 초자연적인 것은 자연적인 것과 불가분으로 연결되어 있고, 자연은 언제나 그것을 초월하는 어떤 것을 표현한다는 사실을 잊지 말아야 한다. 성스러운 돌은 그것이 돌이기 때문이 아니라 성스럽기 때문에 숭배된다."

세례식 때 물을 붓는 것도 같은 맥락에서 이해할 수 있다. 종교적 인간들은 물이 생명을 최초로 낳았다고 생각한다. 따라서 종교적 인간들은 물이 생명을 부여했다고 생각한다. 세례식 때 물을 뿌려줌으로써 성령이 물을 통해 흐른다고 생각하는 것이다. 자연은 비종교적인 사람들에게도 신비하고 매력적이라고 엘리아데는 말한다. 인간은 자신의 집 안에 정원을 만들고 그것에 감탄한다. 산에 오르다 마주치는 돌탑에 돌을 하나 얹어놓는다. 이런 것을 엘리아데는 '종교적 경험의 퇴화된 기억'이라고 부른다.

마지막으로 엘리아데는 종교적 인간의 행동과 정신세계를 다룬다. 종교적인 인간들의 정신세계에 대해 엘리아데는 이렇게 말한다. "종교적 인간은 자신이 처해 있는 역사적 맥락이 어떻든 간에 항상 이 세계를 초월하면서도 이 세계 안에서 스스로를 드러내고, 이 세계를 성스럽게 하며, 또 성스러운 것을 실제적으로 만드는 절대적 실재인 성스러운 것이 있다는 사실을 믿는다."

이 말에는 두 가지 의미가 담겨 있다. 종교적 인간은 이 세계를 초월해 있는 존재를 믿으며, 그 존재에 의해 이 세계가 생겨났음을 믿는다. 그러면서 이 세계 속에서 거룩한 역사를 재현함으로써, 즉 신들의 행위를 모방함으로써 인간이 신에게 다가갈 수 있다고 생각한다. 이것은 종교적 인간이 실제 생활과 분리되어 있지 않음을 의미한다. 종교적 인간은 단순한 믿음, 기도만이 아니라 실제 생활을 통해서 신에게 다가가고자 한다. 이런 종교적인 태도는 오랜 옛날부터 지속되어왔다. 그런 면에

속됨 속에 성스러움이 있다
엘리아데 《성(聖)과 속(俗)》

서 엘리아데는 비종교적 인간도 종교적 인간의 후예이고 종교적 인간의 산물이라고 말한다. 엘리아데는 비종교적 인간에 대해 이렇게 말한다. "종교와 신화는 자기가 비종교적이라고 주장하는 근대인들의 무의식에 '은폐되어' 있다. 그것은 종교적 비전을 회복할 가능성이 근대인들의 삶 속에 깊이 감추어져 있다는 뜻이기도 하다." 그래서 엘리아데는 속됨 속에 성스러움이 있다고 보았고, 종교를 이해함으로써 근대인들의 삶 속에 감추어진 것을 드러내는 새로운 휴머니즘을 발전시킬 수 있다고 주장했다.

엘리아데는 인간은 세계를 신성한 세계와 낯선 세계로 구분한다고 말한다. 인간은 자신이 살고 있는 세계를 신성한 곳으로 여기고, 자신이 경험하지 못한 곳을 혼돈된 세계라 생각한다는 것이다. 반면에 정영길은 인간이 전후, 좌우, 상하라는 인간 중심적 개념으로 공간을 나눈다고 했다. 다음 두 글을 읽고 공간 구분의 주관성에 대해 생각해보자.

· · ·

전통적 사회의 두드러진 특징 가운데 하나는 거주 지역과 거주 지역을 둘러싸고 있는 미지의 불확실한 공간 사이에 대립관계를 상정한다는 점이다. 거주 지역은 세계이며 코스모스(우주)다. 거주 지역 외부에 있는 모든 것은 코스모스가 아니고 다른 세계, 즉 낯설고 혼돈에 찬 공간, 유령과 마귀와 이방인들이 사는 지역이다. 이러한 공간의 분열은 사람이 살고 있는 지역과 그 지역의 바깥에 있는 미지의 지역 사이의 대립에서 연유한다. 한쪽에는 코스모스가, 다른 쪽에는 카오스가 있다. 사람이 사는 모든 지역이 코스모스인 이유는 그 지역이 어떤 방식으로든 신들의 작품이나 신들의 세계와 접촉함으로써 신성화되었기 때문이다. 점령하지 못한 미지의 낯선 지역은 아직도 카오스처럼 유동적이고, 애벌레 같은 양상을 가지고 있는 셈이다. 그 지역을 점령하고 살게 되면 인간은 반복적인 종교적 의례를 통해 그 지역을 코스모스로 전환시킨다.

-엘리아데, 《성과 속》 중에서

인간에 의해 체험되는 공간은 전후좌우처럼 인체 전체로 파악되는 구
체적, 주관적인 것으로 신체적, 자의적 공간이라 할 수 있다. 인간이
파악하는 공간은 전후, 상하, 좌우로 분절되고 구별되기 때문에 인간
이 겪는 구체적 경험공간은 부(不)등질성의 특질을 갖게 되는 것이다.
······ 전후라는 것은 무엇의 '앞'이며 '뒤'라는 것, 즉 인간의 주체적
존재 의식을 전제로 하여 있는 것이다. 이것은 의식하고 사유하고 행
위하는 주체적 존재인 인간 '나(ego)'라는 자기의식에 있어서의 앞과
뒤로서 단순한 공간적 위치관계의 분절을 넘어서는 것이다. 이 '나'를
위치의 문맥으로 치환하면 그것은 나의 존재를 중심으로 한 '여기'다.
즉 인체는 자연 속에서 동적 균형을 유지하며 자기 조직화를 하는데,
이 자기 조직화의 방법의 기본적인 것으로서 중심화를 생각할 수 있
다. 이 중심화에 의해서 모든 지각, 모든 행동은 지금, 여기, 나에서부
터 시작하여 지금, 여기, 나에 달라붙은 유착적(癒着的)인 것이 된다.
이와 같이 중심화에 의해서 여기라는 비균질공간이 탄생하는 것이다.

－정영길, 〈한국 전통건축의 인간중심적 특성에 관한 연구〉 중에서

25

미래를 전망하지 마라

요나스 《책임의 원리》

서울대 사상고전 100선에 선정된 핵심 포인트

'기술문명에 대한 윤리학 시론'이라는 부제가 붙은 이 책은 인간 상호 간에 성립했던 책임의 원리를 인간과 자연의 관계에도 확립해야 한다고 주장하는 생태윤리학의 고전적 저술이다. 인간의 생물학적 특성과 기술을 분석하고 근세인의 유토피아가 전제하는 진보의 신화를 비판하면서 인간과 자연의 한계에 대한 인식 위에 성립하는 책임의 윤리를 역설하고 있다.

— 김남두 서울대학교 석좌교수

유토피아냐
디스토피아냐

영화 〈매트릭스〉에는 두 개의 세계가 나온다. 한쪽에는 말끔한 옷을 입은 사람들이 초현대식 집과 건물에서 생활하고 일하며 근사한 식사를 하고 여유롭게 살아가는 세계가 있다. 다른 한쪽에는 다 떨어진 남루한 옷을 입은 사람들이 폐허와 같은 동굴에 숨어 살며 멀건 죽을 먹고 기계에 쫓겨 다니는 세계가 있다. 우리의 미래는 어떤 세계일까?

우리의 미래 세계가 유토피아일 것이냐, 아니면 디스토피아(dystopia)일 것이냐 하는 논쟁은 여전히 현재 진행형이다. 요나스(Hans Jonas, 1903~1993)는 1979년에 발표한 《책임의 원리(Das Prinzip Verantwortung)》에서 인간이 자연에 대해 책임을 다하지 않으면 우리의 미래는 디스토피아가 될 것이라고 경고했다.

요나스는 독일의 한 유대인 가정에서 태어났다. 히틀러가 집권해 유대인을 탄압하자 영국을 거쳐 팔레스타인으로 망명했다. 그리고 제2차 세계대전 중에 영국군에 입대하여 북아프리카, 이탈리아에서 싸웠다. 그는 전쟁이 끝나자 팔레스타인으로 되돌아갔는데 그곳에서 어머니가 아우슈비츠에서 살해당했다는 소식을 들었다. 마흔여섯 살에 이스라엘 군에 입대하여 유대 국가를 세우기 위한 전쟁에 참전한 후 캐나다로 이주하여 캐나다와 미국에서 학생들을 가르쳤다. 1987년 《책임의 원리》

로 독일 서적판매조합이 주는 평화상을 받은 것을 계기로 그는 독일에 돌아와 말년을 보냈다.

요나스는 현상학자인 후설(Edmund Husserl), 실존주의자인 하이데거에게 배우고 실존주의 신학자인 불트만(Rudolf Bultmann)의 영향을 받았다. 그래서 요나스는 현상학과 실존주의와 관련한 여러 편의 책과 논문을 발표했다. 그러나 요나스가 세계적 명성을 얻은 것은 《책임의 원리》덕분이었다. 이 책에서 요나스는 윤리학이 '책임'의 개념을 소홀히 다루어왔음을 반성해야 한다고 주장했다. 인간에 대한 책임만이 아니라, 특히 기술문명 시대에 자연에 대한 책임을 강조했다. 《책임의 원리》에는 '기술문명 시대의 생태학적 윤리'라는 부제가 붙어 있다.

프로메테우스, 쇠사슬에서 풀려나다

요나스는 《책임의 원리》 서문에서 책을 쓰게 된 이유를 이렇게 썼다.

프로메테우스는 과학을 통해 이제까지 전혀 알려지지 않았던 힘을 부여받고 경제를 통해 끊임없는 동력을 부여받아 마침내 쇠사슬에서 풀려났다. 프로메테우스는 자신의 권력이 인간에게 불행이 되지 않도록 자발적인 통제를 통해 자신의 권력을 제어할 수 있는 하나의

윤리학을 요청한다. 이 책은 근대 기술의 약속이 위협으로 반전되거나, 아니면 위협이 근대 기술의 약속과 밀접하게 연결되어 있다는 주제를 다루고자 한다.

프로메테우스는 그리스 신화에 나오는 신이다. 프로메테우스란 '먼저 생각하는 인간'이란 뜻이다. 프로메테우스는 인간에게 불을 전달해줌으로써 인류 문명이 일어나게 했다. 그로 인해 제우스의 노여움을 사서 캅카스 바위에 쇠사슬로 묶여 낮에는 독수리에게 간을 쪼여 먹히고 밤에는 간이 다시 생겨나는 형벌을 받았다. 요나스는 프로메테우스를 인간에 비유했다. 쇠사슬에서 풀려난 프로메테우스, 즉 자유로워진 인간에게 새로운 윤리학이 요구된다는 것이 요나스의 주장이다.

왜 새로운 윤리학이 요구되는가? 과학의 발전은 인간에게 행복을 가져다줄 것으로 생각되었다. 실제로 과학기술의 발전으로 인간의 삶은 놀라울 정도로 달라졌다. 인간은 꿈에 그리던 유토피아가 다가오고 있다고 생각하게 되었다. 그러나 요나스는 과학기술의 발전이 오히려 인간의 행복을 빼앗고 인간의 삶을 왜곡하고 있다고 주장했다. 최근 가장 심각한 현상으로 여겨지는 지구온난화를 보자. 유엔 산하 정부간기후변화위원회는 지금의 추세대로라면 2080년에 지구의 평균 온도가 3도 이상 올라갈 것이라는 보고서를 내놓았다. 지구의 생물을 대부분 멸종시켰던 빙하시대의 평균 온도가 지금보다 약 4도 정도 낮았을 뿐이라는 점을 생각하면 3도 이상 평균 기온이 올라간다는 것은 커다란 재앙의 예고다. 바닷가 지역의 30퍼센트 이상이 바닷물에 잠기고 어떤 지역은 홍수로, 다른 지역은 가뭄으로 극심한 식량난에 시달릴 것이라는 경고도 나오고 있다. 우리나라의 경우에는 상황이 더욱 심각하다. 2050년에 이미 평균 기온이 3도 이상 올라갈 것이라는 예고가 나왔기 때문이다. 지구온난화는 인간이 과학기술을 지나치게 숭배하고 자연을 남용한 결과 나타난 현상이다. 그래서 요나스는 말한다. "인간은 자연에 대해 마땅히 책임을 져야 하며, 이제까지의 윤리학에 대한 새로운 검토가 필요하다."

공포의 발견

요나스는 전통적인 윤리학이 '지금 여기'에 살고 있는 인간만을 염두에 두었다고 말한다. 그래서 전통적인 윤리학은 인간과 인간의 관계에서 나타나는 선의 문제만 다루었다고 했다. 요나스는 전통적인 윤리학의 주장을 이렇게 요약했다.

네 이웃을 네 자신처럼 사랑하라. 네 자녀를 진리의 길로 이끌어라.
네 존재의 가능성을 발전시키고 실현하라. 네 개인의 행복을 공공의

이익에 예속시켜라. 바르게 살지 않으면 훌륭한 사람이 될 수 없다. 거짓말을 하지 마라, 그러지 않으면 벌을 받게 된다. 네 능력을 최대한 발휘하라, 그러면 행복해질 것이다. 사람을 수단으로 대하지 말고 항상 목적으로 대하라.

요나스는 이러한 전통적인 윤리학을 '인간 중심주의'라고 했다. 즉 전통적인 윤리학이 인간에게 일어나는 현상만을 다루었다는 것이다. 요나스는 이제 관심을 자연으로 확장하여 자연에 대한 인간의 지배로 나타나는 새로운 현상에 맞는 새로운 윤리학을 정립하자고 주장한다. 인간에게만 초점을 맞추었던 윤리학을 자연까지 포함한 윤리학으로 전환하자는 것이다. 요나스는 새로운 윤리학을 '생태윤리학'이라고 불렀다. 생태윤리학은 '지금 여기'에 사는 인간만을 중심으로 했던 전통적인 윤리학을 넘어 지금 여기의 인간뿐만 아니라 미래 세대의 인간에게도 방향을 제시하는 윤리학이다. 요나스는 생태윤리학의 핵심 개념으로 '책임'을 내세웠다. 그래서 자신의 주저에 '책임의 원리'라는 제목을 붙였다.

요나스는 "왜 이제까지 책임의 개념이 윤리학의 중심에 서지 못했는가?"라고 의문을 제기한다. 요나스가 말하는 책임은 우리가 일상적으로 사용하는 책임이라는 말과 다르지 않다. 우리는 누구나 자신의 행위에 대해 책임을 져야 한다. 여기에 요나스는 미래에 대한 책임까지 덧붙인다. 즉 지금 자신의 행위로 인해 나타날 미래의 결과까지도 책임져야 한다는 것이다. 요나스의 이런 주장은 미래 세대에 대한 존중이다. 최근에 서로의 이해관계가 엇갈려서 해결되지 않는 문제에 대해 "미래 세대에 맡기자"라는 주장을 하는 사람이 늘어났다. 지금 해결할 수 없는 문제를 미래 세대로 넘기자는 것은 책임의 회피가 아니라 미래 세대에 대한 현세대의 책임을 다하는 것이라 할 수 있다.

요나스가 말하는 책임에는 인간과 인간, 현세대와 미래 세대뿐만 아니라 인간과 자연 사이의 책임도 포함된다. 요나스는 인간의 미래를 낙관적으로 보려는 시각을 경계한다. 오히려 미래에 발생할 수 있는 불행에 더 주의를 기울이자고 한다. 요나스는 '공포의 발견술'이란 개념을 사용한다. 공포의 발견술이란 인간이 유한한 존재라는 사실을 깨닫고 인정함으로써 겸손해지고 나아가 미래에 나타날 불행까지도 예측하자는 것이다.

미래에 대한
전망이 아니라 책임을

요나스는 인간의 미래에 대한 유토피아적 전망을 거부한다. 영국의 베이컨이 "아는 것이 힘"이라는 구호를 내세워 과학기술의 발전을 찬양한 이래 과학기술이 인류를 유토피아로 이끌 것이라는 희망이 팽배했

다. 그러나 인류가 과학기술을 이용하여 자연을 남용한 결과 심각한 생태적 위기가 도래했다. 요나스는 유토피아적 전망이 과학기술에 대한 숭배를 더욱 조장하여 지구의 생태가 파멸적 상태에 이를 수 있음을 우려했다. 유토피아적 전망에 대한 요나스의 비판은 독일 철학자 에른스트 블로흐(Ernst Bloch)가 지은 《희망의 원리(Das Prinzip Hoffnung)》에 대한 비판에서 절정을 이루었다.

블로흐는 1949년에 출판된 《희망의 원리》에서 "우리는 누구인가? 우리는 어디에서 오는가? 우리는 어디로 가고 있는가? 우리는 무엇을 기대하는가? 무엇이 우리를 기대하게 하는가?"라는 질문을 던지며, 서양의 철학이 희망을 상실했기 때문에 이 질문들에 대한 답변이 혼란스럽게 되었다고 했다. 블로흐는 제2차 세계대전 직후 전쟁의 폐허 속에서 실의에 빠진 사람들에게 희망을 주고자 했다. 따라서 블로흐는 유토피아적 전망이 더 나은 삶을 실현할 가능성을 열어준다고 했다. 이에 반대하여 요나스는 유토피아적 전망이 물질적 풍요를 의미하는 한, 오히려 희망보다는 위협이 된다고 했다. 현재의 인간이 불확실한 상황에 놓여 있다면 유토피아적 전망으로 오도하지 말고 불확실성을 그대로 받아들이게 하는 것이 더 낫다. 왜냐하면 새로운 윤리에 입각하여 미래를 선택할 수 있기 때문이다.

요나스는 미래를 전망하지 말고 미래 세대와 책임을 나누자고 말한다. 그래서 새로운 윤리를 정립하자고 했다. 새로운 윤리는 인간과 인간의 관계뿐만 아니라 인간과 자연의 관계를 포함한다. 요나스는 생태윤리학의 바탕에 다음과 같은 자연에 대한 인식을 담고 있다.

오늘날 논의되고 있는 인간과 자연의 관계에 관한 물음에서는 살아 있는 것과 우리를 위해 어떤 생명도 가지고 있지 않은 것의 구별이 핵심이다. 자연에 대한 인간의 책임을 말할 때는 은하계에 대한 책임을 말하는 것이 아니다. 지구상의 사물들, 즉 지구 표면에 존재하는 것과 유기체에 대한 책임을 말하는 것이다. 이 자연은 살아 있기 때문에 훼손될 수 있다. …… 우리로 인해 실제로 위협을 받고 있는 것은 오직 살아 있는 자연이다. 살아 있는 자연 중에도 아주 특별한 자연, 우리의 존재 자체와 같은 자연, 정신을 보여주는 자연이 위협받고 있다.

미래를 전망하지 마라
요나스 《책임의 원리》

생각 플러스

요나스는 과학기술의 발전에 따라 나타나는 여러 문제점에 대응하는 새로운 윤리학의 필요성을 제기했다. 오스트리아의 물리학자 프리초프 카프라(Fritjof Capra)는 현대 물리학의 자연관이 동양 사상의 자연관과 같다며 유럽의 기계론적 사고를 비판했다. 다음의 두 글을 읽고 요나스가 제시한 구체적인 사례에 대해 생각해보자.

◆ ◆ ◆

인간은 지구의 생태계는 물론 인간과 대기 상태마저 변화시킬 수 있게 되었다. 무엇이 이로운지 아니면 해로운지, 무엇이 바람직한지 아니면 바람직하지 않은지를 묻고 대답하기도 전에 벌써 과거에는 없었던 새로운 책임의 장이 열렸음을 알게 되었다. 예를 들어 유전자조작 분야를 생각해보자. 예전에는 이런 분야가 없었기 때문에 유전자조작에 관한 윤리적인 문제를 생각할 필요가 없었다. …… 생물학과 직접 연관된 분야도 마찬가지다. 자동화의 확대로 인해 …… 여가가 넘쳐나는 세계를 상상하게 되었다. 전통적 윤리학에서 보면 근면은 선이고 게으름은 죄악이었다. 그러므로 인간이 노동을 하지 않아도 되는 데 따른 윤리적 문제점이 제기된 적이 없었다. …… 기술 개발이 윤리학에 새로운 과제를 던져주고 있음은 분명하다. 인류에게 새로운 상황이 전개되는 만큼 윤리학에서도 새롭고 심각한 물음이 제기되고 있다.

– 요나스, 《기술 의학 윤리(Technik, Medizin und Ethik)》 중에서

◆ ◆ ◆

현대 물리학은 모든 시대의 전통적 신비주의자들이 지녀왔던 관점과 매우 유사한 세계관으로 우리를 이끌어가고 있다. 모든 종교에는 신비적 전통이 담겨 있다. 유럽 철학의 많은 학파 가운데서도 신비적 요소를 찾아볼 수 있다. 힌두교의 《베다》나 《역경》, 불경뿐만 아니라 헤라클레이토스의 단편이나 이븐 아라비의 수피교(Sufism) 그리고 마슐사 돈환의 가르침 속에서 현대 물리학과 대응할 수 있는 것을 찾아낼 수 있다. 그러나 신비주의가 유럽에서는 언제나 방계적인 역할을 한 데 불과하지만 동양에 있어서는 철학적, 종교적 사상의 주류를 이루어왔다는 데 동서양 신비주의의 차이점이 있다. …… 기계적인 서양적 관점과는 대조적으로 동양의 세계관은 '유기적'이다. 동양의 신비론에서는 감각에 비치는 모든 사물과 사건은 상호 관련되고 연결되어 있으며 다 같은 궁극적인 실재의 다른 양상 내지 현실에 지나지 않는다. 동양의 철학은 우리가 인식하는 세계를 개별적이고 분리된 것으로 구분하고, 이 세계 내에서 고립된 자아로서 우리 스스로를 체험해보려는 경향이 우리들의 측정하고 분류하려는 심성에서 연유된 환각임을 보여준다.

    –프리초프 카프라, 《현대물리학과 동양사상(The Tao of Physics)》 중에서

미래를 전망하지 마라
요나스 《책임의 원리》

부록

황광우가 추천하는 동서양 고전 70선

1 《갈리아 원정기》, 카이사르 지음, 천병희 옮김, 숲.

2 《걸리버 여행기》, 스위프트 지음, 박용수 옮김, 문예출판사.

3 《경성 트로이카》, 안재성 지음, 사회평론.

4 《국가》, 플라톤 지음, 천병희 옮김, 숲.

5 《국부론》, 스미스 지음, 김수행 옮김, 비봉출판사.

6 《군주론》, 마키아벨리 지음, 권기돈 옮김, 웅진씽크빅.

7 《그래도 지구는 돈다》, 갈릴레이 지음, 이무현 옮김, 교우사.

8 《그리스 로마 신화》, 불핀치 지음, 손명현 옮김, 동서문화사.

9 《그리스 비극 걸작선》, 소포클레스 외 지음, 천병희 옮김, 숲.

10 《난중일기》, 이순신 지음, 송찬섭 옮김, 서해문집.

11 《노년에 관하여, 우정에 관하여》, 키케로 지음, 천병희 옮김, 숲.

12 《논어집주》, 성백효 지음, 전통문화연구회.

13 《니코마코스 윤리학》, 아리스토텔레스 지음, 천병희 옮김, 숲.

14 《도덕경》, 오강남 지음, 현암사.

15 《돈키호테》, 세르반테스 지음, 박철 옮김, 시공사.

16 《동방견문록》, 폴로 지음, 김호동 외 옮김, 사계절.

17 《두보 평전》, 한성무 지음, 김의정 옮김, 호미.

18 《레미제라블》, 위고 지음, 이형식 옮김, 펭귄클래식코리아.

19 《레즈:새롭게 읽는 공산당선언》, 황광우·장석준 지음, 실천문학사.

20 《로마제국 쇠망사》, 기번 지음, 김희용 외 옮김. 민음사.

21 《로빈슨 크루소》, 디포 지음, 남명성 옮김, 웅진씽크빅.

22 《맹자집주》, 성백효 지음, 전통문화연구회.

23 《반야심경/금강경/유마경/법화경》, 홍정식 지음, 동서문화사.

24 《부활》, 톨스토이 지음, 박형규 옮김, 민음사.

25 《불교성전》, 편집부 지음, 홍신문화사.

26 《비극의 탄생》, 니체 지음, 박찬국 옮김, 아카넷.

27 《사기열전》, 사마천 지음, 연변대학 고적연구소 옮김, 서해문집.

28 《사회정의론》, 롤스 지음, 황경식 옮김, 서광사.

29 《삼국사기》, 김부식 지음, 신호열 옮김, 동서문화사.

30 《삼국유사》, 일연 지음, 김원중 옮김, 민음사.

31 《상대성이론의 아름다움》, 가츠히코 지음, 봉영아 옮김, 비타민북.

32 《성경(Good News Bible)》, Good News Translation.

33 《성찰》, 데카르트 지음, 이현복 옮김, 문예출판사.

34 《소유냐 삶이냐》, 프롬 지음, 정성환 옮김, 홍신문화사.

35 《소크라테스의 변론, 크리톤, 파이돈, 향연》, 플라톤 지음, 천병희 옮김, 숲.

36 《시경선》, 김학주 지음, 명문당.

37 《신곡》, 단테 지음, 한형곤 옮김, 서해문집.

38 《아리랑》, 웨일즈 지음, 송영인 옮김, 동녘.

39 《양자론이 뭐야》, 가츠히코 지음, 김선규 감수, 비타민북.

40 《역사》, 헤로도토스 지음, 천병희 옮김, 숲.

41 《역사란 무엇인가》, 카 지음, 김택현 옮김, 까치.

42 《역사철학강의》, 헤겔 지음, 권기철 옮김, 동서문화사.

43 《열하일기》, 박지원 지음, 리상호 옮김, 보리.

44 《오뒷세이아》, 호메로스 지음, 천병희 옮김, 숲.

45 《원효》, 남동신 지음, 새누리.

46 《월든 숲 속에서의 생활》, 소로 지음, 편집부 옮김, 넥서스.

47 《유배지에서 보낸 편지》, 정약용 지음, 박석무 옮김, 창비.

48 《유토피아》, 모어 지음, 나종일 옮김, 서해문집.

49 《이성의 운명에 대한 고백》, 칸트 지음, 김상현 옮김, 아이세움.

50 《인간 불평등 기원론》, 루소 지음, 주경복 옮김, 책세상.

51 《일리아스》, 호메로스 지음, 천병희 옮김, 숲.

52 《임꺽정》, 홍명희 지음, 사계절.

53 《자본론》, 마르크스 지음, 김수행 옮김, 비봉출판사.

54 《장자》, 안동림 지음, 현암사.

55 《전태일 평전》, 조영래 지음, 돌베개.

56 《정치학》, 아리스토텔레스 지음, 천병희 옮김, 숲.

57 《조선과 그 이웃나라들》, 비숍 지음, 신복룡 옮김, 집문당.

58 《조선상고사》, 신채호 지음, 박기봉 옮김, 비봉출판사.

59 《종의 기원》, 다윈 지음, 송철용 옮김, 동서문화사.

60 《죄와 벌》, 도스토옙스키 지음, 김연경 옮김, 민음사.

61 《주역》, 노태준 지음, 홍신문화사.

62 《철학콘서트》, 황광우 지음, 웅진지식하우스.

63 《통치론》, 로크 지음, 강정인 · 문지영 옮김, 까치.

64 《퇴계와 고봉, 편지를 쓰다》, 김영두 지음, 소나무.

65 《파우스트》, 괴테 지음, 김재혁 옮김, 펭귄클래식코리아.

66 《파이드로스, 메논》, 플라톤 지음, 천병희 옮김, 숲.

67 《펠로폰네소스 전쟁사》, 투퀴디데스 지음, 천병희 옮김, 숲.

68 《플루타르코스 영웅전》, 플루타르코스 지음, 천병희 옮김, 숲.

69 《한 권으로 읽는 세종대왕실록》, 박영규 지음, 웅진지식하우스.

70 《햄릿》, 셰익스피어 지음, 노승희 옮김, 펭귄클래식코리아.

고전의 시작

서양철학

초판 1쇄 인쇄일 2014년 12월 29일
초판 3쇄 발행일 2016년 2월 25일

지은이 | 황광우 · 홍승기

발행인 | 박재호
편집 | 이둘숙
종이 | 세종페이퍼
인쇄 | 우진제책
출력 | ㈜상지피앤아이

발행처 | 생각학교 Thinking School
출판신고 | 제 25100-2011-321호(2011년 12월 16일)
주소 | 서울시 마포구 동교동 165-8 LG팰리스 1207호
전화 | 02-334-7932 팩스 | 02-334-7933
전자우편 | pjh7936@hanmail.net

만든 사람들
기획 | 박재호
편집 | 윤정숙
디자인 | 이석운, 김미연